智慧家长指南

小学 4—6 年级家长指导手册

刘韬 编著

连环画出版社

北京

图书在版编目（CIP）数据

智慧家长指南.小学4—6年级家长指导手册/刘韬编.
-北京:连环画出版社,2017.7
ISBN 978-7-5056-3425-1

Ⅰ.①智…Ⅱ.①刘…Ⅲ.①小学生—家庭教育
Ⅳ.①G78

中国版本图书馆CIP数据核字(2017)第199515号

智慧家长指南
小学4—6年级家长指导手册
ZHÌHUÌ JIĀZHǍNG ZHǏNÁN
XIǍOXUÉ 4—6 NIÁNJÍ JIĀZHǍNG ZHǏDǍO SHǑUCÈ

编辑出版	连环画出版社
	（北京北总布胡同32号　邮编：100735）
	http://www.renmei.com.cn
	发行部：（010）67517601　（010）67517602
	邮购部：（010）67517797
编　著	刘　韬
绘　画	张子康
责任编辑	刘　泽
装帧设计	徐　洁
责任校对	李聚慧
责任印制	王建平
制　版	朝花制版中心
印　刷	北京新华印刷有限公司
经　销	全国新华书店

版　次：2017年8月　第1版　第1次印刷
开　本：787mm×1092mm　1/16
印　张：16.5
印　数：0001—1000册
ISBN 978-7-5056-3425-1
定　价：60.00元

如有印装质量问题影响阅读，请与我社联系调换。

版权所有翻印必究

目录

前言　001

01　你是哪一种家长？——认识你的教养方式　005

02　给孩子一双慧眼——如何培养孩子的观察力　027

03　性格决定命运——如何培养孩子的好性格　047

04　谁言寸草心，报得三春晖——如何教孩子学会感恩　063

05　您的孩子会学习吗？——帮助孩子掌握科学的学习方法　081

06　好口才是练出来的——怎样提高孩子的口头语言表达能力　097

07　自尊是孩子进步的动力——如何呵护孩子的自尊心　113

08　记忆力的秘密——如何帮助孩子提高记忆力　129

09　您会发现孩子的特长吗？——如何发现和培养孩子的特长　151

10　挫折也是成长的财富！——如何提高孩子的抗挫折能力　171

11　情绪如天气——如何帮助孩子管理自己的情绪　191

12　让孩子插上想象的翅膀——如何培养孩子的想象力　205

13　打破思维里的墙——如何培养孩子独立思考的能力　229

14　孩子要毕业了！——如何指导孩子轻松迈过"毕业关"　245

前言

家庭是社会的细胞,是未成年人生活成长的第一环境。家长是子女的第一任教师,家庭是未成年人的第一个课堂。家庭教育是现代国民教育的重要组成部分,是学校教育和社会教育的奠基石。家庭教育关系到孩子的终身发展,关系到千家万户的和谐美满,关系到国家和民族的未来,是推进和谐社会建设的基础工程。

高尔基说"爱孩子是母亲都会做的事情",爱是父母的本能,家长往往对自己孩子的成长都寄予了非常高的期望,都希望将自己的孩子培养成出色的人才。但家长如何履行教育孩子的天职,如何让孩子更好地成长,却并不是每位家长未经学习即可成功胜任的。因为养育教育好子女是一门科学,并不是每位家长都能无师自通,是需要通过学习才能完成的。

要做到从"自然父母"到"合格父母"的转变,家长需要全面学习家庭教育知识,系统掌握家庭教育科学理念和方法,增强家庭教育本领,用正确思想、正确方法、正确行动教育引导孩子;不断更新家庭教育观念,坚持立德树人导向,以端正的育儿观、成才观、成人观引导孩子逐渐形成正确的世界观、人生观、价值观;不断提高自身素质,重视以身作则和言传身教,要时时处处给孩子做榜样,以自身健康的思想、良好的品行影响和帮助孩子养成好思想、好品格、好习惯;努力拓展家庭教育空间,不断创造家庭教育机会,积极主动与学校沟通孩子情况，支持孩子参加适合的社会实践，推动家庭教育和学校教育、社会教育有机融合。

本书是专门针对小学4—6年级家长编写的专业指导手册，编写者正是从孩子不同年龄段的表现和成长特点出发，遵循孩子成长规律，通过全面的家长需求调查和科学研究，针对小学4—6年级年龄段孩子在学习、生活、人际交往中易出现的心理、行为问题，以及家长的教育误区和困惑，遴选出4—6年级学生家庭教育中的关键点，设计并编写了14个家庭教育主题，涵盖了儿童身心发展特点、习惯养成、自理能力、学习指导、安全自护、亲子沟通、人际交往等多个方面，以培养孩子良好的道德品质和养成良好行为习惯为重点，指导家长科学开展家庭教育，促进孩子在德、智、体、美、劳诸方面得到全面发展。

本书语言简洁通俗、准确生动，具有知识性、指导性、操作性、实用性和实例丰富、贴近生活等特点，结合鲜活、生动的案例，为家长提供科学的教育理念和正确的教育方法，希望能够帮助家长了解和掌握孩子不同年龄段的表现和成长特点及成长规律，指导家长在开展家庭教育时真正做到因材施教，不断提高家庭教育的针对性。每个主题均设计了"启智故事""智慧导航""三省吾身""亲子行动"等板块。"启智故事"通过生动丰富的案例和故事引出要讨论的主题，"智慧导航"针对相关主题为家长传递科学的教育理念，介绍教育孩子的有关知识、育儿技巧、家教艺术和科学指导建议。"三省吾身"通过三个问题引导家长反思自己的家庭教育行为。"亲子行动"通过亲子阅读、亲子游戏、趣味测试、成长记录等丰富的亲子互动活动，积极引导家长践行科学的家庭教育理念，帮助家长养成以儿童为本的科学理念，尊重孩子的合理需要和个性，创设适合孩子成长的必要条件和生活情境，努力把握家庭教育的规律性，与孩子共同成长。

  本书在写作的过程中参考引用了来自网络和各种相关书刊上的案例和资料，使本书的内容得以丰富和鲜活。在此，对这些资料的作者和案例的提供者表示真诚的感谢！同时也对为本书的成书和出版提供过帮助的人们表示真诚的感谢！

刘 韬

2017 年 7 月

倔强（局部） 布面油画 150cm×200cm 2015 年

01

你是哪一种家长?
——认识你的教养方式

启智故事

陈鹤琴教孩子学音乐

著名教育家陈鹤琴在对孩子细心观察的过程中发现,音乐是儿童生来喜欢的。小孩出生不久,就能"欣赏"音乐了,他会听母亲哼着催眠曲而恬静地入睡。再大一些,更喜欢听各种优美的声音。听到节奏欢快的音乐,他会手舞足蹈;在吵闹中,听到抒情的乐曲,他也会渐渐安静下来。两三岁时,能用手脚随着音乐做节奏动作。等到进了幼儿园的时候,他对于音乐的需求更大,听见人家唱歌,看见他人奏乐,甚至黄鸟儿在枝头吱喳吱喳地鸣叫,微风把叶儿吹得哗啦哗啦地响,他都会留意倾听。这一切乐的律动和歌的抑扬的曲调都会吸引他。他常常不由自主地模仿,不时地叫着唱着,哼着不成调的曲子。到了小学,更知道怎样利用他那天赋的歌喉和节奏积极、主动地参加各种音乐活动了。平日里无论是游戏、走路或休息,都本能地爱唱着歌,表现出音乐的律动。

陈鹤琴因此得出结论:喜欢音乐是儿童的天性、儿童的本能,音乐在儿童生活中占有极重要的地位。为此,他有意识地用音乐来丰富孩子的生活。其中,最让孩子们感到其乐无比的是晚饭后的家庭音乐会。

陈家居住在上海寓所时,每天晚饭之后的一段时间,往往是一家人最热闹、最快乐的时光。这时候,七个孩子和爸爸妈妈聚在一间屋子里。妈妈和大女儿秀霞弹琴,大家一起唱歌。唱中国歌曲,也唱外国民歌。一首唱罢一首又起,歌声琴声,汇成了一种和谐欢快的气氛。有时候,孩子们要求爸爸表演。陈鹤琴就弹起那把从美国带回来的曼陀铃,唱起在英国曾同黑人一起弹唱过的民歌。孩子们或托腮静听,或轻轻哼唱。陈鹤琴的嗓子并不算太好,但他激情饱满,唱得非常投入,具有感染力。陈鹤琴说:"家庭中有了歌声,如有了生气一般,试想一个家庭,吃完晚饭后,父母子女团聚一室,同唱同歌,这是何等有趣的事情!一日之间,有了这种团聚,不但于精神上发生无穷的快乐,感情上也可更加融洽,所以家庭中不可没有乐歌。"

今天,许多家长都非常重视对孩子进行音乐教育,认识到音乐在陶冶情操、开启智力、促进孩子全面发展等方面的作用。然而,压抑限制孩子对音乐的欲望和需要,以及不顾幼儿身心特点、揠苗助长、扼杀兴趣的做法也还是屡见不鲜的。愿陈鹤琴的儿童音乐教育思想能够带给我们思考和启迪。愿更多的家长能顺应和发展儿童的天性，让音乐伴随儿童健康成长。

苏步青求学

著名数学家苏步青是父母的第十三个孩子，小名尚龙。因为农村各方面条件差，前面的孩子死的死，送的送。连同苏步青也只剩下一女二男。父亲苏宗善当时虽只四十多岁，但因常年在水稻田劳作得了严重的风湿性关节炎。这自然给家庭的经济带来了严重的影响。

母亲苏林氏偶然抱儿子串门，见到一位风水先生摇头晃脑赚钱还容易，便建议手脚不便然而识文断字的丈夫做风水先生，好歹也是个糊口的行当。苏宗善听妻子讲得有理，便找来了一本风水书研读。苏步青在父亲怀里睁着黑溜溜的眼睛看着父亲出神。蒙胧中似乎有一种神秘的力量召唤着他的心灵，其实那是一种求知欲、好奇心。只是他不知怎样表达出来。直到一天晚上，父亲背罢上句忘记了下句，儿子立刻信口背出了下句和以下很长一段。父亲惊喜万分，先是将儿子高高举过了头顶，继而搓着手在屋里走来走去，他感到儿子是自己的希望：苏家振兴有望了！于是给儿子起名苏步青。父亲拿过一碗水，让儿子手指蘸着水，教儿子在桌面上画，写："山、水、田、土……"一张小方桌，一盏菜油灯，一本风水书，成了儿子的启蒙课本。母亲不再抱怨耗油多，也不在意丈夫当不上风水先生。她感到儿子将来肯定比风水先生有出息。苏步青七岁那年，一下成了牛背上的孩子。他得到一本残缺不全的《三国演义》，连猜带想，一边放牛一边看。夫妻俩商定：再穷也得供儿子读书！父母心急如焚地筹齐了学费。第二天苏步青穿着母亲半夜灯下缝好的衣服，父亲担着米，怀里揣着路上充饥的糠菜团子和给儿子的几个鸡蛋，走一百多里的山路，进了平阳县第一高等小学。

平阳县第一高等小学是有钱人孩子读书的地方。学生们衣着讲究。矮小黄瘦的苏步青，成了同学们嘲弄和欺侮的对象。见他蚊帐有补丁，同学将他的铺盖扔出门，他只能睡在楼梯口。一次做梦从山上摔下来，原来是自己滚下楼梯。这时他多么想念温暖的家呀！但他想起父母期待的眼神，知道放牛不是长久之计，没敢回家。同学不与他玩，他一个人，身处县城，恰逢赶集日，他情不自禁走街逛市。许多他从没见过的事成了他心中的问号：包子里还有菜与肉？狗皮膏药怎么可治病？油条怎么一点点面可以发成这么大？因为想着这些新奇的东西，他开始完不成作业，迟到旷课，常常被惩罚一连几小时立壁角。因此他三年中都是最后一名。这时有人劝苏宗善："儿子读不好书,让他回来。你家经济那么困难,何必花那冤枉钱!""不,他能读好的!"苏宗善坚定地回答,"只是还没有碰到可以开他窍的老师!"假期他与儿子谈心,将儿子转到新办的平阳县第三高等小学。五年级下学期,学校来了一位地理老师陈玉峰。老师告诉他在宇宙中,地球不过像粒沙子。他惊奇极了,迷上了地理课。老师耐心地回答他没完没了的提问,使苏步青与陈老师越来越接近。老师还给他讲了同样是农家孩子,同样被同学看不起的牛顿的故事。苏步青从此奋发,立志向牛顿学习,此后年年都获得第一名。

爱迪生母亲教子的故事

爱迪生八岁那年上学了。他不仅没有表现出特别的才能,反而常常会使老师恩格尔深感不快。有一次上算术课,老师在讲解数学题,爱迪生突然向老师发问:"老师,2+2为什么等于4?"老师觉得爱迪生又笨又调皮,他反问道:"不等于4难道等于5?"爱迪生很想弄明白数字的奥秘,他想了又想,忍不住又问老师:"2+2为什么不可以等于5呢?"老师恩格尔大为恼火,他厉声训斥道:"爱迪生,你故意搞乱,给我滚出去!"爱迪生遭到责骂,委屈地奔出教室。

爱迪生回家后告诉妈妈:"妈妈,我想要知道加法的道理,可老师却骂我。"妈妈听了儿子的叙述很是生气,她找到学校:"恩格尔先生,你作为一个教师太不了解学生的心理。"恩格尔说:"我只管教书,不管什么学生的心理。"爱迪生母亲说:"你这样教孩子,孩子怎么学得会?"但恩格尔告诉爱迪生母亲:"你的孩子又笨又调皮,不管我怎么教,他都学不会。我不愿意教这样的学生。"

结果,爱迪生离开了这所学校,由妈妈教他读书。爱迪生母亲曾经当过小学老师,是个知书达理的人。他给儿子讲文学、历史,讲许许多多的科学知识。当同龄的孩子还在读童话的时候,爱迪生已开始阅读《英国史》《大英百科全书》等大部头著作。在母亲的辛勤栽培下,爱迪生的求知欲越来越强,他一边读书,一边在地窖里建起了一个小实验室。虽然家境贫寒,他没能像其他孩子一样接受系统的正规教育,12岁那年到火车上当了一名报童,但母亲已在他幼小的心田里播下了科学的种子。经过长期刻苦钻研,他终于成为最著名的大发明家。他一生为人类贡献了一千多项发明。

赞美是暗室中的一支蜡烛

据气象台的天气预报,最近将有台风袭击一座海滨小城。

小城里的百姓惊慌起来,积极地投入到预防工作中。一位母亲忙碌着,旁边站着她的小女儿。

"这该死的台风……"母亲一边收拾东西,一边诅咒。

"我喜欢台风",旁边的小女孩不同意母亲的说法。

母亲感到很诧异,因为台风破坏力极强,毁坏庄稼、吹倒房屋、阻塞交通,给人们生活带来巨大的不便并造成损失,可眼前这个小不点儿居然说她喜欢台风。

"孩子,告诉妈妈,你为什么喜欢台风?"母亲小心翼翼地问。

"上次台风来了,就停了电。"小女孩不假思索地回答。

"停了电又怎么样?"

"晚上就会点蜡烛。"

"你喜欢点蜡烛吗?"

"是的,那回(指上次台风吹过的晚上)我点着蜡烛走来走去,你说我像小天使。"

母亲顿时无言,旋即放下手中的活计,抱起小女孩,亲吻着她的小脸蛋,凑近她的小耳朵并说了一句话:"孩子,你永远是天使!"

"杂交水稻之父"——袁隆平的故事

著名杂交水稻育种专家袁隆平是江西德安人,1953年西南农学院农学系毕业,1995年当选为中国工程院院士。袁隆平长期从事杂交水稻育种理论研究和制种技术实践,被同行们誉为"杂交水稻之父"。袁隆平的成功是和良好的家庭教育分不开的。

袁隆平1930年9月1日出生,兄弟五人,他排行第二,属马,被称为"调皮的小马驹"。少年时他经常闯祸遭罚,做事又显得笨手笨脚。父母想训练和调动他的积极性,要他帮助拿碗,碗却摔破了;要他拿杯,杯掉到地上。但是父母不因为他摔坏了东西便停止差使他,相反更频繁地让他参与。他好奇心特强,有什么问题必追根究底,父母往往不厌其烦地给予解答。母亲贤惠善良,酷爱花卉。母亲伺弄花卉的时候,小马驹在一旁手忙脚乱地"帮忙"。他爱动脑子,感兴趣的必亲自体验。比如第一次看到荞麦粉,他想弄点尝尝,结果弄得整个成了白粉人；看到木匠钉钉子时嘴衔铁钉，他也拿一个衔在嘴里，一个跟斗，铁钉掉进肚子，送到医院才取出来。袁隆平七岁时随父母逃难乘船渡涴江时，被四弟不小心碰了一下掉入江水，幸被船工救起，于是他下决心一定要学会游泳。到重庆后，去长江边照图例一步步练习分解动作。一个暑假下来，仰泳蛙泳来往自如。后又学自由泳。十岁时能横渡长江。他还参加比赛，出人意外地游出了"汉口赛区一百米、四百米自由泳第一名"的成绩。他从小就是这样，一旦认定目标，就百折不回地不达目的誓不罢休。

读中学期间他好学勤思，成绩优异，志趣高远，爱好广泛，课余博览群书，思维比一般同学敏捷活跃。他喜欢从不同角度思考问题，喜欢提问，琢磨为什么。这种寻根究底的执着在以后的科研中起了至关重要的作用。

多年后，同行们引用学术用语与他开玩笑："袁教授，你有那么多常人没有的优点，是不是远缘杂交造成的？"袁隆平回答："差不多吧，母亲江苏人氏，父亲江西人，个性不同，父亲小聪明多，母亲聪慧善良。"这虽然是说笑戏言，但事实上他确实从父母身上得到了丰厚的给养。

"大头儿子"的故事

《大头儿子和小头爸爸》的作者郑春华在生活中是一位好母亲。我们来看看她的教子故事。

让孩子从小读到最优秀的故事。大头儿子出世的时候，郑春华已是以《圆圆和圈圈》《紫罗兰幼儿园》等儿歌、童话而引人瞩目的青年女作家了。作家妈妈有着讲不完的故事，儿子才半岁，她便把他抱在膝上讲故事。一次，郑春华捧着杂志给儿子讲故事，偶然翻到自己的作品，就把名字指给儿子看。以后儿子一翻开书，就找妈妈的名字，还从此迷上了认字。那时大头儿子才三四岁。无论到哪里玩，他只要看到字就要求大人念给自己听。字认多了，儿子出去玩都带着书，会一个人安静地看上半天。有时大头儿子到妈妈的出版社玩，最吸引他的不是花园里的假山、大人们给的零食，而是堆满了书而显得逼仄的图书门市部。他一头扎进花花绿绿的书堆里，叔叔阿姨们逗他也不搭理，直到出版社下班的铃声响了，才老大不情愿地站起来。不过，书虫儿子也有让妈妈烦恼的时候，他趴着看书，蜷着看书，上学前吃早饭时看书，作业顾不上做还看书。每次吃饭作家妈妈就成了女巫，歇斯底里地尖叫三遍，儿子才边嘟哝着"烦死了"，边恋恋不舍地放下书本。直到一个夜晚，当妈妈的突然发现儿子泪水涟涟，手边是一本美国作家怀特的《夏洛的网》，心里掠过一阵欣喜。四岁半的儿子被一个优秀的儿童故事打动了。郑春华她把儿子柔软的身子搂在怀里，任儿子放声大哭。她仿佛听到，一颗文学的种子轻轻落到儿子稚嫩心灵的声音。

孩子的优点永远比缺点多。和所有的孩子一样，大头儿子成长之路也有磕磕绊绊。进入小学不久，郑春华就发现个性很强的儿子，和老师相处不太协调。郑春华从儿子每天上学前的"吻别"，意识到儿子的焦虑。儿子和所有从幼儿园升入小学的孩子一样，心灵正面临着巨大的转折。她决定为儿子换个班级，可儿子却不愿意，垂下了大脑袋："新老师不会要我的，我很皮的。"郑春华耐心地说："我见过新老师了，她只相信自己的眼睛。你有信心吗？"儿子点点头，满怀信心地去新班级了。当妈妈的当然知道，换了班级儿子还会遇到各种挫折，关键是保护好孩子的自信心。"你的优点比缺点多"，这是郑春华家长会回来经常说的话，她总是想方设法让儿子相信老师是喜欢他的。每当听到这话，儿子黑亮的眼睛瞬时放出异样的光彩。

对于孩子，理解并不意味着迁就。一次，儿子在班上吃东西，班主任走过去，儿子指着前面的女孩，说是她给的，老师便过去批评那位女生。郑春华刚好目睹了这一切，心里挺不是滋味。虽然孩子的举动可能是无意识的，但懂得承担责任比功课优秀更重要。她考虑了整整一星期，给儿子讲了一个故事：妈妈单位里搞活动，妈妈在车上拿出一包话梅分给大家吃，结果有位同事吃完了就把核吐在地上。社长看到了过来批评她，她说话梅是妈妈带来的。社长就过来批评妈妈了……儿子的脸涨红了，说："这是叛徒行为！"郑春华立即不失时机地说："那你好像也当过这样的叛徒。"儿子眨着黑亮的眼睛，若有所悟。她相信，虽然儿子还小，但以后遇到负有责任的事时，也会勇于承担。儿子不仅给了郑春华创作的灵感，而且激励着她和儿子共同成长。一本本新作诞生了，一个个儿童文学大奖获得了。儿子在成长，当妈妈的不愿让自己融化掉，她要继续建造自己的世界。因为在她看来，孩子需要的是一个能读懂他并理解他的朋友，而不是需要一个为了爱掏空了自己的母亲。如今大头儿子已成了阳光大男孩，而"大头儿子"家族又添了新的成员——"大头儿子和动物""大头儿子大海边"……长不大的"大头儿子"，会让一代又一代的同龄孩子着迷。

智慧导航

什么是教养方式

教养方式是指家长在教育、抚养子女过程中表现出的一种行为倾向，它是对父母各种教养行为的特征概括，是一种具有相对稳定的行为风格。

教养方式主要由父母的社会价值观念、教养态度决定，并受父母的个性和行为习惯及孩子的不同特征的影响，是父母教养观念和教养行为的综合体现。

前苏联著名教育学家马卡连柯说过："父母是孩子人生第一任老师，他们的每句话、每个举动、每个眼神，甚至看不见的精神世界都会给孩子潜移默化的影响。"在家庭里由父母起决定作用而形成的家庭环境、家庭风气包围着孩子，熏陶着孩子。在不同的家庭中，由于家长的素质与性格不同，所受的教育影响、文化熏陶不同，早期的生活经历、从事的职业和兴趣、特长等的差异，加上孩子在性别、气质、智力、相貌、健康等方面的差别，家长的教养行为也会千差万别。即使在同一个家庭中，同一个孩子在不同的年龄段，同样的家庭，也会因为孩子的年龄特点、健康，父母当时的经济状况、社会政治地位、健康状况、年龄和对孩子期望的不同，家长会采取不同的教养方式。家长的教养方式是在父母与孩子的相互作用中形成并分化的，它是影响孩子成长的重要原因之一。孩子的人格塑造、角色培养、良好品质养成等都源于家庭的教育和培养，选择恰当的教养方式是家长智慧的集中体现。

教养方式的基本特征

1. 相对稳定性

家长的教养言行一旦形成一定的方式就内化为个人意识，外显为习惯行为，不会轻易改变。教养方式的相对稳定性有着十分重要的积极作用。家长确立了先进、良好的教养方式，就会不断提高家庭生活质量，但是教养方式的相对稳定性也有消极的一面，它使得原有的、不良的教养方式的改变显得十分复杂。首先，随着孩子从新生儿、幼儿不断地成长，由完全要父母的喂养到独立解决生活、学习、工作等方面的问题，家长的教养方式要随之改变，这是必然的，但原有的教养方式往往阻碍、干扰其变化，使新的教养方式的形成变得十分困难。比如，家长习惯了对儿童期孩子的保姆式看护的教养方式，对青少年期已经具有独立意识的孩子仍然采用这样的方式，也就难怪孩子要强烈反抗，甚至极度逆反了。其次，从个体角度看，原有的教养方式有惯性作用，这种惯性作用在阻挠着新的、先进的、良好的教养方式的建立。作为家长要充分认识到这个问题的存在，并有意识地去解决它。

2. 具体情景性

家长的教养方式往往在父母抚养、教育孩子的具体事件和情景中形成，并在具体的抚养、教育事件和情景中表现出来，是父母教养实践和行为与孩子相互作用的复合。如面对孩子提出的问题，有的父母认为孩子罗嗦、多管闲事，不仅不回答孩子提出的问题，还对孩子加以训斥；有的父母以工作忙为由，对孩子的问题不予理睬；有的父母则是耐心的与孩子进行交流、探讨，直至得出答案。家长的教养方式如何是通过这些具体的事件和情景表现的，家长要重视处理与孩子接触中的"小事件"。

3. 丰富情感性

家长的教养方式通过父母传达给孩子的情绪流露，通过父母与孩子之间的情感联系形成，是父母教养态度及由父母行为所表达出的情感气氛的集合体。正是亲子之间的情感关系及亲子之间情感联系的个性化表现促使家长的教养方式的形成并转变。

家长教养方式的类型

美国学者西蒙兹认为，父母的教养方式基本上可以用两个维度区分：一个维度是父母对待孩子的情感态度即接受——拒绝，另一个维度是父母对孩子的要求和控制程度即控制——容许。这两个维度是制约家长教养方式的两个基本要素，它们的结合派生出四种不同的教养方式。在情感维度的接受端，家长以积极肯定、耐心的态度对待孩子，尽可能满足孩子的各项要求，如走向极端就是对孩子娇生惯养，屈从于孩子，满足孩子的任何要求；在情感的拒绝端，家长常以排斥的态度对待孩子，对他们不闻不问，如走至极端就是对孩子要求过高，严厉处罚孩子。在要求与控制维度的控制端，家长为孩子制订了较高的标准，并要求他们努力达到这些要求，如走至极端就是随心所欲地指挥孩子，丝毫不考虑孩子的特点，动不动就处罚孩子；在要求与控制维度的容许端，家长宽容放任对孩子缺乏管教，如走向极端就是对孩子百依百顺，任凭孩子摆布。最理想的家长教养方式是居于两个维度中间，这样的父母既不特别娇惯孩子，也不过于严厉；既不随心所欲地支配孩子，也不完全听凭孩子的支配。父母对孩子倾注非常适当的爱，只为孩子提供必要的环境和照顾，使孩子的情绪、社会性、自主性健康发展。

根据这两个维度的不同组合，可以形成四种教养方式：智慧型、专断型、放纵型和忽视型。

1. 智慧型教养方式

这是一种理性且民主的教养方式。智慧型的父母认为自己在孩子心目中应该有权威。但这种权威来自父母对孩子的理解与尊重，来自他们与孩子的经常交流及对孩子的帮助。父母以积极、肯定的态度对待儿童，及时热情地对儿童的需要、行为做出反应，尊重并鼓励儿童表达自己的意见和观点。同时他们对儿童有较高的要求，对儿童不同的行为表现奖惩分明。这种高控制且在情感上偏于接纳和温暖的教养方式，对儿童的心理发展有许多积极影响。这种教养方式下的儿童独立性较强，善于自我控制地解决问题，自尊感和自信心较强，喜欢与人交往，对人友好。

2. 专断型教养方式

专断型父母则要求孩子绝对地服从自己，希望子女按照他们为其设计的发展蓝图去成长，希望对孩子的所有行为都加以保护监督。这一类也属于高控制型教养方式，但在情感方面与权威型父母有显著的差异。这类父母常以冷漠、忽视的态度对待儿童，他们很少考虑儿童自身的要求与意愿。对儿童违反规则的行为表示愤怒，甚至采取严厉的惩罚措施。这种教养方式下的学前期儿童常常表现出焦虑、退缩和不快乐。他们在与同伴交往中遇到挫折时，易产生敌对反应。在青少年时期，在专断型教养方式下成长的儿童与权威型相比，自我调节能力和适应性都比较差。但有时他们在校的学习表现比放纵型和忽视型下的学生好，而且在校期间的反社会行为也较少。

3. 放纵型教养方式

这类父母和权威型父母一样对儿童抱以积极肯定的情感，但缺乏控制。父母放任儿童自己做决定，即使他们还不具有这种能力，例如，任由儿童自己安排饮食起居，纵容儿童贪玩、看电视。父母很少向孩子提出要求，如不要求他们做家务事也不要求他们学习良好的行为举止；对儿童违反规则的行为采取忽视或接受的态度，很少发怒或训斥儿童。这样教养方式下的儿童大多很不成熟，他们随意发挥自己，往往具有较强的冲动性和攻击性，而且缺乏责任感，合作性差，很少为别人考虑，自信心不足。

4. 忽视型教养方式

这类父母对孩子既缺乏爱的情感和积极反应，又缺少行为方面的要求和控制，因此亲子间的互动很少。他们对儿童缺乏最基本的关注，对儿童的行为缺乏反馈，且容易流露厌烦、不愿搭理的态度。如果儿童提出诸如物质等方面易于满足的要求，父母可能会对此做出应答；然而对于那些耗费时间和精力的长期目标，如培养儿童良好的学习习惯、恰当的社会性行为等，这些父母很少去完成。

这种教养方式下的儿童与放纵型教养方式下的儿童一样，具有较强攻击性，很少替别人考虑，对人缺乏热情与关心。这类孩子在青少年时期更有可能出现不良行为问题。

教养方式对儿童社会性发展和个性形成的影响

教养方式	维度类型	对儿童社会性发展和个性形成的影响
智慧型	接受+控制	儿童期：心情愉悦，幸福感；高自尊和高自我控制 青少年期：高自尊，高社会和道德成熟性；高学术和学业成就
专断型	拒绝+控制	儿童期：焦虑，退缩，不幸福感；遇到挫折易产生敌对感 青少年期：与权威型相比，自我调整和适应较差；但与放纵型和忽视型相比，常有更好的在校表现
放纵型	接受+容许	儿童期：冲动，不服从，叛逆；苛求且依赖成人；缺乏毅力 青少年期：自我控制差，在校表现不良与权威型或放纵型相比，更易产生不良行为
忽视型	拒绝+容许	儿童期：在依赖、认知、游戏、情绪和社会技巧方面存在缺陷；攻击性行为 青少年期：自我控制差；学校表现不良

家长教养方式的影响因素

1. 父母本身的特点对其教养方式的影响

父母的夫妻关系、受教育程度、职业、性别、受教育水平、生育孩子的年龄、经济收入状况等因素都会影响其教养方式。

父母夫妻之间的交往状态、角色分工、对对方及婚姻的满意度等，对他们与孩子的交往、对孩子发展的指导等产生明显的影响，其中夫妻冲突是一个重要的侧面。通常夫妻冲突越多、越激烈，父母教养方式中的不良倾向越严重，对孩子或采取溺爱、放任不管的方式，或采取专制、排斥的方式，且出现夫妻双方教育要求严重的不一致性，产生教育的负效应。另外，夫妻冲突作为家庭中的客观事实，不仅可能被孩子观察、学习并使用，而且可能使孩子因此产生压抑、抱怨、逆反，出现许多行为与适应上的问题。这些问题反过来又会增加父母教育上的困难，影响父母的教养方式，造成恶性循环。所以父母相亲相爱，家庭生活民主平等开放，家庭教养方式正面作用明显，这必然对孩子产生积极、健康的影响。

2．孩子的特点对家长教养方式的影响

第一，孩子的性格影响着家长教养方式。突出表现在孩子性格中的自我态度和情绪特征对家长教养方式的影响。

自我态度上自卑的孩子往往不能肯定和赞扬自己，却要父母和他人重视和肯定。孩子无法解决这个矛盾，常以性情烦躁、不友善或侵犯挑衅的态度对待父母，以保持内心的平衡。这样的结果是父母对孩子顺从、宽宏，这里面隐含着父母的失望和无奈，"这孩子就是这样"，到最后还或多或少带着些冷漠，父母与孩子间的感情也就会越来越淡，家长在孩子面前变得毫无权威和约束力，这对孩子的成长十分不利。父母如果不考虑孩子自身的因素，只通过改变教养方式，来容忍和消极地适应孩子的不良性格，就不能改变孩子为人处世的态度。父母如果能认识到造成这种状况的缘由，帮助孩子正确认识和评价自己，接受自己，注意培养孩子自信乐观的性格，这样就能收到满意的效果。

孩子情绪特征上的差异决定了父母对其关注、关心和喜爱的程度。有的孩子易激动，情绪表现强烈，对周围事物反应敏锐，表情丰富，容易提供给父母孩子需要关照、安慰的信息。同时这类孩子得到父母的关照后，往往会作出各种各样讨人喜爱的反应，这又给父母带来了极大的乐趣和信心，从而在养育上采取更积极的态度。有的孩子常常表现出安静的、沉稳的状态，经常一言不发，对于父母的关照，反应不明显，也不那么活泼可爱，这样父母的教养方式就会消极得多。

孩子的性格对父母教养方式的影响通过各种各样的方式表现出来。家长要承认、重视它的存在，并尽力去克服它的影响，做到不受孩子这些因素的影响，无条件全面自然而真诚地去爱孩子。

第二，孩子性别对家长教养方式的影响。平日里，父母常常教育孩子：男孩应该怎样，不该或不能怎样；女孩应该怎样，不该或不能怎样。父母对待女儿，大多亲亲昵昵的，而总是有意无意地让儿子自己玩耍；女儿活泼了些被说作疯疯癫癫、没教养，男孩斯文了些被责备为没男子气。由于男女孩不同的生理特征和社会对男女个体不同的性别角色要求，父母对男女孩在教育、交往上采取不同的策略和方法，形成不同的教养方式。

第三，孩子的年龄对家长教养方式的影响。由于孩子在不同年龄阶段的身心特点、发展任务、社会要求的不同，父母的教养方式也会变化。比如，对于低年龄的孩子，其中心任务是维持生命、保障身体健康，父母的教养方式当然主要是关心爱抚看护。而随着年龄的增长，特别是学校学习的年级提升，学习任务的加重，父母对孩子的惩罚与成就要求也逐渐增加。这也证实了教养方式是双向的，受到父母和子女的共同作用。家长的教养方式应针对不同年龄阶段孩子的特点来选择，而且也是可以调整和变化的。

家长如何建立良好的教养方式

良好的教养方式是孩子健康成长的重要因素。选择恰当的教养方式是家长智慧的集中体现。如果家长希望孩子永远保持积极向上、乐观的生命状态，就应该调整自己的教养方式，以适应并促进孩子的成长。

1. 悉心关爱，营造温暖和谐的家庭氛围

愉快的家庭氛围是由家庭所有成员共同创造的，父母在家庭中要学会控制自己的不良情绪，懂得互相体谅，理智地处理家庭问题。研究表明：在民主、和睦、文明的家庭氛围中成长起来的孩子，表现出情绪稳定、情感丰富、细腻、性格开朗、团结友爱、有自信心等特征。这是因为温暖和谐的家庭能给孩子以安全感，使其置身其中感到温暖幸福愉快；其次是满足了孩子的归属感，在家庭中孩子能感到被爱与被尊重，也学习到如何爱他人，如何尊敬他人，从而增强了自尊和自信。当孩子遇到困难、挫折而灰心沮丧时，可以从家庭中吸取力量，得到指引。

2. 以身作则，为孩子做成长的榜样

"身教重于言教"，家长要以身作则，处处为孩子做出榜样。父母做什么孩子都会看在眼里，也会学着模仿。人们常说，世界上没有十全十美的人，而且现在的孩子大多又都是独生子女，因此他们在成长的过程不免会出现自私、依赖性强、以自我为中心等性格时。父母的以身作则，怎么说就怎么做，在孩子面前建立威信等行为在言传身教的生活中就起着至关重要的作用。

3. 平等沟通，了解孩子的心理特点

父母是家庭教育的核心，在家庭中对孩子的教育中起主导作用。在生活中细心观察孩子在成长过程中情绪和行为的变化。当孩子遇到不顺心的事情时，及时谈心传授道理疏导孩子的情绪，父母应多从孩子的角度看待问题，给予理解，让孩子感受到父母的关爱与理解，愿意敞开心扉与父母共同解决问题。孩子虽小，但是他们都有自己的小小自尊心，在对他们教育时，多一些鼓励性的语言，切记使用一些如"真笨、没出息"的语言。这样会给孩子的心理造成极大的压力，形成不自信的状态。家长切记：孩子的成功源于自信，源于父母的平等沟通与理解。

4. 学会鼓励，适当的挫折教育

家长要及时放大孩子的优点，多一些鼓励，少一些责备。学会鼓励，适当的挫折教育，要求父母要对孩子恩威并施，一味地对孩子进行严格教育是苛求，一味地宽容教育是溺爱，宽松有度才是对孩子正确的教育方式。如在家里孩子写作业问妈妈某个字该怎么写时，大部分家长肯定都会立即说出来，这样不仅省去了力气，而且还在孩子面前建立了威信，但是这种方法是最要不得的。碰到这种问题时，我们不如给孩子一些适当的挫折，鼓励孩子自己动手去查查字典。这样不仅解决了问题，而且还培养了孩子动手解决问题的能力。让孩子跳一跳通过自己的努力取得成功，不仅体验到成功的喜悦，又建立了自信心。

三省吾身

△请问您对孩子的教养方式属于哪一种类型？请列举出具体的事例进行说明。

△孩子的哪些优良品质和性格归功于我的教养方式？孩子的哪些不那么优良的品质和性格是由我的教养方式造成的？请列举出具体的事例进行说明。

△您打算为建立良好的教养方式做些什么？

亲子行动

亲子阅读

请您和自己的孩子一起阅读下面的三个小故事,然后一起讨论从中得到的收获,并请您指导孩子用自己的话讲述这三个故事。

正人先正己

在美国的加利福尼亚,有一位女士养了一只珍贵的鹦鹉。这只鹦鹉非常美丽,可是它却有一个坏毛病:经常咳嗽且声音沙哑难听,好像喉咙里塞满了令人作呕的痰。女主人十分焦虑,急忙带它去看兽医,生怕它患上了什么呼吸系统的怪病。

检查结果证明,鹦鹉完全健康,根本没有任何毛病。女主人急忙问,为什么鹦鹉会发出那么难听的咳嗽声,医生回答说:

"俗话说,鹦鹉学舌。它之所以发出咳嗽声,一定是因为它经常听到这样的声音,你们家一定有人经常咳嗽,是吗?"

这时,女主人有些不好意思了。原来,她自己有抽烟的习惯,所以经常咳嗽,鹦鹉只不过是惟妙惟肖地把女主人的咳嗽声模仿出来而已。

鹌鹑和她的孩子们

一只鹌鹑在麦地中间筑巢。当她的孩子们渐渐长大、麦子变黄的时候,她对小鹌鹑们说道:"农夫收割麦子的日子快要到了。我现在出去给你们找食。我不在的时候,你们都给我待在巢里别动,小心点儿,别让任何人发现你们。如果那个农夫来了,你们留神他说的话,听他什么时候要割麦子。我们要见机而行。"说完,老鹌鹑便飞走了。

不一会儿,农夫带着他的儿子来到了麦田,察看了一下麦子,然后对儿子说:"麦子成熟了,我们该收割了。我明天一早就去邻居那儿,同他们商量,请他们来帮助我们收割。"

又过了一会儿,老鹌鹑衔着给孩子们的食物飞回来了,问他们是否听到点什么。一只小鹌鹑回答说:"那农夫同他的儿子来过了,他说:明天他要去请邻居来帮助割麦子。"

老鹌鹑听后说:"别怕,这麦子还不会马上割的。因为那些邻居不会那么快就答应帮别人干活的。"

第二天一大早,老鹌鹑又要外出觅食了,她对小鹌鹑们说:"留点神,那农夫准备什么时候割麦子,看是否能听到一些新的消息。"那农夫又来了,对他的儿子说:"我看,谁也不会来了。这些邻居都靠不住。我要去同亲戚朋友谈谈,让他们明天来帮我们收割。这麦子再不割的话,就要烂了。"

当老鹌鹑回家时,小鹌鹑们叽叽喳喳地说:"妈妈,快给我们在别的地方筑一个新的巢吧!那农夫明天就要带他的亲戚朋友来割麦子了。"

可是,老鹌鹑回答说:"亲爱的孩子们,那些亲戚朋友也不会马上到一个外乡的农田里来干活的,所以,你们注意听着农夫明天说的话!"

下一天早上,那农夫和他的儿子又来了,农夫非常伤心地朝麦田扫了一眼,说道:"我看,想靠别人的帮助都是不行的,不管是邻居,还是亲戚朋友。这庄稼今天是割不成了。两把锋利的镰刀已经摆在粮仓里了,明天一早我们两个就开镰。这麦子不能再耽搁了。"

小鹌鹑马上就把这个新消息告诉了他们的妈妈。老鹌鹑听了说道:"瞧,这才是真正的收割时间。我们迁移的时候也到了,寻找别的住所去吧!亲爱的孩子们,起身吧!明天早上我们还待在这里的话,那么我们大家的生命恐怕就保不住了。"

德西效应

一位老人在一个小乡村里休养,但附近却住着一些十分顽皮的孩子,他们天天互相追逐打闹,喧哗的吵闹声使老人无法好好休息,在屡禁不止的情况下,老人想出了一个办法——他把孩子们都叫到一起,告诉他们谁叫的声音越大,谁得到的奖励就越多,他每次都根据孩子们吵闹的情况给予不同的奖励。到孩子们已经习惯于获取奖励的时候,老人开始逐渐减少所给的奖励,最后无论孩子们怎么吵,老人一分钱也不给。

结果,孩子们认为受到的待遇越来越不公正,认为"不给钱了谁还给你叫",再也不到老人所住的房子附近大声吵闹了。

其实,这位老人正是应用了"德西效应"的原理。

"德西效应"是指心理学家爱德华·德西曾通过一次著名的实验证明:当一个人进行一项愉快的活动时,给他提供奖励结果反而会减少这项活动对他内在的吸引力。在实验中,德西随机抽调一些学生去单独解一些有趣的智力难题。在实验的第一阶段,抽调的全部学生在解题时都没有奖励;进入第二阶段,所有实验组的学生每完成一个难题后,就得到1美元的奖励,而无奖励组的学生仍像原来那样解题;第三阶段,在每个学生想做什么就做什么的自由休息时间,研究人员观察学生是否仍在做题,以此作为判断学生对解题兴趣的指标。结果发现,无奖励组的学生比奖励组的学生花更多的休息时间去解题。这说明:奖励组对解题的兴趣衰减得快，而无奖励组在进入第三阶段后，仍对解题保持了较大的兴趣。

"德西效应"提示人的动机分两种：内部动机和外部动机。如果按内部动机去行动，我们就是自己的主人。如果驱使我们的是外部动机，我们就会被外部因素所左右，成为它的奴隶。上面故事中的老人的算计很简单，就是将孩子们的内部动机——"快乐地玩"——变成了外部动机——"为奖励玩"，而他操纵着外部因素，所以也操纵了孩子们的行为。当有一天满足不了孩子的愿望了，自然就有办法对付这些顽皮的孩子了。

趣味测试

家长教养方式小测试

作为一名家长，您知道自己的教养方式属于哪一种吗？请通过下面的小测试，来看看自己的教养方式类型吧。

1. 当孩子没有将玩具收拾到箱子里，你会怎么做？

A. 默默帮他收好。

B. 请他自己收拾。

C. 跟他一起分类、收拾。

D. 生气地把玩具丢掉。

2. 当孩子边吃边玩，一碗饭吃了一个小时还没吃完，你会怎么做？

A. 把碗饭收起来，不让他吃了。

B. 跟他约定结束时间，时间一到，就把饭碗收起来。

C. 一口、一口喂他吃。

D. 随他的习惯，爱吃多久就吃多久。

3. 当孩子考试得到99分的时候，你会怎么做？

A. 责问孩子，为什么只考99分。

B. 了解孩子答错哪一题，找出问题点，并且陪着他订正。

C. 无所谓，分数不是最重要的。

D. 找出孩子答错的题目，让孩子做二十道题类似的题目。

4. 当孩子不愿意上台介绍自己的时候，你会怎么做？

A. 无论如何，一定要强迫他上台。

B. 不想上台没关系，只要他高兴就好，不过后果要自行负责。

C. 鼓励孩子，想办法跟他沟通，或是陪他上台说两句话。

D. 去跟老师沟通，不要让他上台。

5. 当孩子做事的方法不符合你所期待的标准时，你会怎么做？

A. 告诉他正确的方法，并且示范一次给他看。

B. 自己重新做一次。

C. 禁止他继续做下去。

D. 孩子有自己的想法很好，只要达到孩子希望的结果就好了。

6. 你认为孩子犯错的时候，最好的处理方式是？

A. 告诉他做错了，希望他下次不要再犯。

B. 哪个孩子不会犯错？长大就不会了。

C. 当然要好好教训一下。

D. 问孩子犯错的原因，跟他一起讨论下次如何改善。

7. 你认为孩子做错事情的时候，谁要负最大的责任？

A. 爸爸、妈妈（主要照顾他的人）。

B. 孩子自己。

C. 老师。

D. 家长和孩子。

8. 当孩子遇到不知该如何处理的事情，向你求助的时候，你会怎么做？

A. 没有空，请他去问别人。

B. 马上把自己知道的答案告诉他。

C. 请他自己想办法解决。

D. 了解他的困难处，引导他想办法解决问题。

9. 当孩子不小心摔破杯子，你会怎么做？

A. 让孩子自己收拾碎片。

B. 请孩子看着大人收拾碎片，让他从旁协助。

C. 马上请孩子离开，避免危险。

D. 责骂他，边骂边收拾碎片。

10. 当孩子出言顶撞你的时候，你会怎么做？

A. 暂时不理他，离开现场。
B. 严厉地处罚他。
C. 问他为什么要这样说，告诉他，你很难过。
D. 忽略这件事情，假装没有听到，继续你未说完的话。

评分规则：请根据下面评分表，评定自己每道题的得分，然后将每题得分相加，得到您的总得分。

选项得分题目	选项 A	选项 B	选项 C	选项 D
1	1	3	4	2
2	3	4	1	2
3	2	4	3	1
4	3	2	4	1
5	3	1	2	4
6	3	2	1	4
7	2	3	1	4
8	2	1	3	4
9	2	4	1	3
10	3	2	4	1

测验解析：

35~40 分：智慧型

恭喜你，依照你的教育方法，你一定可以教出具有高挫折忍受力的孩子。你能够让孩子感到被信任，也可以让孩子有自己动手的空间。最重要的是，你给了孩子足够的安全感去探索世界，更懂得协助他解决问题和学习承担责任，让他能够有效地处理问题并且克服挫折。

25~34分：专断型

你是个稍微严格的父母，或许你的孩子具备勇于面对挫折的能力，但他十分缺乏自信，若能适当地提供孩子一些自主的空间，你会发现他的表现可以更耀眼。

15~24分：忽视型

你的孩子在与你互动的过程，会感到不知所措。一般来说，孩子的行为需要透过学习而有所进步，家长的功能是引导他朝正确的方法执行，而不是忽略不管，多给孩子一些引导，他可以更快达成你所期待的目标。

14分以下：放纵型

父母过度的保护，是导致草莓族的重要原因，如果家长凡事都帮孩子处理，他可能难以独自面对、解决问题。家长切记，千万不要当直升机父母。父母要知道，我们不可能永远守护在孩子身边，帮他解决问题，还不如放手让他去做！

做完前面的测验，相信父母已经大略知道自己的教养方式是否需要稍微调整了，父母的教养方式是孩子成功与否的关键。

成长记录

请您将自己为培养孩子观察力所开展的各项准备活动或措施及其效果记录在下表中。

时间	开展的具体活动或措施	活动或措施的效果	备注

花（局部） 布面油画 94cm×123cm 2015年

02

给孩子一双慧眼
——如何培养孩子的观察力

启智故事

达·芬奇画蛋

达·芬奇是欧洲文艺复兴时期意大利一位卓越的画家。他从小就很有绘画才能,于是,在达·芬奇长到14岁的时候,父亲送他到意大利名城佛罗伦萨,拜著名画家委罗基奥为师。

委罗基奥,不仅懂绘画,也懂雕刻。跟着委罗基奥学绘画,第一课便是画蛋。老师拿来一个鸡蛋,往桌子上一放,吩咐他照着画,然后便去做自己的事了。刚开始,达·芬奇还挺听话,照着鸡蛋认真地画,可没过多久,达·芬奇就不耐烦了,他对老师说:"老师,为什么总要我画蛋啊?到底什么时候才能画完呢?"老师严肃地对他说:"要先学好画蛋,因为这是熟练手法和笔法的基本功。要画好蛋,就要认真地观察它,学会从不同的角度来画它。"

听了老师的话,达·芬奇低下了头,他知道自己错了。从那以后,他再没有急着要画别的东西。他全神贯注日复一日地去观察桌子上那个平平凡凡的鸡蛋,从前面、后面、左面、右面等不同的方向去观察。日子一天天过去,达·芬奇的画本上画满了大大小小的、形状不同的圆圈圈。老师对他的刻苦钻研精神很满意,对他赞不绝口。达·芬奇画鸡蛋用的草纸,已经堆得老高了。

有了坚实的基础,达·芬奇的绘画水平也如虎添翼。一次,老师让达·芬奇在自己的作品《基督受洗图》上画一个天使。达·芬奇拿起笔来就画,只三笔两笔,一个可爱的小天使就跃然纸上了。看着学生有如此好的技艺,委罗基奥笑了。从那时起,委罗基奥毅然弃笔,不再绘画,只搞雕刻去了。

经过长期艰苦的艺术实践,达·芬奇终于创作出《最后的晚餐》《蒙娜丽莎》等许多名画,成为一代宗师。

瓦特发明蒸汽机

瓦特(1736—1819),英国著名的发明家,生于英国造船中心格拉斯哥附近的格林诺克小镇。他的父亲当过造船工人,祖父叔父都是机械工人,由于家庭的影响,瓦特从小就熟悉了许多机械原理和制作技术。瓦特是一个智慧非凡的孩子，他勤奋好学，勇于探索，对发明创造最感兴趣，而且特别善于观察。

在瓦特的家乡，家家户户都是生火烧水做饭。对这种司空见惯的事，有谁留过心呢？瓦特就留了心。有一天，他在厨房里看祖母做饭。灶上放着一壶开水。开水在沸腾。壶盖啪啪啪地作响，不停地往上跳动。瓦特观察好半天，感到很奇怪，猜不透这是什么缘故，就问祖母说："什么玩艺使壶盖跳动呢？"祖母回答说："水开了，就这样。"瓦特没有满足，又追问："为什么水开了壶盖就跳动？是什么东西推动它吗？"可能是祖母太忙了，没有工夫答对他，便不耐烦地说："不知道。小孩子刨根问底地问这些有什么意思呢。"瓦特在他祖母那里不但没有找到答案，反而受到了冤枉的批评，心里很不舒服，可他并不灰心。连续几天，每当做饭时，他就蹲在火炉旁边细心地观察着。起初，壶盖很安稳，隔了一会儿，水要开了，发出哗哗的响声。突然，壶里的水蒸汽冒出来，推动壶盖跳动了。蒸汽不住地往上冒，壶盖也不停地跳动着，好像里边藏着个魔术师，在变戏法似的。瓦特高兴极了，几乎叫出声来，他把壶盖揭开盖上，盖上又揭开，反复验证。他还把杯子、调羹遮在水蒸汽喷出的地方。瓦特终于弄清楚了，是水蒸汽推动壶盖跳动，这水蒸汽的力量还真不小呢。水蒸汽推动壶盖跳动的物理现象，正是瓦特发明蒸汽机的认识源泉。

小瓦特为搞发明创造，发愤学习科学知识。他13岁开始学习几何学，15岁读完了《物理学原理》，17岁开始当学徒工。此后，他才真正投入了蒸汽机的研制和发明，一发而不可收。

1757年瓦特到格拉斯哥大学当教学仪器修理工。那里既有完备的实验设施和各种仪器，又有许多著名学者和专家，这些都给瓦特提供了极其有利的条件。学校还专门为他创办了实验车间。1769年，瓦特在大量试验的基础上，经过了无数次失败，终于制成了一台单动式蒸汽机，并且获得了第一台蒸汽机的专利权。1782年瓦特又研制成功一种新式双向蒸汽机，并且可以广泛地应用在各种机器上；1788年，英国政府正式授予瓦特制造蒸汽机的专利证书；从1775年到1800年，瓦特和波尔顿合办的苏霍工厂，就制造出183台蒸汽机，全用于纺织业、冶金业和采矿业，到了19世纪30年代，蒸汽机推向了全世界，从此人类社会进入了"蒸汽时代"。造福于人类的发明家——瓦特永远被后人敬仰。

苹果与万有引力

依撒克·牛顿（1642—1727）是英国科学家。他发现万有引力定律，建立经典力学的基本体系，在光学、热学、天文学方面都有创造性的贡献，在数学方面又是微积分的创始人之一。

三百多年前的一天晚上，一位青年坐在花园里观赏月亮。他仰望那镶着点点繁星的苍穹，思索着为什么月亮会绕着地球运转而不会掉落下来。忽然，有个东西打在了他的头上，这并不很重的一击，把他从沉思中惊醒。他低头一看，原来，是一只熟透的大苹果从树上掉落下来。他捡起苹果，又一次陷入了沉思：为什么苹果不落向两旁，不飞向天空，而是垂直落向地面？这一定是地球有某种引力，把所有的东西都引向地球。青年眼睛一亮：苹果是这样，月亮也是如此，月亮一定是在地球引力的吸引下做高速运转。因为有引力，所以它不能远离地球；因为有速度，所以它不会像苹果一样掉落下来。夜渐渐地深了，青年手中拿着苹果，开心地笑了。他就是发现万有引力的英国科学家牛顿。这一年，他才24岁。

牛顿，1642年12月25日出生在英国。他爸爸是个自耕农，在他出世前两个月就死去了。他两岁起就跟着年迈的祖母过着贫困孤苦的生活。

牛顿在12岁的时候进入格兰镇小学读书。他从小就非常热爱科学，经常制造一些灵巧的小机械。他自己制作了一个小巧的水钟，是仿照沙漏的作法制成的。用一个小水池，使池中的水缓缓流出，水面逐渐降低，水面上的浮标就跟着逐渐下降，于是带动指针转动，指示时刻。

放风筝，是孩子们都喜爱的游戏。聪明的小牛顿更玩出了新花样：一天晚上，他把一只纸灯笼系在了风筝上放到天空。许多看见了空中风筝的人，都叫起来："彗星！"当人们知道天空中闪亮的是风筝上的灯笼，才恍然大悟。

牛顿是个意志坚强的孩子。在学校里，当他受到大同学的侮辱时，他总是拼命反抗。他常说："无论做什么事情，只要肯努力奋斗，是没有不成功的。"正是这种顽强的精神，带领牛顿登上科学群山那一个又一个巅峰。

牛顿在从事科学研究工作时，常常会忘记自己和别人的存在，陷入一种"痴迷"的状态。有一次，他请朋友到家里做客。当他走出房门去拿酒时，忽然想起关于月球轨道的运算，于是就把请客的事忘到了九霄云外，自顾自地忙着计算起来。朋友知道牛顿的脾气，只好自己吃掉了盘子里的鸡，把骨头吐在了桌子上。牛顿终于计算完了，这才想起请客的事。走回桌前一看，鸡只剩下了骨头，他恍然大悟地说："我以为我还没有吃饭呢，原来已经吃过了。"

尽管牛顿在科学上取得了巨大的成就，却仍然十分谦虚。他曾这样说过："如果我所见的比笛卡尔（法国17世纪著名数学家、物理学家和哲学家）要远一点儿，那是因为我是站在巨人的肩上的缘故。"

在英国乌尔索普牛顿老家的花园里的那棵苹果树，一直被精心地保护着。1820年，这棵树死后，被分成好几段，分别在英国皇家学会等处保存了起来。这棵与科学结缘的苹果树，不仅留有牛顿严谨学风的印记，更流传着牛顿谦逊的美德。

智慧导航

什么是观察力

观察力是构成智力的一个重要组成部分，是一种有意识、有目的、有组织的知觉能力。它不只是单纯知觉问题，而是包含着理解、思考，有目的、有计划的知觉。它是人的多种感知觉的综合。人的观察力存在着个别差异，表现在类型、能动性、深刻性、反应性等方面的差异，如有人属主动观察型，有人属被动观察型等，这些差异与人的先天素质和后天实践活动及培养都有密切关系。

一个观察力很强的人，通常能从普通人认为是司空见惯、细枝末节的事情中发现奇迹。苹果落地，水蒸汽掀锅盖，这些都是人们很常见的现象，但牛顿和瓦特却因此发现和发明了万有引力定律与蒸汽机。

观察力的重要性

1. 观察是人们认识世界的窗口，是获得一切知识的门户，是人类文化积累的一个重要途径。一切科学实验,科学的新发现、新规律,都是建立在周密、精确、系统的观察基础之上，人们通过观察发现了季节变化的规律，发现了农作物的生长规律，发现了许多现实存在但尚未发掘的客观规律。正因为有了观察，物理学家牛顿才受到了苹果落地的启发提出了著名的万有引力定律，推动了科学的发展。良好的观察能使学生全面、深入地理解学习内容，提高学习效率，取得优异成绩。因此，观察是人们获得知识、提高认识的有效途径。

2. 观察是人们区分事物的一般特征，发现事物的本质特征，提出新问题，进行创造性的一个重要条件。例如化学家海华德正是由于观察到天然橡胶中加入硫磺经过加热后具有了弹性，才发明了我们今天广泛使用的硫化橡胶。

3. 良好的观察力是进行各种实践活动不可缺少的基本能力。良好的观察力能使教师在教育活动中全面把握教学的各个环节，从学生的细小反应中觉察其心理奥秘，促使教育教学技巧的提高；能使研究人员看准研究领域的突破口，选准课题，较快地取得成果；能使企业家透过大量的商品信息，准确地预测市场，制定出最佳的生产计划和推销方案，使企业获得高额利润；能使政治家明察秋毫，从现象中看到本质，从不利中看到有利，分清主流与支流，站得高看得远，掌握社会发展的脉搏。此外，医生、工人、警察、演员、音乐家、美术家等都需要良好的观察力。即使当一名运动员，良好的观察力仍然是取得优异成绩的必要条件。世界球王贝利在总结自己的足球生涯时说："我踢球的最大特点是善于观察。"

家长如何培养孩子的观察力

观察是孩子认识世界的重要途径。观察力强的孩子，智力水平明显高于观察力弱的。那么怎样才能让自己的孩子拥有超常的观察力呢？

1. 让孩子观察感兴趣的事物

家长可以让孩子观察一些他们感兴趣的东西，孩子一般喜欢观察活的动的物体，如小鸡吃米、小猫玩球、小狗打架、小金鱼游泳等，不喜欢观察静的东西；喜欢观察颜色鲜艳的东西，如孔雀开屏、花园里的鲜花等，不喜欢看颜色单调的水墨画；喜欢看大而清晰的物体图像，不喜欢看小而模糊的东西；位置明显的物体容易被观察，如墙上挂的、桌上摆的、床上放的、身上穿的……位置不明显的，容易被忽略；物体的开头容易被观察，其他特征容易被忽略，如一堆物品中，孩子容易将形状相同的物品归为一类；差别大的物体容易被观察出来，差别小的物体，常常观察不到。

2. 有目的地引导观察

孩子在观察中往往目的不明确，只凭自己的兴趣观察。如要培养孩子较强的观察力，就必须有目的地加以引导。在观察之前，要告诉他观察的任务，尤其是不易引起孩子注意的地方。可以给孩子一些指点，让他集中注意力，以达到良好的观察效果。

3. 讲解观察的顺序

在观察目的已经明确的情况下，如果观察的顺序不对，也会影响观察的效果。家长可以要求孩子根据事物的不同特点，从左到右，从上到下，从外到里，从整体到部分地观察。同时，还应告诉他观察的重点。

4. 使用多种感官进行观察

孩子是靠眼、耳、鼻、舌、口和皮肤来获得对外界事物的认识的。比如吃水果时，可以让他看看外形特征和颜色，用手摸摸表面是光滑还是粗糙，是软是硬，是温是凉，用鼻子闻一闻，用嘴尝一尝。较大的孩子在观察时，应让他们边观察边记录，或者读出声来，或者在观察中模仿，从而发现新的东西。

5. 鼓励孩子在观察过程中多提问

不要总认为孩子什么都不懂，孩子的心灵深处绝对不是一片空白，不同年龄的孩子向父母提出一串串精彩的问题，如"天冷了水为什么会结冰""自己是从哪里来的"等等。孩子们的问题有我们意想不到的，或者觉得可笑、荒唐。面对孩子的提问，有的父母可能会不耐烦地说："去！去！去！哪有为什么？"也许他们自己也不太清楚，也许认为这些问题不值得回答。如果是这样，会使孩子很扫兴，挫伤孩子对周围事物的敏感与思考。应该明白，当孩子提问时，正是孩子求知的好机会。鼓励孩子提问，就是为了培养孩子对事物的观察与思考，并非必须立即把每个问题的现成答案告诉他们。法国著名艺术家罗丹曾说："这世界并不缺乏美，缺乏的是发现美的眼睛！"孩子的眼睛总是明亮清澈的，因为他在认知和情感上有许多新奇的发现，有神秘的感受。

科学活动中培养孩子观察力的方法

科学活动对孩子往往很有吸引力，所以在科学活动中培养孩子的观察力被认为是最有效的途径，既能使孩子在观察中增长科学知识，又在观察中发展了多元智能，因此家长应该积极引导孩子多参加科学活动。在孩子参加科学活动时，家长可以通过以下方法培养孩子的观察力。

1. 对比观察。对比观察能够帮助孩子更加深刻地理解知识点。例如在认识"水的溶解"

时，可以为孩子准备冰块、一杯温水和一杯凉水，还有盛水的容器以及扇子、棉花等，让孩子自己摆弄。他们往往很快就会津津有味地玩起来，接着孩子就会为自己的发现兴奋不已，争着报告自己的发现："冰块放到水里就化了。"这时可以再引导孩子把冰块放进不同温度的水里，看看有什么不同的发现，此时要适时指导孩子正确的对比观察方法。若同时在凉水和温水里放进冰块，孩子很快就会告诉爸爸妈妈在温水中的冰块化得快，而在凉水里的冰块融化得慢。这时，要对孩子的发现给予肯定，让孩子在试一试中充分体验发现的快乐，同时也能更快地掌握水溶解的特性。

又如在"认识植物"的活动中，则可以同时在水里和土里都种下黄豆，让孩子做对比观察。在观察中，孩子会发现水里的豆子先发芽，而种在土里的黄豆则在浇过几次水后才长出叶子；孩子还会发现水里长出黄豆的茎是细细的，而长在土里的比较粗，叶子也更绿一点。通过对比观察，不仅使孩子充分了解相同（不同）的物体在不同（相同）的条件下有着不同的表现形态，而且能使孩子更快地掌握知识内容，并保持他们的好奇心和观察力。

2. 局部观察。比如，在"认识植物"的活动中，如果孩子对花的结构最好奇，爸爸妈妈可以搜集很多的花放在一起和孩子研究观察。孩子很快就会提出问题："花朵中间细细的东西是什么？""为什么中间那个最高？""碰上那个细细的东西会有粉在手上，是什么东西？"这一连串的问题，说明了孩子在观察的过程中，已经注意到了一些非常细小的部分。通过这些细小的观察，让孩子知道了花蕊、花瓣、花粉，也知道了它们的作用，这会使他们心中充满成就感。

还可以为孩子准备"沉浮活动"，通过比较细致的观察，孩子会发现一个现象——悬浮。这里就不再多述了。细节观察有助于孩子发现新的知识点，爸爸妈妈们要善加利用。

3. 保持观察兴趣的有效方式——提问。观察是有目的、有计划、比较持久的知觉过程，因此，可先用提问的方式，告诉孩子观察的目的和要求，使观察的过程按一定的目的进行；其次，还应适时地提出问题，把观察活动引向纵深，延续孩子对事物观察的时间，加强观察的持续性，并让孩子制订观察计划，可以使孩子透过事物的现象看本质，并提出新的问题，激励他继续寻找答案。

比如，在"神奇的魔术蛋"的活动中，小小的一颗蛋，竟能使孩子们兴致高昂，观察时间持续了一个月，为什么呢？其关键在于爸爸妈妈适时地设置问题。首先，当孩子接受了用醋将蛋泡起来的任务后，孩子就会每天看蛋是不是有变化。经过几天浸泡，孩子会发现蛋壳变软了，将变软的蛋轻轻拉，原本椭圆形的鸡蛋就变成了一个胡萝卜形状的蛋。当孩子正为"变形蛋"高兴的时候，爸爸妈妈的提问也就可以跟着来了："鸡蛋为什么会变形？""如果继续泡下去，会有什么变化？"这样就可以巧妙地把孩子的注意力从已知的变形蛋转向了未知的问题。孩子就会继续将蛋泡下去，仍然是每天去观察。当孩子终于发现泡久了以后，蛋壳会消失时，那惊奇是非常大的。经过自己视觉上的观察，又通过爸爸妈妈的讲解，可使孩子了解醋酸的作用，知道了龋齿的由来，也知道了保护牙齿的重要性。

从以上活动中可以看出，孩子的观察活动过程是这样的：带着问题观察——观察中发现问题——产生观察的愿望——再观察，一直到得到满意的答案。想有效地持续这个过程，爸爸妈妈适时地提问是尤为重要的。

4. 利用辅助手段，记录孩子的观察结果。孩子在观察过后，需要用一些方法来将看到的结果记录下来，以便于记忆。记录的方法可以是表格式的，也可以是绘画式的。表格式的较规范，记录得更准确，适合记录科学实验的结果。还有绘画式的，主要用于记录植物的生长、天气的变化等。在观察记录中，爸爸妈妈会发现孩子更喜欢以绘画的方式记录。

5. 鼓励、保护孩子的观察兴趣。孩子是主动的探索者、研究者和发现者，是知识经验的主动构建者，而父母则是孩子探究活动的支持者和引导者。当孩子通过观察提出问题，而父母不了解答案或者无法用孩子听得懂的话来回答时，千万不能回避，否则几次消极的回馈后，孩子观察的兴趣会逐渐减少。正确的方法是和孩子一起寻找答案，一起搜集资料，一起观察，让孩子感到父母是他最重要的支持者。同时，对错误的观察结果，也不要轻易地说出"不对"，应该鼓励孩子再仔细看看。

孩子观察力五步训练法

一、静视——一目了然

1. 在你的房间里或屋外找一样东西，比如表、自来水笔、台灯、一张椅子或一棵花草，距离约60厘米，平视前方，自然眨眼，集中注意力注视这一件物体。默数60~90下，即1~1.5分钟，在默数的同时，要专心致志地仔细观察。闭上眼睛，努力在脑海中勾勒出该物体的形象，应尽可能地加以详细描述，最好用文字将其特征描述出来。然后重复细看一遍，如果有错，加以补充。

2. 你在训练熟练后，逐渐转到更复杂的物体上，观察周围事物的特征，然后闭眼回想。重复几次，直到每个细节都看到。可以观察地平线、衣服的颜色、植物的形状、人们的姿势和动作、天空阴云的形状和颜色等。观察的要点是，不断改变目光的焦点，尽可能多地记住完整物体不同部分的特征，记得越多越好。在每一分析练习之后，闭上眼睛，用心灵的眼睛全面地观察，然后睁开眼睛，对照实物，校正你心灵的印象，然后再闭再睁，直到完全相同为止。还可以在某一环境中关注一种形状或颜色，试着在周围其他地方找到它。

3、建议你然后再去观察名画。必须把自己的描述与原物加以对照，力求做到描写精微、细致。在用名画作练习时，应通过形象思维激发自己的感情，由感受产生兴致，由兴致上升到心情。

这样，不仅可以改善观察力、注意力，而且可以提高记忆力和创造力。因为在你制作新的心中的形象的过程中，你吸收使用了大量清晰的视觉信息，并且把它储藏在你的大脑中。

二、行视——边走边看

以中等速度穿过你的房间、教室、办公室，或者绕着房间走一圈，迅速留意尽可能多的物体。回想，把你所看到的尽可能详细地说出来，最好写出来，然后对照补充。

在日常生活中，眼睛像闪电一样看。可以在眨眼的工夫，即 01～04 秒之间，去看眼前的物品，然后回想其种类和位置；看马路上疾驶的汽车牌号，然后回想其字母、号码；看一张陌生的面孔，然后回想其特征；看路边的树、楼，然后回想其棵数、层数；看广告牌，然后回想其画面和文字。所谓"心明眼亮"，这样不仅可以有效锻炼视觉的灵敏度，锻炼视觉和大脑在瞬间强烈的注意力，而且可以使你从内到外更加聪慧。

三、抛视——天女散花

取 25 块到 30 块大小适中的彩色圆球，或积木、跳棋子，其中红色、黄色、白色或其他颜色的各占三分之一。将它们完全混合在一起，放在盆里。用两手迅速抓起两把，然后放手，让它们同时从手中滚落到沙发上，或床上、桌面上、地上。当它们全部落下后，迅速看一眼这些落下的物体，然后转过身去，将每种颜色的数目凭记忆而不是猜测写下来。检查是否正确。

重复这一练习 10 天，在第 10 天看看你的进步。

四、速视——疏而不漏

取50张7厘米见方的纸片,每一张纸片上面都写上一个汉字或字母,字迹应清晰、工整,将有字的一面朝下。也可用扑克牌,取出10张,闭着眼使它们面朝上,尽量分散放在桌面上。现在睁眼,用极短的时间仔细看它们一眼。然后转过身,凭着你的记忆把所看到的字写下来。紧接着,用另10张纸片重复这一练习。每天这样练习三次,重复10天。在第10天注意一下你取得了多大进步。

五、统视——尽收眼底

睁大你的眼睛,但不要过分以至于让你觉得不适。注意力完全集中,注视正前方,观察你视野中的所有物体,但眼珠不可以有一点的转动。坚持10秒钟后,回想所看到的东西,凭借你的记忆,将所能想起来的物体的名字写下来,不要凭借你已有的信息和猜测来作记录。重复10天,每天变换观察的位置和视野。在第10天看看你的进步。

训练孩子观察力的游戏

孩子通过观察,发现大自然的美好;通过观察,了解科学的奥秘;通过观察,知道环境对人类的重要。训练观察力的游戏丰富多样,父母只要在日常生活中多留心,还可以发现更多更好的提高孩子观察力的方法。让我们的孩子用自己的眼睛去关爱这个世界吧!

1. 观察动物。游戏前先让孩子看一些有关动物的电视节目或者到动物园去参观,以便有初步印象。

可准备几张动物图片在游戏中使用(如大象、兔子、长颈鹿、老虎、豹子、鸟、鱼等)。可以先拿一张大象的画片,让孩子仔细观察一分钟之后再问:大象大不大?大象的鼻子是怎么样的?

随后就可以告诉孩子:大象是陆地上最大的动物,大象的鼻子很长也很有用,可以将食物卷起来放入口中,可以卷木材,可以吹口琴……

然后让孩子看第二张图片,再让孩子仔细观察一分钟后提问。

依序出示其他的动物图片,通过一系列的观察、提问,孩子会对所看到的动物有个全面、深刻的印象。这一过程既锻炼了孩子的观察力,提高了注意力,又丰富了孩子的知识。

每次游戏时让孩子看到的动物可多可少,根据孩子的实际情况来决定。最好配合电视中的《动物世界》来进行，或者经常带孩子去动物园，以强化记忆。

2. 观察小露珠。可选择一个假日的清晨，带孩子到郊外去观察露珠，观察的最佳时间和最佳地点都要事先选择好。

带孩子到一片草坪旁，爸爸、妈妈和孩子都蹲下来仔细观察，看看小草上有些什么？孩子很容易就会观察到有小水珠。要对孩子的回答予以肯定，是水珠，但我们通常把这种圆圆的、亮晶晶的水珠叫做露珠。这时可告诉孩子，今天我们的观察对象就是露珠，这就给孩子强调了观察的目的性。随后，让孩子继续观察露珠有什么特点？

孩子站在不同的角度观察，发现露珠是一闪一闪的，就像眼睛眨呀眨。这时，爸爸妈妈就可及时作总结：露珠实际上就是水珠，它圆圆的、亮亮的、一闪一闪的。

游戏到此休息一段时间，可以和孩子在草坪边做一做别的运动。一段时间后，重新蹲下来观察露珠，这时，孩子的注意力就应由运动转移到观察露珠上来，实现注意的转移。

再看时，孩子会大喊："咦，露珠不见了，露珠哪里去了？"家长可对孩子的提问稍加解释：露珠不见了是被太阳蒸发变成水蒸气飞到空中去了，太阳带着露珠去旅行了。

回家后，爸爸妈妈可对此次游戏作总结：大自然是很奇妙的，也有很多奥秘，只要你肯观察、爱思考，就一定能够找出很多很多的秘密来。由于孩子的知识有限，所以在对孩子解释一些科普性问题时，应考虑他的接受能力，把科普术语尽量口语化，或者作比喻给孩子解释，便于他理解接受。

3. 春天真美丽。选择一个风和日丽的春日，带孩子去郊外。外出前，告诉孩子："今天，爸爸、妈妈带你出去寻找春天。你仔细地看一看，春天有什么？"

到户外时可以问孩子：春天的树是什么样子的？（树发芽了，长出嫩绿的树叶儿。）春天的小草是什么样子的？（嫩绿的、细细的。）春天的田野是什么样子的？（一片一片全是绿的。）春天是什么颜色的？（绿色的。绿色的树、绿色的草、绿色的田野。）

回到家中，对孩子总结一下春天是什么样的，并且对孩子说："现在，我们一起来画一幅画，画一幅春天。"爸爸妈妈和孩子一起画一幅春天的画。

外出寻找春天的时候，爸爸妈妈一定要明确孩子观察的对象，不能太泛，所观察的目标应该很明显就能反映出春天的特征。

画画的时候，只要孩子以绿色为基调，画出绿色的树、绿色的草、绿色的田野就算达到了要求。

4. 我家在哪里。地图是训练孩子观察力的绝好工具，空闲的时候，可以将地图平展开来，探索之旅就可以开始了。地图的挑选可以按照本市地图、中国地图、亚洲地图、世界地图依次升级；观察的目标也可以从孩子最熟悉的自己家所处的位置开始，慢慢扩展到幼儿园、小朋友家、奶奶家、动物园等。这种训练对锻炼孩子观察力的持久度很有帮助。

5. 水变多还是变少。找两个杯子，一个瘦高，一个矮胖，先在其中任意一杯中倒入半杯水，让孩子看清楚，然后再将水倒入另一个杯子。由于两个杯子底面积有差异，所以水的高度会有明显不同。引导孩子仔细观察操作的过程，特别注意观察两个杯子的水面高度有何不同，并请他思考：第二个杯子里的水比第一个里的少了吗？这便是著名的儿童守恒概念实验。是一种在孩子观察事物过程中促进其思考事物内在联系和本质特征的好方法。

6. 醉酒的蚂蚁。夏天是各式各样的昆虫倾巢而出的季节，不妨带着孩子观察昆虫。小蚂蚁就是一个不错的选择，既好找又没有危险性。可以让孩子试着给一只小蚂蚁滴上几滴白酒，然后一同观察蚂蚁晕晕乎乎而后又苏醒的过程，相信孩子一定会兴趣十足。如果带上一面放大镜，就更有意思啦！

三省吾身

△ 您是一位具有良好观察力的家长吗？
△ 您的孩子具有良好的观察力吗？
△ 您打算为培养孩子的观察力做些什么？

亲子行动

亲子阅读

请您和自己的孩子一起阅读下面的三个小故事，然后一起讨论从中得到的收获，并请您指导孩子用自己的话讲述这三个故事。

法布尔的故事

　　法布尔是法国著名的昆虫学家。他为了研究昆虫，花费了一生的时间如醉如痴地观察昆虫的习性。一天，他趴在地上，用放大镜观察蚂蚁搬死苍蝇，一连看了三四个小时，以致周围挤满了人。有人还骂他是个"怪人"，可他全然不知。又有一次，他爬上果树观看螳螂的活动入了迷，直到树下有人叫"抓小偷"，他才从昆虫王国的迷梦中惊醒过来。

　　还有一天的大清早，他在路上散步，忽然听见蛐蛐的叫声，于是他循着声音来到一块石头旁，轻轻地躺下，观察蛐蛐的活动。几个农夫早晨去摘葡萄就看见了他，到黄昏收工时，他们看见法布尔还躺在那里呢。他们实在不明白，这个人怎么花了一天的工夫，只看一块石头，简直是中了邪！其实他们不知道，法布尔在观察石头旁的蛐蛐呢。

路边的李树

　　王戎是我国西晋时期一位大将军。他幼年时就很聪明，注意观察和思考。有一次，王戎和一群小伙伴到郊外游玩，当时正是李子成熟的季节。王戎和伙伴们走了很长时间，累得口干舌燥，突然看到不远处的路边有一棵高大的李树，都争先恐后奔向前去。那棵李树十分高大，枝头挂满了紫色的大李子，非常诱人。小伙伴们来到树下，各显其能，有的爬上树摘李子，有的用石块打枝头的李子。只有王戎一个人坐在路边休息，小伙伴们见了很奇怪，就问他："你不想吃李子吗？"王戎微笑着说："我当然想吃了，但是这棵树结的李子是苦的。"可是大家不相信他的话。费了很大的力气，终于有一个伙伴够到了一个李子，他高兴地咬了一大口，连忙吐出，"哇，这么苦啊！"并将剩余的部分扔了。别的小伙伴也有人尝到了苦李子，大喊上当。大家都很奇怪，就围着王戎问："你也是头一次来，怎么会知道这棵树上的李子是苦的呢？"王戎回答说："树长在路边，天天有人从这里经过，如果李子是甜的，早就被人摘光了，还能挂满枝头？"小伙伴们这才醒悟，个个都敬佩王戎。

原来是个吃草的家伙

　　这是二百年前，发生在法国著名的动物学家居维叶身边的一个小故事。有一次，居维叶的一个顽皮学生想跟他开个玩笑，吓一吓他。

　　当夜深人静的时候，那个学生把自己装扮成一个头上竖着两只大角、四肢长着蹄子、张着血喷大口的"怪兽"，偷偷地爬进了居维叶的房间。

　　居维叶正在熟睡，丝毫没有觉察到。

　　那学生突然发了凶猛的嘶叫声和喷鼻的响声，做出要吃人的样子。

居维叶被惊醒了,先是一愣,考虑怎样才能迅速而安全地逃走。可当他借着灯光仔细地看了看那头"怪兽"时,突然笑起来,说:"原来是个吃草的家伙,我又何必怕你呢!"说完,他又睡他的安稳觉去了。

那个学生讨了个没趣,只好讪讪地退了出来。

第二天,那个学生实在憋不住,去问居维叶:"老师,昨天晚上,你屋里没钻进个'怪兽'去吗?"居维叶风趣地说:"我是专门研究生物的,当然很欢迎各种'怪兽'到我房间做客,不论是白天还是黑夜。"那个学生又问:"你怎么一看就知道那个'怪兽'只会吃草,不会吃人呢?"居维叶说:"判断一个动物是吃草的还是吃肉的,只要看一下它的四肢、口腔、牙齿和颌骨就会一清二楚。如果一个动物是吃肉的,它的口腔上下的骨头和肌肉一定适宜吞食生肉,牙齿一定十分锋利,能嚼碎生肉。眼睛、鼻子、耳朵一定善于发现远处的猎物,它的四肢也一定适宜追赶、抓捕猎物。昨天晚上那个怪兽,我一看它的四肢,就知道它是吃草的,不会伤害我,因为它的四肢上长的是蹄子,坚硬的蹄子是不适宜追赶、抓捕猎物的。像老黄牛和山羊的蹄子是抓不住任何小动物的。所以就可以断定那个怪兽是吃草的。"

顽皮的学生这才知道自己恶作剧失败的原因在哪里。他说:"请老师饶恕我,我的顽皮让老师吃了一惊。"

居维叶笑笑说:"顽皮并不可怕,可怕的是无知。好好学习吧!"

亲子游戏

森林聚会

游戏目的:培养孩子的观察能力。

游戏规则:找来各种动物卡片,模拟一个森林聚会的场景,请孩子给动物进行分类。然后,爸爸妈妈可以按照飞禽、走兽、两栖等的标准给动物卡片分类,而后尽量让孩子观察并说出它们之间的异同。可以用一连串的问题引导孩子来观察和总结不同种类动物之间的差别,比如:"你看,它们都有几条腿呀?""它们有翅膀吗?"……总之,要尽量给孩子观察和思考的时间,要引导他更好地观察,而不是爸爸妈妈代替他来观察,一股脑儿地告诉孩子一切。

寻找异同

游戏目的:培养孩子的观察能力。

游戏规则：准备一沓图片，有长耳朵动物，如兔子等，有短耳朵动物，如熊猫等，长耳朵和短耳朵动物各两三种。让孩子找出长耳朵动物，再找出短耳朵动物。这个游戏也可以改成找长尾巴动物和短尾巴动物，找有烟囱的房子和没有烟囱的房子……给孩子做的分类游戏必须特征分明、要求单一，使他的注意力容易集中到需要观察的地方。

还可以准备一堆三种颜色的同形状积木，你拿出一块，让孩子找出同样颜色的积木；或者一堆三种形状的同颜色积木，你拿出一块，让孩子找出形状相同的积木。当孩子能够掌握颜色和形状概念时，可以提高难度，让他找出与你手中的积木颜色和形状均相同者。从观察对象单一特性到双重特性，需要一个过程，不要急于求成。让孩子对单一特性充分注意和掌握后，再提进一步的要求，以免孩子厌倦。

趣味测试

观察力小测试

一叶落而知秋，一叶生而知春。细节关系成败，举止察知命运。您是一位善于观察的人吗？您具有敏锐的观察力吗？请通过下面的小测试，来看看您的观察力吧。不必深思熟虑，请立即回答即可。

1.进入某个房间的时候，你：

A.注意桌椅的摆放；

B.注意用具的准确位置；

C.观察墙壁上挂着什么。

2.与人相遇的时候，你：

A.只看他的脸；

B.悄悄从头到脚打量一番；

C.只注意他脸上的个别部位。

3.你从看过的风景中记住了：

A.色调；

B.天空；

C.当时浮现在心里的感受。

4.你早晨起床后：

A.马上就想应该做什么；

B.想起梦见了什么；

C.思考昨天都发生了什么事情。

5.当你坐上公共汽车，你：

A.谁也不看；

B.看看谁站在旁边；

C.与距离你最近的人搭话。

6.在大街上，你：

A.观察来往的车辆；

B.观察房子的正面；

C.观察行人。

7.当你看橱窗的时候，你：

A.只关心可能对自己有用的东西；

B.也看看此时不需要的东西；

C.注意观察每样东西。

8.如果在家需要找什么东西，你：

A.把注意力集中在这些东西可能放的地方；

B.到处寻找；

C.请别人帮忙找。

9.看亲戚和朋友过去的照片，你：

A.激动；

B.觉得可爱；

C.尽量了解照片上都是谁。

10.假如友人建议你去参加你不会的娱乐项目，你：

A.试图学会玩，并想赢钱；

B.借口学过一段时间再玩而给予拒绝；

C.直言说不会玩。

11.在公园里面等人，你：

A.仔细观察旁边的人；

B. 看报纸；

C. 想某件事情。

12. 在满天繁星的夜晚，你：

A. 努力观察星座；

B. 只是一味地看天空；

C. 什么也不看。

13. 你放下正在读的书，总是：

A. 用铅笔标记读到什么地方；

B. 放个书签；

C. 相信自己的注意力。

14. 你记住你邻居的：

A. 姓名；

B. 外貌；

C. 什么也没有记住。

15. 你在摆好的餐桌前：

A. 赞扬它的精美之处；

B. 看看人们是否都到齐了；

C. 看看所有的椅子是否放在合适的位置上。

评分标准：

请根据下面评分表，评定自己每道题的得分，然后将每题得分相加，得到您的总得分。

题目	1	2	3	4	5	6	7	8	9	10	11	12	13	14	15
A	3	5	10	10	3	5	3	10	5	10	10	10	10	10	3
B	10	10	5	3	5	3	5	5	3	5	5	5	5	3	10
C	5	3	3	5	10	10	10	3	10	3	3	3	3	5	5

测验解析：

110分~150分：

说明你具有很好的观察习惯，而且反映敏锐、思维活跃，是一个具有很强观察能力的人。你不但能正确分析自己的行为，也能够极其准确地评价别人。

75分~110分：

说明你有相当敏锐的观察能力，思想深刻而且犀利，做事目的性比较强。但是对别人的评价有时候带有偏见，特别在处理人际关系的方式和方法上有待改善。

45分~75分：

说明你对别人隐藏在外貌、行为背后的思想和企图漠不关心，对生活中的变化置若罔闻，尽管你在人际交往中不会产生严重的心理障碍，但是在机遇和变故面前常常麻木不仁，得过且过。建议您立即改变这种漠不关心的生活态度，养成勤于观察、善于思考的良好习惯。您的观察能力增强了，思考力水平提高了，您的人生随之改变。

45分~0分：

说明你不关心周围的人和事。你甚至连分析自己的时间都没有，更不会观察事物、理解别人。因此，你是一个自我中心倾向很严重的人。这可能会成为阻碍你社会交往的极大障碍，当您的得分在45分以下，如果您还不改变自己的思维方式和生活态度，那么，淘汰的危机将摆在您的眼前。

成长记录

请您将自己为培养孩子观察力所开展的各项准备活动或措施及其效果记录在下表中。

时间	开展的具体活动或措施	活动或措施的效果	备注

水线（局部） 纸本油画 40cm×71cm 2015年

03

性格决定命运
——如何培养孩子的好性格

启智故事

穷人和富人

从前,有一个穷人,很穷,一个富人见他可怜,就起了善心,想帮他致富。富人送给他一头牛,嘱咐他好好开荒,等春天来了撒上种子,秋天就可以远离那个"穷"字了。

穷人满怀希望开始奋斗。可是没过几天,牛要吃草,人要吃饭,日子比过去还难。穷人就想,不如把牛卖了,买几只羊,先杀一只吃,剩下的还可以生小羊,长大了拿去卖,可以赚更多的钱。

穷人的计划如愿以偿,只是吃了一只羊之后,小羊迟迟没有生下来,日子又艰难了,忍不住又吃了一只。穷人想:这样下去不得了,不如把羊卖了,买成鸡,鸡生蛋的速度要快一些,鸡蛋立刻可以赚钱,日子立刻可以好转。

穷人的计划又如愿以偿了,但是日子并没有改变,又艰难了,又忍不住杀鸡,终于杀到只剩一只鸡时,穷人的理想彻底崩溃。他想:致富是无望了,还不如把鸡卖了,打一壶酒,三杯下肚,万事不愁。很快春天来了,发善心的富人兴致勃勃送种子来,竟然发现穷人正就着咸菜喝酒,牛早就没有了,房子里依然一贫如洗。

富人转身走了,穷人仍然一直穷着。

性格形成习惯,习惯决定成功。很多穷人都有过梦想,甚至有过机遇,有过行动,但要坚持到底却很难。

刘备的性格与命运

"性格决定命运",这句话振聋发聩,直白到让人触目惊心的地步,常常让人陷入沉思,反省自己。三国时期,刘备白手起家,成就三分天下,转而又败于东吴,元气大伤,终使一统天下成为泡影,也应了"性格决定命运"这句话的道理。

东汉末年,刘备卖草鞋为生,没什么大能耐,文不能谋略天下,武不能上阵杀敌,然而关羽、张飞这两兄弟是死命相随。按说以关、张杀敌的本事,在乱世中,投靠个好主子是很容易的事,可这哥俩就愿意跟着刘备到处跑,一点没怨言。这就是刘备的独到之处,对兄弟讲义气，好到什么程度呢，晚上不愿意和老婆睡，宁肯和关、张抵足而眠，千古名言"兄弟如手足，妻子如衣物"，就是这位刘大哥说的，可见对兄弟的"义"。或者说就是对人才的尊重和喜欢，关、张就是刘备的事业基石，刘备对关、张的喜好远甚于一切，以后得赵云、孔明等一干文臣武将为之效力，也得益于刘备尊重人才的态度。是以，刘备虽一无所有，却有顶级人才为之效死力，以赤壁的一把火为转折，成就了一番霸业。

俗话说得好，"成也萧何，败也萧何"。刘备是"成也是义，败也是义"。正当刘备取东西两川、关羽水淹七军、刘备集团威震华夏，全盛之时，关羽却遭到魏吴两面夹击，大意失荆州，为孙权所擒杀。消息传来，刘备哀痛欲死，从这以后，刘备经常梦见关羽满身是血地站在自己身边，这叫"日有所思，夜有所梦"。后张飞又因为赶制孝服的事为部将范疆、张达所杀，这俩人随后逃命到东吴，可以说是间接为东吴所害，刘备就也把这帐算到了孙权的头上。

蜀国大臣百般劝阻，均不能打消刘备为兄弟报仇的决心，刘备遂起倾国之兵，为弟弟报仇去了。刘备为争一时之气，在条件不具备的情况下出兵伐吴，终致失败，刘备仓皇逃入白帝城。刘备兵败退于白帝城后，不久就郁郁而终了，刘备的死，最终导致了刘备基业的衰亡。

或许有人会认为刘备不该这么冲动地为弟报仇，站在完全理性的角度上，刘备的确不应该兴兵伐吴，但如果不伐吴为弟报仇，那他就不是刘备了，正是因为他重义才得天下，如今因义而失天下，站在情感的角度上，无可厚非，可以理解。刘备最终的复仇举动，是他重义的又一次表现，这才会让"桃园三结义"的美名流传天下。正如岳飞，世人皆说岳飞愚忠，但假如岳飞当年真的拥兵自立，无非是又一个夺权称君的武将，这样的武将在中国乱世中数不胜数，然而哪一个又能像千百年来岳飞一样得到老百姓的爱戴呢？

刘备成之于义，败之于义，是他的性格使然，伐吴失败，站在事业的角度上他失败了，但站在人性的角度上，他没有失败，他的举动值得尊重。

撒切尔夫人的故事

撒切尔夫人是一位刚毅性格的人，她有着钢铁般的意志和执拗的性格。18岁时，她考上了著名的牛津大学。她的志愿原本是法律专业，结果，却被化学系所录取，显然，这一专业根本不符合撒切尔夫人的性格。毕业后，她的第一份工作是在本迪克斯航空公司从事试验分析工作，后来又到莱昂斯公司做过食品研究的化学师。做实验与她的刚毅性格大相径庭，她更擅长与人交往，而不是关在实验室里与瓶瓶罐罐、化学物品打交道。宝贝放错了地方就是垃圾。从事着与自己性格不符的工作，撒切尔夫人显得十分平庸、毫无创意。1951年，她同丹尼斯·撒切尔结婚，成为撒切尔夫人。婚后，撒切尔夫人由于对所学的化学实在没有太多兴趣，于是走出实验室，进入社会服务工作。在这里撒切尔夫人终于找到了符合自己性格的职业，她如鱼得水，她的刚毅性格有了自由施展和发挥的空间和舞台。1959年她当选为保守党下院议员。1971年出任英国教育大臣，成为保守党历史上第二个进入内阁的女性。1975年，撒切尔夫人竞选保守党领袖获得成功，并随着保守党取得竞选胜利，成为了英国历史上第一位女首相。担任首相后，她刚毅性格的优势得到了淋漓尽致的发挥：她行为果断，雷厉风行；她做事从不回头，不怕议论；她意志坚定，不为他人所左右。于是，她的性格就浓缩成了一个词——铁娘子。"铁娘子"的刚毅性格还体现在她一生从来没有公开承认过错误。即使后半生的主张与前半生相矛盾的时候，她也不作任何解释。然而，我们可以试想，如果以撒切尔夫人的性格不是去从事政治这一职业，结果会是怎样呢？有一个故事似乎很能说明这一点。撒切尔夫人辞掉首相职务之后，一天，她去一家商店购买圣诞礼物，坚持要以一瓶威士忌的价格拿走三瓶威士忌。结果，服务员毫厘不让，坚持要求她支付足额的钱，并且解释说商店不能做赔本的生意。但撒切尔夫人坚持己见。对此，商店老板无可奈何地说："她非常固执！每当她持有某个观点时，你是很难让她改变的。"最后，商店老板还是亏本让她把酒拿走了。从这件小事可以看出，如果撒切尔夫人选择错了职业，她"铁娘子"的美誉就会由固执、蛮横和不通情理来取而代之。所以，性格只有选对了职业，才能发出耀眼的光芒。温顺性格的人适合从事文学艺术、幼儿教育、财务和护理等多项职业，不适合从事要求能作出迅速、灵活反应的工作。

智慧导航

什么是性格

性格是指表现在人对现实的态度和相应的行为方式中的比较稳定的、具有核心意义的个性心理特征。它是一种与社会相关最密切的人格特征，在性格中包含有许多社会道德含义。性格表现了人们对现实和周围世界的态度，并表现在他的行为举止中。性格主要体现在对自己、对别人、对事物的态度和所采取的言行上。它是个性中最重要和显著的心理特征。

性格是一个人对现实的态度以及与之相适应的习惯化的行为。性格是个性心理特征中最重要的方面，它通过人对事物的倾向性态度、意志、活动、言语、外貌等方面表现出来，是人的主要个性特点即心理风格的集中体现。人们在现实生活中显现出的某些一贯的态度倾向和行为方式，如大公无私、勤劳、勇敢、自私、懒惰、沉默、懦弱等，都反映了自身的性格特点。

性格的特征

性格具有复杂的结构，主要包括以下四个特征：

1. 对现实和自己的态度的特征。性格的态度特征，是指个体在对现实生活各个方面的态度中表现出来的一般特征。如诚实或虚伪、谦逊或骄傲等。

2. 意志特征。性格的意志特征是指个体在调节自己的心理活动时表现出的心理特征。自觉性、坚定性、果断性、自制力等是主要的意志特征。自觉性是指在行动之前有明确的目的，事先确定了行动的步骤、方法，并且在行动的过程中能克服困难，始终如一地执行。与之相反的是盲从或独断专行。坚定性是指能采取一定的方法克服困难，以实现自己的目标。与坚定性相反的是执拗性和动摇性，前者不会采取有效的方法，一味我行我素，后者则是轻易改变或放弃自己的计划。果断性是指善于在复杂的情境中辨别是非，迅速作出正确的决定。与果断性相反的是优柔寡断或武断、冒失。自制力是指善于控制自己的行为和情绪。与自制力相反的是任性。

3. 情绪特征。性格的情绪特征是指个体在情绪表现方面的心理特征。在情绪的强度方面，有的情绪强烈，不易于控制；有的则情绪微弱，易于控制。在情绪的稳定性方面，有人情绪波动性大，情绪变化大；有人则情绪稳定，心平气和。在情绪的持久性方面，有的人情绪持续时间长，对工作学习的影响大；有的人则情绪持续时间短，对工作学习的影响小。在主导心境方面，有的人经常情绪饱满，处于愉快的情绪状态；有的人则经常郁郁寡欢。

4. 理智特征。性格的理智特征是指个体在认知活动中表现出来的心理特征。在感知方面，能按照一定的目的任务主动地观察，属于主动观察型，有的则明显地受环境刺激的影响，属于被动观察型；有的倾向于观察对象的细节，属于分析型，有的倾向于观察对象的整体和轮廓，属于综合型；有的倾向于快速感知，属于快速感知型，有的倾向于精确地感知，属于精确感知型。想象方面，有主动想象和被动想象之分；有广泛想象与狭隘想象之分。在记忆方面，有主动与被动之分，有善于形象记忆与善于抽象记忆之分等。在思维方面，也有主动与被动之分，有独立思考与依赖他人之分，有深刻与浮浅之分等。

影响性格形成和发展的主要因素

1. 家庭是"制造人类性格的工厂"

家庭对一个人的性格形成和发展具有重要和深远的影响，被认为是"制造人类性格的工厂"。在家庭中，父母和子女关系最为亲密，父母是子女最重要的教育者。

母爱在儿童的性格形成和发展中起着重要的作用，是儿童性格健康发展的重要条件。日本心理学家松原达哉指出："婴儿生长的环境，是由母亲准备的，但必须认识到，整天都在照料并同婴儿说话的母亲本身，也是重要环境之一。对婴儿的未来而言，母亲的存在，家庭生活方式是无法估量的重要。"缺乏母爱的儿童往往会形成不合群、孤僻、任性和情绪反应冷漠等不良性格特征。父亲对儿童在性别角色发展上起着重要作用。父亲为男孩提供模仿同化的榜样，为女孩提供与异性成人交往的机会。幼年没有与父亲接触过的儿童，在性别的社会化方面，往往是不完全的。

在家庭诸因素中，父母对子女的教养态度对儿童性格形成和发展具有特别重要的作用。父母对子女容忍、民主、信任，儿童的性格特征就会独立、温顺、坚强；若父母严厉、冷漠、拒绝，儿童多半消极、冷酷、情绪不稳定。因此，良好的教养方式对儿童优良性格品质的形成起着积极作用。

2. 学校是性格形成和发展的重要场所

学校教育对儿童的性格的形成也起着非常重要的作用。学生在学校里不仅学习、掌握系统的文化科学知识，而且发展智力，接受政治和品德教育，形成优良性格特征。学生在学校里形成良好的性格，就能顺利地走向社会，适应社会生活。反之，则会发生各种问题。

儿童在课堂教育、班级集体和与老师的相处中，性格特征也在潜移默化地改变。什么样的课堂气氛、什么样的人际关系、什么样的校园风气等等都会间接影响儿童的性格培养。所谓"近朱者赤，近墨者黑"，说的也就是这个道理。

3. 社会实践在性格形成和发展中的作用

当进入社会以后，职业的要求对性格的发展也有重要作用。人长期从事某种特定的工作，社会要求他反复扮演某种角色，进行和自己职业相应的活动，从而相应地形成不同的性格特征。例如，哲学家实事求是，沉着冷静；演说家机智灵敏，感情丰富；运动员顽强勇敢，独立自主；等等。

4. 主观因素在性格形成和发展中的作用

性格是在人和环境相互作用的实践活动中形成和发展的，但任何环境都不能直接决定人的性格，它们必须通过人已有的心理发展水平和心理活动才能发生作用。社会各种影响只有为个人所理解和接受，才能转化为个体的需要和动机，才能推动它去行动。个体已有的心理发展水平对性格形成的作用，随着年龄增大而日益增强。个体已有的理想、信念和世界观等对接受社会影响有决定性作用。布曼特说：每一个人都是自己性格的工程师。人是一个高度的、不断完善的调节系统，一切外来的影响都要通过自我调节而起作用。从这个意义上说，每个人都在塑造着自己的性格。

性格的类型

性格的类型是指一类人身上所共有的性格特征的独特结合。按一定原则和标准把性格加以分类，有助于了解一个人性格的主要特点和揭示性格的实质。由于性格结构的复杂性，在心理学的研究中至今还没有大家公认的性格类型划分的原则与标准。现将有代表性的观点简介如下：

1. 以心理机能优势分类

英国的培因（A.Bain）和法国的李波特（T.Ribot）以心理机能优势来对性格进行分类。他们根据理智、情绪、意志三种心理机能在人的性格中所占优势不同，将人的性格分为理智型、情绪型、意志型。理智型的人通常以理智来评价周围发生的一切，并以理智支配和控制自己的行动，处世冷静；情绪型的人通常用情绪来评估一切，言谈举止易受情绪左右，这类人最大的特点是不能三思而后行；意志型的人行动目标明确，主动、积极、果敢、坚定，有较强的自制力。除了这三种典型的类型外，还有一些混合类型，如理智+意志型，在生活中大多数人是混合型。

2. 以心理活动的倾向分类

瑞士心理学家荣格根据一个人里比多的活动方向来划分性格类型，里比多指个人内在的、本能的力量。里比多活动的方向可以指向于内部世界，也可以指向外部世界。前者属于内倾型，其特点是处世谨慎，深思熟虑，交际面窄，适应环境能力差；后者为外倾型，其特点是心理活动倾向于外部，活泼开朗，活动能力强，容易适应环境的变化。这种性格类型的划分，在国外已应用于教育和医疗等实践领域。但这种类型的划分，仍没摆脱气质类型的模式。

3. 以个体独立性程度分类

美国心理学家威特金等人根据场的理论，将人的性格分成场依存型和场独立型。前者也称顺从型，后者又称独立型。场依存型者，倾向于以外在参照物作为信息加工的依据，他们易受环境或附加物的干扰，常不加批评地接受别人的意见，应激能力差；场独立型的人不易受外来事物的干扰，习惯于更多地利用内在参照即自己的认识，他们具有独立判断事物、发现问题、解决问题的能力，而且应激能力强。可见这两种人是按两种对立的认知方式进行工作的。

4. 以人的社会生活方式分类

德国的心理学家斯普兰格从文化社会学的观点出发，根据人认为哪种生活方式最有价值，把人的性格分为六种类型，即经济型、理论型、审美型、宗教型、权力型、社会型。

经济型的人：一切以经济观点为中心，以追求财富、获取利益为个人生活目的。实业家多属此类。

理论型的人：以探求事物本质为人的最大价值，但解决实际问题时常无能为力。哲学家、理论家多属此类。

审美型的人：以感受事物美为人生最高价值，他们的生活目的是追求自我实现和自我满足，不大关心现实生活。艺术家多属此类。

宗教型的人：把信仰宗教作为生活的最高价值，相信超自然力量，坚信永存生命，以爱人、爱物为行为标准。神学家是此类人的典型代表。

权力型的人：以获得权力为生活的目的，并有强烈的权力意识与权力支配欲，以掌握权力为最高价值。领袖人物多属于此类。

社会型的人：重视社会价值，以爱社会和关心他人为自我实现的目标，并有志于从事社会公益事物。文教卫生、社会慈善等职业活动家多属此类型。

现实生活中，往往是多种类型的特点集中在某个人身上，但常以一种类型特点为主。

良好性格的主要表现

1. 能面对现实，接纳现实，非一味歪曲现实。
2. 能客观评价和接受自己、他人与社会，非排斥自己、拒绝别人、攻击社会。
3. 有较广阔视野，就事论事，热爱周围事物，有自己的追求与梦想。
4. 情绪和思想表达较为自然。
5. 有独立自主特点，有独处需要，但不回避他人。
6. 能发展与他人的深厚友谊。
7. 能分辨目的与手段，对善与恶的区分较明确。
8. 有适度的幽默感和创造性。

家庭因素对儿童性格的影响

1. 教养方式

（1）爸妈教养比较民主，则孩子独立、大胆、机灵，善于与别人交往协作，有分析思考能力；

（2）爸妈过于严厉，经常打骂孩子，孩子则顽固、冷酷无情、倔犟或缺乏自信心及自尊心；

（3）爸妈过于溺爱孩子，孩子就任性，缺乏独立性，情绪不稳定，骄傲；

（4）爸妈过于保护孩子，则孩子被动、依赖、沉默、缺乏社交能力；

（5）爸妈教养意见有分歧，孩子就警惕性高，两面讨好，易说谎，投机取巧；

（6）爸妈支配型教养孩子，孩子就顺从、依赖、缺乏独立性。

2. 家庭气氛：一般和睦的、互相尊重、互相理解、在事业和生活上互相支持的家庭气氛，对孩子的性格有积极的影响。相反，父母间的争吵、隔阂、猜疑甚至关系破裂（父母离异或父母病故），青少年犯罪率高。

3. 家庭结构：有研究表明，来自两代人家庭的儿童在好奇心、坚持性、伙伴威望、与人关系及对劳动态度上均优于来自三代人家庭的儿童。这主要与三代人家庭中祖（外祖）父母对孩子的溺爱等因素有关。

4. 孩子在家庭中的地位：在目前我国独生子女普遍的社会，如果不注重对独生子女进行有意识的培养、教育，很容易使他们形成任性、不关心别人、自私等不良性格。

培养孩子良好性格的方法

1. 形成良好的家庭气氛，采取正确的教养方法。在宁静愉快的家庭，孩子会感到有安全感，生活愉快，信心十足，待人和善，能和父母相处得融洽；气氛紧张及冲突家庭的孩子缺乏安全感，情绪不稳定，容易紧张和焦虑，害怕父母，对人不信任……因此，父母采取正确的教养方式是影响孩子性格形成和发展的重要手段。

2. 加强孩子人生观、世界观和价值观的教育。人生观、世界观在整个个性结构中处于统帅的地位。要培养孩子健全的性格，家长就必须利用各种形式开展使孩子形成正确的人生观、世界观和价值观，树立正确的人生目标。只有这样，学生才能正确处理好与他人及集体的关系，正确评价和引导自身的行为，形成积极的生活态度和行为方式，使性格得到健康的发展。

3. 及时强化孩子的积极行为。性格是在活动中逐步养成的。通过日常活动的合理组织，可使孩子形成勤奋、认真、守纪律等良好的性格品质。除此之外，家长还要积极鼓励孩子多参加各种课外、校外活动，开阔眼界，丰富社会经验，增加孩子受锻炼的机会。在各项活动中，家长要积极关注孩子的行为表现，对良好的行为要及时表扬、鼓励。

4. 充分利用榜样人物的示范作用。社会学习理论强调榜样在性格形成中的重要作用。对于学生来说，榜样的力量是无穷的。利用榜样人物的影响往往能收到潜移默化的教育效果。因此，在性格教育中要注意向学生介绍古今中外的优秀人物，引导学生问这些优秀人物学习。特别值得注意的是，在性格教育中，更应该遵循"身教重于言教"的教育原则，家长应该不断地完善自己的性格，提高自己的人格魅力，成为孩子性格发展中能够直接模仿的榜样。

5. 鼓励孩子积极交往，多参与活动。性格的培养和塑造是个社会化的过程，同时也离不开个体在生活中的形式多样的活动。性格的培养具有开放性和互动性，必须在个体与外界的交往及参与外界活动过程中才能完成，否则只能培养出呆板单一而缺乏活力的性格。交往和活动的载体是集体。集体是展现各种性格的舞台，也是锤炼性格品质的熔炉和塑造性格的土壤。在广泛的交往活动中，还可以借助别人对自己性格的反馈，及时调节自己的性格，使自己的性格得到优化，同时，还可能帮助他人优化性格。可以说，性格的培养不是封闭的自我设计，要培养健全的性格就得跳出"自我"的狭小天地，走向丰富多彩、生机勃勃的活动，在交往和活动中塑造健全的性格。

6. 扬长避短，优化组合。孩子性格的发展受他们已有的个性特点的影响。因此性格教育必须针对孩子不同的个性特点，因材施教。扬长，就是要发扬自身良好品质的长处，并保持它。我们每个人的性格总是多方面的，总有它的闪光的一块。要抓住闪光处，悉心培养，使之稳定并不断扩展。避短，就是努力克服、纠正自身性格缺点，而优化组合就是说使自身的自信心、乐观、热情、果断、坚强，并与创造性、独立性等良好配合，共同作用于人的态度与行为。在前面我们讲的性格培养的目标就是将性格进行优化。可以说，性格的品质与结构的全面优化组合，协调发展是性格培养的重要原则和目标。

7. 提高孩子的自我教育能力。优良的性格特征的养成，并非简单地受客观外界因素的影响，而是主客观相互作用的结果。要使性格得到真正的塑造，必须通过自我反省、自我斗争、自我转化来实现。性格的培养是在克服缺点、吸收优点的过程中实现的，因此，必须清醒地认识到自身的缺点，反省缺点的来源，分析并努力克服、纠正，逐步达到转化，形成良好的性格特征。由此看来，性格培养实质上是个自我教育和转化的过程。提高孩子的自我教育能力，需要通过具体的教育情境帮助他们对自身有客观、正确的认识和评价，促使他们自觉地发展控制和支配自己的行为的能力，从而使他们能够在自我意识提高的过程中增强自觉塑造自己良好性格品质的能力。

家长朋友要加强孩子的自我教育，培养他们的理性认识和反省意识，促使他们战胜自我，形成优良的性格要避免采取强制、灌输、惩罚的教育方法。

三省吾身

△ 您是一位具有良好性格的家长吗？
△ 您的孩子具有良好的性格吗？
△ 您打算为培养自己孩子的良好性格做些什么？

亲子行动

亲子阅读

请您和自己的孩子一起阅读下面的三个小故事,然后一起讨论从中得到的收获,并请您指导孩子用自己的话讲述这三个故事。

三兄弟

从前有三兄弟想知道自己的命运,于是他们便去找智者,智者听了他们的来意后说:"在遥远的天竺大国寺里,有一颗价值连城的夜明珠,如果叫你们去取,你们会怎么做呢?"

大哥首先说:"我生性淡泊,夜明珠在我眼里只不过是一颗普通的珠子,所以我不会前往。"

二弟挺着胸脯说:"不管有多大的艰难险阻,我一定把夜明珠取回来。"

三弟则愁眉苦脸地说:"去天兰国路途遥远,诸多风险,恐怕还没取到夜明珠,人就没命了。"

听完他们的回答,智者微笑着说:"你们的命运很明晓了。大哥生性淡泊,不求名利,将来自难以荣华富贵。但也正由于自己的淡泊,他会在无形中得到许多人的帮助和照顾。

"二弟性格坚定果断,意志刚强,不惧困难,预卜你的命运前途无量,也许会成大器。

"三弟性格懦弱胆怯,遇事犹豫不决,恐怕你命中注定难成大事。"的确,人的性格在很大程度上影响着人的成长。印度古谚云:"播种行为,收获习惯;播种习惯,收获性格;播种性格,收获命运。"我国古人也曾说过:"积行成习,积习成性,积性成命。"这些都说明了性格的重要。不同的性格决定了不同的命运。

因此,在学习和生活中,要注重培养自己性格中的特质。特别是孩子,正处在性格的形成期,就要从小处着手、从行为着手,养成积极向上的行为习惯,形成积极乐观的行为特质。无论我们属于何种性格类型,只要我们具有积极乐观的性格特质,就能够创造属于我们自己的成功的七彩人生。

性格与命运

他叫瓦尔坦,是一个刚满六岁的小男孩,不幸的是,他的母亲因病去世了,他的父亲也因为战争而不知所踪。由于是个孤儿,又常常受到大孩子们的欺负,原本天真活泼的他开始变得内向，直到整天紧闭着嘴巴一句话不说。

就在这时，拯救他命运的天使出现了——祖母来到了他的身边，并最终将他带回自己所在的伊朗山区，悉心扶养他长大。

瓦尔坦的祖母是一个非常不幸的女人。由于丈夫早亡，她不得不一手把几个儿女拉扯大。原本以为可以享享清福时，战争开始了，紧接着，疫病也来了，于是，她失去了所有的孩子。按理来说，如此深重的苦难一定会将一位原本脆弱的女性击倒，可出乎人们意料的是，她从未因此而失去对生活的信心。

现在，失去亲人的孙儿来到了她的身边，她必须想办法让孙儿从过去的阴影里走出来，健康快乐地成长。关于这一点，我想任何人都不会怀疑，因为她一定能做到，就像对待她自己的苦难那样。果然，孙儿来到山区不久，便恢复了原来的活泼开朗，并且更坚强、积极和热爱学习。

多年之后，当年那个瘦弱的小男孩已经成了美国布朗大学的校长。当有记者采访他请他讲述一下自己的成长经历时，他说起了对自己影响至深的一句话："这句话是我的祖母告诉我的。我小的时候，她经常这样教导我：'孩子，有两件事你一定要记牢。第一是命运，那是你无法控制的；第二是你的性格，那是在你掌握之中的。你可以失去你的美丽，也可以失去你的健康和财富，但是你决不能失去你的性格，因为它是掌握在你自己手中的。'这句话在我的成长道路上起了至关重要的作用……"

从布朗大学卸任之后，瓦尔坦·格雷戈里安又当上了由美国钢铁大王卡耐基创办的卡耐基基金会的主席，并一直任职至今。可以说，他的成就应该归功于他的性格，而他的性格，当然要归功于他祖母的教导。

我们可以失去美丽、财富甚至是健康，却不能失去性格。因为性格决定命运，只要性格还在，我们便可以重新把握命运。

穿越北极

1887年，三名瑞典人从瑞典的斯德哥尔摩出发，向北进入了北极圈，展开了他们跨越极点的旅行。

当时正是北极的夏天。无论白天还是晚上，都是极地的白昼。三个人驾驶着雪橇，一路上心情很雀跃。到了出发的第五天，在距离极点还有300公里的时候，天气突然发生了变化。寒风夹杂着大片大片的雪花和冰粒吹过来，让他们几乎寸步难行。他们只好停下来，扎好帐篷躲了进去。没想到，这一停就是一个星期。一个星期之后，暴风雪一点都没有停下来的意思。三人的给养一天天减少，他们开始怀疑是否还能坚持下去，并成功穿越北极。

其中一个人沮丧地说："即使明天天气就好转，剩下的给养也难以让我们成功穿越北极，再遇上这样的天气，又没有给养，只有死路一条。"他的失望情绪很快传染了另外一个人。两个人都表示，如果明天天气还不好转，他们就马上回转，放弃这次北极冒险。

只有第三个人一点都不灰心，他坚持说："如果明天天气好转，剩下的给养再加上猎杀一些海豹，足以维持到穿越北极；况且，现在正是北极的夏天，再遇上这样恶劣天气的机会是非常小的。"

第二天一早，天气真的好转了。但前两个人已经失去了信心，三人无法统一意见，于是他们把给养分成了三份，每人各取一份。认定此行无法成功的两个人带上属于他们的那一份原路返回，而第三个人独自上路。

事情的发展正如第三个人所预计的。在此后的几天，天气迅速好转，再没有下过大规模的暴雪，而他依靠自己猎杀的海豹，加上分得的那份给养，成功穿越了北极。

性格的不同导致了这些穿越者不同的命运。的确如此，同样的事情在不同的人眼中会有完全不同的感觉。在拥有积极性格的人眼中，他把克服困难视为一件有趣的事情，乐意面对它，战胜它。但在拥有消极性格的人眼中却相反，即使是一点小小的挫折，也会如遇洪水猛兽，感到走投无路；即使是一点点小失败，也会觉得天塌地陷。两种不同性格的人，其各自的命运可想而知。

成长记录

请您将自己为培养孩子好性格所开展的各项准备活动或措施及其效果记录在下表中。

时间	开展的具体活动或措施	活动或措施的效果	备注

初雪（局部） 布面油画 90cm×135cm 2015年

04

谁言寸草心,报得三春晖
——如何教孩子学会感恩

启智故事

沙漠中的一对朋友

曾经有两个人在沙漠中行走,他们是很要好的朋友。在途中不知道什么原因,他们吵了一架,其中一个人打了另一个人一巴掌。那个人很伤心很伤心,于是他就在沙里写道:"今天我朋友打了我一巴掌。"写完后,他们继续行走。他们来到一块沼泽地里,那个人不小心踩到沼泽里面,另一个人不惜一切,拼了命地去救他……最后那个人得救了,他很高兴很高兴。于是拿了一块石头,在上面写道:"今天我朋友救了我一命。"朋友一头雾水,奇怪地问:"为什么我打了你一巴掌。你把它写在沙里,而我救了你一命你却把它刻在石头上呢?"那个人笑了笑回答道:"当别人对我有误会,或者有什么对我不好的事,就应该把它记在最容易遗忘、最容易消失不见的地方,由风负责把它抹掉。而当朋友有恩与我,或者对我很好的话,就应该把它记在最不容易消失的地方,尽管风吹雨打也忘不了。"

一饭千金

帮助汉高祖打天下的大将韩信,在未得志时,境况很是困苦。那时候,他时常前往城下钓鱼,希望碰着好运气,便可以解决生活。但是,这究竟不是可靠的办法,因此,时常要饿着肚子。幸而在他时常钓鱼的地方,有很多漂母(清洗丝棉絮或旧衣布的老婆婆)在河边作工的,其中有一个漂母,很同情韩信的遭遇,便不断地救济他,给他饭吃。韩信在艰难困苦中,得到那位勤劳刻苦仅能以双手勉强糊口的漂母的恩惠,很是感激她,便对她说,将来必定要重重地报答她。那漂母听了韩信的话,很是不高兴,表示并不希望韩信将来报答她的。后来,韩信替汉王立了不少功劳,被封为楚王,他想起从前曾受过漂母的恩惠,便命从人送酒菜给她吃,更送给她黄金一千两来答谢她。这句成语就是出于这个故事的。它的意思是说:受人的恩惠,切莫忘记,虽然所受的恩惠很是微小,但在困难时,即使一点点帮助也是很可贵的;到我们有能力时,应该重重地报答施惠的人才是合理。

连声谢谢都不会说

盛夏，酷暑难耐。狗熊夫妇决定亲自驾车去卡纳斯湖避暑。这不，狗熊夫妇的丰田车，刚进入无人的戈壁地带，便熄火了。

戈壁距卡纳斯还好远呢。狗熊"啪"地打开车门，下车去看个究竟。可是左看右看，没有找到原因。

狗熊夫人在车里着急道："毛病出在那里了？快修啊！车里闷死了！"

狗熊又爬到车底下去看底盘："天哪！是一颗螺丝松了！"

"螺丝松了？快紧紧啊！这点小问题也解决不了？"狗熊夫人嘟嘟囔囔地说。

狗熊不服气："你下来修给我看看！底盘这么低，我怎么能钻得进去？"

"谁让你长那么胖？"狗熊夫人说。

"也不看看你自己！简直就是个圆柱体！"狗熊也不示弱。车子熄了火，狗熊夫妇也伤了和气。

狗熊站在外面抽烟。

夫人不愿意了："你光站着有用吗？自己进不去，不能找别的小动物？""这大戈壁的……"

说话间，一只小老鼠蹦蹦跳跳地跑过来。狗熊趴下身，指着那个松动的螺丝对小老鼠说："能帮助我吗？紧好了给你 10 个金币。"

小老鼠没吭声，接过狗熊的扳手，钻到车底下，麻利地上紧了螺丝。从车底下再钻出来，脸上手上都是油灰。

狗熊拿出 10 个金币，狗熊夫人立即从车里下来："还真给啊？"一把夺走了金子，顺手拿出一个金币，递给小老鼠。小老鼠不接。

"嫌少啊？"狗熊夫人又加一块金子，小老鼠还是不接。

狗熊说："行了啊！就帮这点忙，两个金币可以了啊！"

狗熊夫人说："就是啊！"

这一说，小老鼠就更认真了，直接跳到车上，不让开车。

狗熊马上熄了火，伸出头说："你想干什么？到底要多少钱？"

小老鼠涨红了脸："我不要金子！难道你们连声谢谢都不会说吗？"

子路借米孝敬父母

中国有句古语:"百善孝为先。"意思是说,孝敬父母是各种美德中占第一位的。一个人如果都不知道孝敬父母,就很难想象他会热爱祖国和人民。古人说:"老吾老,以及人之老;幼吾幼,以及人之幼。"我们不仅要孝敬自己的父母,还应该尊敬别的老人,爱护年幼的孩子。

子路,春秋末鲁国人,在孔子的弟子中以政事著称,尤其以勇敢闻名。但子路小的时候家里很穷,长年靠吃粗粮野菜等度日。有一次,年老的父母想吃米饭,可是家里一点米也没有,怎么办?子路想到要是翻过几道山到亲戚家借点米,不就可以满足父母的这点要求了吗?

于是,小小的子路翻山越岭走了十几里路,从亲戚家背回了一小袋米,看到父母吃上了香喷喷的米饭,子路忘记了疲劳。邻居们都夸子路是一个勇敢孝顺的好孩子。

小孩的心

有一位单身女子刚搬了家,她发现隔壁住了一户穷人家,一个寡妇与两个小孩子。有天晚上,那一带忽然停了电,那位女子只好自己点起了蜡烛。没一会儿,忽然听到有人敲门。

原来是隔壁邻居的小孩子,只见他紧张地问:"阿姨,请问你家有蜡烛吗?"女子心想:他们家竟穷到连蜡烛都没有吗?千万别借他们,免得被他们依赖了!

于是,对孩子吼了一声说:"没有!"正当她准备关上门时,那穷小孩展开关爱的笑容说:"我就知道你家一定没有!"说完,竟从怀里拿出两根蜡烛,说:"妈妈和我怕你一个人住又没有蜡烛,所以我带两根来送你。"

此刻女子自责、感动得热泪盈眶,将那小孩子紧紧地拥在怀里。

智慧导航

什么是感恩

感恩,是结草衔环,是滴水之恩涌泉相报。

感恩,是一种美德,是一种境界。

感恩,是值得你用一生去等待的一次宝贵机遇。

感恩,是值得你用一生去完成的一次世纪壮举。

感恩,是值得你用一生去珍视的一次爱的教育。

感恩,不是为求得心理平衡的喧闹的片刻答谢,而是发自内心的无言的永恒回报。

感恩,让生活充满阳光,让世界充满温馨。

感恩是一种处世哲学,是生活中的大智慧。人生在世,不可能一帆风顺,种种失败、无奈都需要我们勇敢地面对、旷达地处理。这时,是一味埋怨生活,消沉、萎靡不振?还是对生活满怀感恩,跌倒了再爬起来?英国作家萨克雷说:"生活就是一面镜子,你笑,它也笑;你哭,它也哭。"你感恩生活,生活将赐予你灿烂的阳光;你不感恩,只知一味地怨天尤人,最终可能一无所有!成功时,感恩的理由固然能找到许多;失败时,不感恩的借口却只需一个。殊不知,失败或不幸时更应该感恩生活。

感恩,使我们在失败时看到差距,在不幸时得到慰藉、获得温暖,激发我们挑战困难的勇气,进而获取前进的动力。就像罗斯福那样,换一种角度去看待人生的失意与不幸,对生活时时怀有一份感恩的心情,则能使自己永远保持健康的心态、完美的人格和进取的信念。感恩,是一种歌唱生活的方式,它来自对生活的热爱与希望。

感恩是一种认同。这种认同应该是从我们的心灵里的一种认同。我们生活在大自然里,大自然给予我们的恩赐太多。没有大自然谁也活不下去,这是最简单的道理。对太阳的感恩,那是对温暖的领悟。对蓝天的感恩,那是我们对蓝得一无所有的纯净的一种认可。对草原的感恩,那是我们对"野火烧不尽,春风吹又生"的叹服。对大海的感恩,那是我们对兼收并蓄的一种倾听。

感恩是一种回报。我们从母亲的子宫里走出,而后母亲用乳汁将我们哺育。而更伟大的是母亲从不希望她得到什么。就像太阳每天都会把她的温暖给予我们,从不要求回报,但是我们必须明白感恩。

感恩是一种钦佩。这种钦佩应该是从我们血管里喷涌出的一种钦佩。

感恩是一种对恩惠心存感激的表示，是每一种不忘他人恩情的人萦绕心间的情感。学会感恩，是为了擦亮蒙尘的心灵而不致麻木，学会感恩，是为了将无以为报的点滴付出永铭于心。譬如感恩于为我们的成长付出毕生心血的父母双亲。

感恩是一种生活态度，是一种品德，是一片肺腑之言。如果人与人之间缺乏感恩之心，必然会导致人际关系的冷淡，所以，每个人都应该学会感恩，这对于的孩子来说尤其重要。要让他们学会感恩，其实就是让他们学会懂得尊重他人。对他人的帮助时时怀有感激之心，感恩教育让孩子知道每个人都在享受着别人通过付出给自己带来的快乐的生活。当孩子们感谢他人的善行时，第一反应常常是今后自己也应该这样做，这就给孩子一种行为上的暗示，让他们从小知道爱别人、帮助别人。

感恩是尊重的基础。在道德价值的坐标体系中，坐标的原点是"我"，我与他人，我与社会，我与自然，一切的关系都是由主体"我"而发射。尊重是以自尊为起点，尊重他人、社会、自然、知识，在自己与他人、社会相互尊重以及对自然和谐共处中追求生命的意义，展现、发展自己独立人格。感恩是一切良好非智力因素的精神底色，感恩是学会做人的支点。感恩让世界这样多彩，感恩让我们如此美丽！

感恩之心是一种美好的感情，没有一颗感恩的心，孩子永远不能真正懂得孝敬父母、理解帮助其他的人，更不会主动地帮助别人。让孩子知道感谢爱自己、帮助自己的人，是教育中重要的一个内容。

学会感恩

怀有一颗感恩的心，能帮助你在逆境中寻求希望，在悲观中寻求快乐。学会感恩，为自己已有的而感恩，感谢生活给你的赠予。这样你才会有一个积极的人生观，保持健康的心态。

每天怀有感恩地说"谢谢"，不仅仅是使自己有积极的想法，也使别人感到快乐。在别人需要帮助时，伸出援助之手；而当别人帮助自己时，以真诚的微笑表达感谢；当你悲伤时，有人会抽出时间来安慰你等等，这些小小的细节都是一颗感恩的心。

感恩是一个人该拥有的本性，也是一个拥有健康性格的表现。生活、工作、学习中都会遇到别人给你帮助和关心，也许你不能一一地回报，但是对他们表示感恩是必需的。

1. 养成感恩的习惯。每天清晨醒来时，我都会默默地感激已有的生活和所爱的人，当然还包括其他我对之感激的人和事情（读者、网站捐赠者等等）。

2. 一张表达谢意的纸条。如果别人向你寄来一张表达谢意的纸条，你一定会很开心吧？当你表达谢意时，并不需要正式的感谢信（虽然那更棒了），一张小小的卡片（或Email）就可以了，礼轻情意重。

3. 一个小小的拥抱（在适当的时候）。对你深爱的人，或与你共处很长时间了的朋友或同事，给以小小的拥抱来表你的达感恩。

4. 对每一天怀有感恩。你并不需要感谢特定的某人，因为你可以感谢生活！感谢今天又是新的一天。一位怀有感恩之心的朋友常常跟我说，当你每天醒来时，应该这样想："我真是个幸运的家伙！今天又能安然地起床，而且还有崭新的完美一天。我应该好好珍惜，去扩展自己的内心，将自己对生活的热情传予他人。我要常怀善心，要积极地帮助别人，而不要对别人恶言相向。"

5. 不求回报的小小善意。不要为了私利去做好事，也不要因为善小而不为。留心一下他人，看看他喜欢什么，或者需要什么，然后帮他们做点什么（倒杯咖啡，递下茶水等等）。行动强于话语，说声"谢谢"不如做一件小小善事来回报他。

6. 一份小小的礼物。并不需要昂贵的礼物，小小的礼物也足够表达你的感恩了。

7. 列一份你感谢别人的理由。列这样一份清单，大概十至五十几条，表达你对他的感受，为什么喜欢他，或者他帮助了你哪些地方，而你以此深怀感激。然后将这份清单交给他。

8. 公开地感谢别人。在一个公开的地方表达你对他们的感谢，比方说办公室里、在与朋友和家人交谈时、在博客上、在当地新闻报纸上等等。

9. 给他们意外惊喜。小小的惊喜可以使事情变得不一般。比方说，在妻子工作回到家时，你已经准备好了美味的晚餐；当母亲去工作时，发现自己的汽车已经被你清洗得干净又漂亮；当女儿打开便当时，发现你特意做的小甜点。就是一点点的意外惊喜哦！

10. 对不幸也心怀感激。就像罗斯福总统家中被盗后，他给朋友的回信一样。即便生活误解了你，使你遭遇挫折与打击，你也要怀有感恩。你不是去感恩这些伤心的遭遇，而是去感恩那些一直在你身边的亲人、朋友，你仍有的工作、家庭，生活依然给予你的健康和积极的心态等等。

父母如何培养孩子学会感恩

天下没有不爱自己孩子的父母，可有的父母却爱错了孩子——对孩子百依百顺，要什么给什么，结果却得不到孩子半点感激。这样的现象很普遍，要想让孩子也懂得爱父母，关键要让孩子学会感恩。

父母爱孩子没有错，但也要让付出有回报，不要让孩子觉得父母爱他们是理所当然的。感恩之心是一切道德的起源。父母要为孩子营造一个感恩的环境，以身作则，让孩子在一个感恩的环境下健康成长。那么，如何让孩子学会感恩呢？

1. 让孩子从感恩父母做起

父母应该让孩子理解父母的艰辛。很多孩子根本不知道父母工作的辛苦，更不知道父母的钱是何等的来之不易。家长要有意识地把孩子带到自己的工作现场，让孩子一起参与劳动，让其亲身感受父母工作的艰辛，挣钱的不易。父母对孩子付出的一切是不求回报的，但是在他成长过程中，让他学会接受爱心，懂得感恩，知恩图报是不可缺少的一课。

2. 父母要起表率作用

孩子好动、好模仿、可塑性强，容易接受外界的各种信息。父母的一言一行，在有意无意中孩子都会看在眼里，慢慢地记到心里，并逐渐给孩子一种行为上的暗示。因此，作为父母，在对孩子实施感恩教育的过程中，应秉持"以身作则"的原则，做好感恩的表率。

不仅使自己在日常生活中常怀感恩之心，用感恩的眼睛看待周围一切，还要用自己的爱引导孩子、感染孩子。当孩子在日常生活中关爱或帮助父母时，父母应敏锐体察，适当感谢和鼓励孩子。父母的这种感恩方式，不仅言传身教，使孩子切身体会到父母的感恩意识和感恩行为，也使孩子体会到了施恩的快乐。因此，父母的表率行为，对引导孩子感恩、施恩有十分重要的意义和价值。

3. 父母要在孩子面前学会"示弱"

如果父母总能把每件事做得又快又好，那么孩子就没有机会插手帮忙。久而久之，孩子便习惯了接受，他所有的需要都被父母无条件地满足了，理所当然地认为什么事情都应该先满足他，认为别人的给予都是应该的。父母学着在孩子面前"示弱"，孩子能够做的事情就让孩子去做，让孩子去吃苦就是让他懂得父母和别人的给予与帮助是一种"恩惠"，而不是理所当然或者欠他。

4. 要充分利用各种节日作为教育的载体

利用各种节日的机会教会孩子学会感恩，如春节时要教孩子热情接受爷爷、奶奶及其他亲属送给他的礼物，并表示感谢，不管价钱多少，回到家里都要求孩子妥善保管，学会珍惜别人的情意。

教师节，让孩子亲手制作贺卡送给老师，表达对老师的美好祝愿；父亲节和母亲节，给爸爸妈妈说几句感谢的话语，不一定感谢爸爸妈妈给他们帮了多大的忙，而只需表达生活中感觉很幸福的一点一滴。

5. 在日常生活中教会孩子学会感恩

家庭是孩子的主要活动场所，孩子经历着、感受着家庭的一日生活所带给他们的一切体验。如果父母能很好地利用这一契机，使孩子在潜移默化中学会识恩、知恩，培养他们识恩、知恩的能力和心向，必将取得很好的效果。首先，家长可以借用移情的方法，让孩子学会识别和感受他人的情感，控制消极行为，从而引导孩子做出互助、分享和谦让等积极行为。其次，作为家长，应尽可能在家中创设感恩的氛围，并且为孩子提供多种实践机会，在各种实践活动中，有意识地抓住时机，启发、诱导孩子对别人的利他行为进行识别和感受。另外，家长还可以给孩子讲短小精悍和富有人生哲理的寓言故事、童话故事或名人名家的传记。

6. 让孩子知道父母并没有想要孩子回报

父母们常常会在孩子面前说："爸爸妈妈这么辛苦都是为了你！"表面上是希望通过这种方法强化父母付出的多，其实恰恰相反，这给孩子造成了心理负担，它暗示了"我付出给你，你要偿还"，这样孩子就算回报也不是出于真心的，孩子会以"形式对形式"来感恩。

7. 鼓励孩子积极参加集体活动

父母可以让孩子多参加集体活动，鼓励孩子关心集体，培养孩子对集体、家庭的责任，进而在孩子心目中才有对社会、国家的责任。总之，让孩子懂得奉献，懂得关心别人，他才能学会感恩。

8. 让孩子从点滴小事做起

父母要知道，孩子的好品质、好行为是不断培养出来的。父母要让孩子从细微处入手，从小事做起。为了让孩子懂得主动尊敬他人，感恩大家，父母可以从"谢谢、晚安"开始培养孩子讲礼貌的习惯。通过生活中的小事，让孩子知道人与人之间要友好相待。若自己有能力，要懂得付出和服务，而当别人有恩于自己时，要懂得感恩。也只有懂得感恩的孩子，才能学会感激亲人给予他的一切，懂得感激在他成长过程中支持和帮助过他的每个人。

9. 让孩子在对比中学会感恩

父母可以带孩子到孤儿院或伤残医院参观，可以鼓励、组织孩子与贫困地区的孩子结对交友等，让孩子在对比中体会过去不懂、不在意因而也不会珍惜的东西，改变孩子的冷漠，从而引发其慈悲心、惜福心、感恩心。

10. 教会孩子掌握好沟通与交流的方法

父母可以通过良好的沟通，开启孩子的心灵之门，并善于营造温馨、充满关爱的家庭氛围，让孩子爱父母、爱家庭，并通过父母的"榜样"，促发其感恩之心。听过一位母亲说过这样的一句话："我们的世界，大门为你们敞开，你们不想进来；你们的世界，我们想进去，你们又不肯。"可见，不能良好地沟通，就无法让孩子走进父母的内心世界，无法让孩子了解父母的付出与辛苦，就很难让孩子有颗感恩的心。

三省吾身

△ 您是一位懂得感恩的家长吗？

△ 您的孩子学会了感恩吗？

△ 您打算为教自己孩子学会感恩做些什么？

亲子行动

亲子阅读

请您和自己的孩子一起阅读下面的三个小故事,然后一起讨论从中得到的收获,并请您指导孩子用自己的话讲述这三个故事。

小女孩的吻

在一个闹饥荒的城市,一个家庭殷实而且心地善良的面包师把城里最穷的几十个孩子聚集到一块,然后拿出一个盛有面包的篮子,对他们说:"这个篮子里的面包你们一人一个。在上帝带来好光景以前,你们每天都可以来拿一个面包。"

瞬间,这些饥饿的孩子仿佛一窝蜂一样涌了上来,他们围着篮子推来挤去大声叫嚷着,谁都想拿到最大的面包。当他们每人都拿到了面包后,竟然没有一个人向这位好心的面包师说声谢谢,就走了。

但是有一个叫依娃的小女孩却例外,她既没有同大家一起吵闹,也没有与其他人争抢。她只是谦让地站在一步以外,等别的孩子都拿到以后,才把剩在篮子里最小的一个面包拿起来。她并没有急于离去,她向面包师表示了感谢,并亲吻了面包师的手之后才向家走去。

第二天,面包师又把盛面包的篮子放到了孩子们的面前,其他孩子依旧如昨日一样疯抢着,羞怯、可怜的依娃只得到一个比头一天还小一半的面包。当她回家以后,妈妈切开面包,许多崭新、发亮的银币掉了出来。妈妈惊奇地叫道:"立即把钱送回去,一定是揉面的时候不小心揉进去的。赶快去,依娃,赶快去!"当依娃把妈妈的话告诉面包师的时候,面包师面露慈爱地说:"不,我的孩子,这没有错。是我把银币放进小面包里的,我要奖励你。愿你永远保持现在这样一颗平安、感恩的心。回家去吧,告诉你妈妈这些钱是你的了。"她激动地跑回了家,告诉了妈妈这个令人兴奋的消息,这是她的感恩之心得到的回报。

手术费=一杯牛奶

一个生活贫困的男孩为了积攒学费,挨家挨户地推销商品。

傍晚时,他感到疲惫万分,饥饿难挨,而他却推销得很不顺利,以至他有些绝望。这时,他敲开一扇门,希望主人能给他一杯水。开门的是一位美丽的年轻女子,她却给了他一杯浓浓的热牛奶，令男孩感激万分。

许多年后，男孩成了一位著名的外科大夫。一位患病的妇女，因为病情严重，当地的大夫都束手无策，便被转到了那位著名的外科大夫所在的医院。外科大夫为妇女做完手术后，惊喜地发现那位妇女正是多年前，在他饥寒交迫时，热情地给过他帮助的年轻女子，当年正是那杯热奶使他又鼓足了信心。

结果，当那位妇女正在为昂贵的手术费发愁时，却在她的手术费单上看到一行字：手术费＝一杯牛奶。

汤姆的纸条

美国得克萨斯州有一条法律：凡年满14的孩子，必须身体力行为父母分担家务，诸如洗碗、擦地、剪草坪等。

在一个星期天的晚上，聪明的男孩汤姆给妈妈写下了一份帐单：

汤姆帮妈妈到超级市场买食品，妈妈应付5美元；汤姆自己起床叠被，妈妈应付2美元；汤姆擦地板，妈妈应付3美元；汤姆是一个听话的好孩子，妈妈应付10美元。合计：20美元。

汤姆写完后，把纸条压在餐桌上，便上床睡觉去了。忙得满头大汗的妈妈看到这张纸条后，宽容地笑了笑，随手在上面添了几行字，放到汤姆的枕边。

醒来的汤姆，看到了这样一张帐单：

妈妈含辛茹苦地将汤姆怀了10个月，汤姆应付0美元；妈妈教汤姆走路、说话，汤姆应付0美元；妈妈每天为汤姆做好吃的食物，汤姆应付0美元；妈妈每个周末陪汤姆去儿童乐园，汤姆应付0美元；妈妈每天为汤姆祈祷，希望他成为天使般可爱的小男孩，汤姆应付0美元。合计：0美元。

这张纸条，至今仍被汤姆珍藏着。它告诉汤姆，真正的爱是没法计量的。

请您和自己的孩子一起阅读下面的三首关于感恩的诗歌，然后一起讨论从中得到的收获，并请您指导孩子诵读这三首诗。

感恩

作者：海燕

一夜秋尽萧风起

万树枝摇叶飘零

树叹难以挽留叶
叶恋枝痛更惜根

芽叶依枝而诞生
吸乳向阳逐长成
株壮枝繁叶茂盛
叶阔护枝遮根荫

共沐浴春风拂面
同感受夏雨洗礼
尽承享秋阳高照
迎雪护根愿卧冰

乌鸦反哺赢美誉
羔羊跪乳情意真
父母养育亲恩高
尽孝莫做等闲人

当感恩成为习惯
作者：清溪钓韵

宁静
心在反省
一个人的生命价值
该体现在哪里

忙碌
看那不停的脚步
金碧辉煌的都市里
止不住的孤独

感恩的心不在
才有无数悲哀
烦恼也许是欲望的儿子
它与妄想相亲相爱

当感恩驻入心口
将有阳光温暖心头
像母亲慈祥的手
汇成了不绝的爱的河流

当感恩成为一种习惯
它会卸下心的负担
世间多少迷幻
让我们拭目观看

当感恩成为习惯
欢乐似水流远
日子尽管过得平凡
充实之感实在

当感恩成为习惯
生活不愿慢怠
修我行为
炼我意识
和谐永远培栽

感恩的心
作者：云戈君

我们常常会是这样：

怀着一颗童稚的心去追寻单纯

怀着一颗感恩的心去膜拜光明

怀着一颗平静的心去抚慰理智

怀着一颗悸动的心去撞击激情

因为，世界是美好的

如果飞翔，天空就是美好的

如果憧憬，前程就是美好的

如果委屈，眼泪就是美好的

如果爱，给予就是美好的

还有许多美好的声音、美好的颜色

还有许多美好的事物、美好的过程

如果一些美好的词汇能让这个世界更美好

我们就不会吝啬自己的语言和感情

学会赞美，学会宽容

学会付出，学会真诚

甚至面对挫折，面对缺憾

面对哪怕是心灵深处曾经的痛

亲子学唱

你会唱《感恩的心》这首歌吗？如果不会，请利用互联网资源自学这首歌，并教会孩子这首歌，和孩子一起排练并表演。

感恩的心

作词：陈乐融

作曲：陈志远

我来自偶然，像一颗尘土

有谁看出我的脆弱

我来自何方，我情归何处

谁在下一刻呼唤我

天地虽宽，这条路却难走

我看遍这人间坎坷辛苦

我还有多少爱，我还有多少泪

要苍天知道我不认输

感恩的心，感谢有你

伴我一生，让我有勇气作我自己

感恩的心，感谢命运

花开花落，我一样会珍惜

成长记录

请您将自己为培养孩子学会感恩所开展的各项准备活动或措施及其效果记录在下表中。

时间	开展的具体活动或措施	活动或措施的效果	备注

网(局部) 布面油画 58cm×78cm 2015年

05

您的孩子会学习吗？
——帮助孩子掌握科学的学习方法

启智故事

爱迪生"读书"

　　伟大的科学家爱迪生,童年时被视为"低能儿",只上过三个月学便离开了学校。12岁那年,他当上了火车上的报童。火车每天在底特律停留几小时,他就抓紧时间到市里最大的图书馆去读书。不管刮风下雨,从不间断。当时,他随着兴致所至,任意在书海里漫游,碰到一本读一本,既没有方向,也没有目标。有一天,爱迪生正在埋头读书,一位先生走过来问:"你已读了多少书啦?"爱迪生回答:"我读了十五英尺书了。"先生听后笑道:"哪有这样计算读书的?你刚才读的那本书,和现在读的这本完全不同,你是根据什么原则选择书籍的呢?"爱迪生老老实实地回答:"我是按书架上图书的次序读的。我想把这图书馆里所有的书,一本接着一本都读完。"先生认真地说:"你的志向很远大。不过如果没有具体的目标,学习效果是不会好的。"这席话对爱迪生触动很大,成为他确立学习方向的一个转机。他根据自己的爱好、兴趣和专业目标,把读书的范围逐步归拢到自然科学方面,特别注重电学和机械学。定向读书,终于使他掌握了系统而扎实的知识,成为伟大的科学发明家。

　　学习要有志向,目标要明确。学习的成功,关键在于方向正确,目标明确,朝着一个既定目标,锲而不舍地追求。而朝三暮四,见异思迁,是很难做成学问的。

列宁的照片

　　伟大的无产阶级革命导师列宁在学习时,对于外来干扰的排除有着惊人的表现。有一次,一位摄影师走进列宁的办公室,列宁正在聚精会神地看报纸。这位摄影师不慌不忙地安装好很笨重的摄影机,又咔嚓咔嚓拍了好几张照片,然后拆掉机器出门。列宁却一点也不知道。后来报纸上登了照片,列宁才惊奇地说:"他们是从哪儿弄来的照片?"

　　列宁是日理万机的伟大的无产阶级革命家,他善于摒弃一切来自外界或内心的干扰,从而可以专心致志地学习与工作。

　　专心致志,学有所成。成功者的奥秘正在于对学习的痴迷和专心致志地攻读。专心致志,是收到良好学习效果的最重要的内在因素。古人云:"读书有三到:心到、眼到、口到。"

小学生必须培养起抗衡干扰、专心读书的本领。

苏轼学诗

十岁那年，一个早春的夜晚，和暖的东风吹拂着摇曳的细柳，溶溶的月色映照着淡淡的梅花，小苏轼向父亲请教写文章的秘诀。他的父亲苏洵是一位很有名的文学家，他看着小苏轼那稚气的样子，又看看眼前这美好的晚景，对小苏轼说："你看，轻风细柳，淡月梅花，你能在这两句中各加一个字，使得这两句更加合实景，更有韵味吗？"小苏轼想了一会儿说："前一句加个'摇'字，后一句加个'映'字，句子成为'轻风摇细柳，淡月映梅花'，行吗？"

苏洵摇了摇头说："太平淡，缺乏韵味，再看看，再想想。"

小苏轼又思考了一番，将两个字改成"舞"字和"隐"字，念道："轻风舞细柳，淡月隐梅花。"

苏洵听了，微微点头说："有点意思了，但还嫌平了些。"他又摸摸儿子的头说："一定要多多观察，细细揣摩。"

苏轼看啊，想啊，吃不下饭，睡不着觉。夜间，月光透过丝丝垂柳的枝条照在地上，和风吹过，将月影筛碎了，皎洁的月光，照到盛开的梅花上，花朵在溶溶的月光下渐渐淡下去，花色与月色融为一体，消失了。这时有两个字跳到他脑中，他随口吟道："轻风扶细柳，淡月失梅花。"这个"扶"字既写出了杨柳的轻盈体态，也写出了春风的情意，把景物写活了；这个"失"字，写出了梅花月色溶在一起，分不清是花色还是月色，把诗的境界烘托了出来。

苏轼为诗中两字寝食难安，最终通过观察柳枝才将用词确定。可见，学习除了善于思考，还得多多关注生活啊！写作文时应用词准确、恰当。

智慧导航

学习方法

学习方法是通过学习实践总结出的快速掌握知识的方法。因其与学习掌握知识的效率有关，越来越受到人们的重视。学习方法，并没有统一的规定，因个人条件不同、时代不同、环境不同，选取的方法也不同。

学习三境界

1. 第一层境界为苦学

它是讲"头悬梁、锥刺股"，"刻苦、刻苦、再刻苦"。处于这种层次的同学，觉得枯燥无味，对他们来说是一种被迫行为，体会不到学习中的乐趣。长期下去，对学习必然产生了一种恐惧感，从而滋生了厌学的情绪，结果，在他们那里学习初中语文，变成了一种苦差事。

2. 第二层境界为好学

所谓"知之者不如好之者"，达到这种境界的同学，好学对学习起到重大的推动作用。对学习的如饥似渴，常常达到废寝忘食的地步。他们的学习不需要别人的逼迫，自觉的态度常使他们能取得好的成绩，而好的成绩又使他们对学习产生更浓的兴趣，形成学习中的良性循环。

3. 第三层境界为会学

学习本身也是一门学问，有科学的方法，有需要遵循的规律。按照正确的学习方法，就可以高效率，学得轻松，也变得灵活流畅，能够很好地驾御。真正成为学习的主人。

目前，学生在学习中，第一层居多，第二层为少数，第三层次更少。而学习的一个重要目标就是要学会学习，这也是现代社会发展的要求。21世纪中的文盲将是那些不会学习的人。所以，家长应该引导孩子掌握科学的学习方法，在学习中应追求更高的学习境界，使学习成为一件愉快的事。

小学生应掌握的学习方法

1. 学会制定学习计划

在整个小学阶段，每个学期都要开设几门课程，每周、每日学习的内容都不同，各主要学科都要有课外练习，如果没有学习计划，就会手忙脚乱、杂乱无章，影响学习效果。要明白制定学习计划的重要性，明确学习计划的内容，掌握制定学习计划的方法。

学习计划包括长期计划和短期计划两种。长期计划以一学期为宜，从总体上对各学科的学习作出全面的安排。短期计划以一周为宜，对本周内每天的学习内容、学习目的、保障措施和作息时间作出详细具体的安排。

学习计划要具体、明确、切实可行，同时又要留有充分的余地，以保证计划的灵活性和适应性。在执行中既要坚定不移，又要根据实际适当调整，目的在于使学习计划更加切合实际，更为有效地提高学习效果。

2. 掌握预习方法

预习也叫超前学习，是指在教师上课之前，对所要学习的内容提前进行学习和理解的过程。预习既是有效的学习方法，也是良好的学习习惯。预习的方法是对第二天要讲授的内容认真阅读，仔细思考，把新的知识和以往学过的知识联系起来，看看哪些懂了会了，哪些不懂不会，从而明确听课的重点、难点和疑点，克服课堂学习过程中的被动性和盲目性，提高主动性和自觉性，以利于提高学习效果。

预习的好处

（1）能发现自己知识上的薄弱环节，在上课前补上这部分的知识，不使它成为听课时的"绊脚石"。这样，就会顺利理解新知识。

（2）有利于听课时跟着老师讲课的思路走。对听课内容选择性强。明确哪些知识应该放上主要精力，加强理解和消化；哪里应该重点记笔记，做到心中有数。

（3）预习有利于弄清重点、难点所在，便于带着问题听课与质疑。注意力集中到难点上。这样，疑惑易解，听起来轻松、有味，思起来顺利主动，学习效果好。

（4）预习可以提高记笔记水平。由于课前预习过，讲的内容和板书，心中非常清楚。上课时可以不记或少记书上有的，着重记书上没有的或自己不太清楚的部分，以及老师反复提醒的关键问题。从而可以把更多的时间用在思考理解问题上。

预习要注意的几个问题

（1）预习时要读、思、问、记同步进行。对课本内容能看懂多少就算多少，不必求全理解，疑难也不必钻深，只需顺手用笔作出不同符号的标记。把没有读懂的问题记下来，作为听课的重点。但对牵涉到已学过的知识以及估计老师讲不到的小问题，自己一定要搞懂，以消灭"拦路虎"。

（2）若以前没有预习的习惯，想方法改变，先预习后上课，等到尝到甜头，取得经验，再提高自己的预习水平。

（3）预习应在当天作业做完之后再进行。切不可每天学习任务还未完成就忙着预习，打乱了正常的学习秩序。

（4）学习由预习、上课、整理复习、作业四个环节组成。缺了预习这个环节就会影响下面环节的顺利运转。在完成每天的学习任务后，要安排一点时间预习。这样做虽然费了时间，但上课能听得懂，减少了因上课听不懂而浪费的时间，同时，还可以减少花在课后整理、消化、作业上的时间。时间一长，运转正常了，学习的被动局面也就会改变，就再也不需加班加点了。

3. 掌握听课方法

课堂是学校教育的中心环节，是学生获得科学文化知识的主要途径。如果小学生不会听课，听不懂，学不会，就会增加课后复习的困难和压力，造成不良循环。同时由于长期积累，可能导致厌学心理，既不利于提高学习效果，也不利于心理健康。为此，在课堂中，要注意以下几点。

（1）认真听。要聚精会神地听讲，充分理解教师讲课的内容及其表达方式的含义，如节奏的快慢、声音的高低等。

（2）注意看。要全神贯注地注视教师板书的内容，对教师用彩色粉笔标记的部分、用电化教具突出演示的部分尤其要仔细观察，认真领会和重点记忆。

（3）多动脑。要积极思考，要边听、边看、边思考，要与教师讲课的进程保持同步，要多问几个为什么，要把新旧知识联系起来思考，做到融会贯通，举一反三。

（4）主动练。在课堂上要大胆发言，勤学多练，从而加深理解，提高听课效果。

（5）做笔记。对教师讲课中的要点、难点都要简明扼要地写在笔记上，以备课后复习。

（6）善归纳。对教师课堂讲授的内容，要抓住纲目，归纳要点，力求当堂理解。

4. 掌握复习方法

复习是指对学过的知识重新学习的过程。复习包括课后复习和系统复习两种。课后复习的主要目的在于理解和巩固当天学到的知识。系统复习的主要目的是对周、月、学期或学年学过的知识进行全面深入的复习，目的在于融会贯通，理解和掌握学科知识的体系。

系统复习本质上是对前段学习的知识进行相对集中的再加工的过程。

（1）回顾教师课堂讲授的内容及其过程，目的在于弄清哪些完全理解了，哪些没有理解，使进一步的复习具有鲜明的针对性和目的性；

（2）复习课本，目的在于深化；

（3）整理笔记，对课堂记得不完整或不准确的地方加以补充和修正，使之更加系统、完整，便于复习；

（4）对课本中不懂、不会的难点问题，查阅工具书或参考书，力求弄懂弄通，实在弄不明白的，问教师或与同学研究解决。

系统复习的方法也是多样的。比如循环复习法，是指学过一个单元之后即及时复习，然后再学下一单元，学完第二单元之后，再把这两个单元综合起来系统复习，以此类推，循环至终。分配复习法，指学过的内容及时复习之后在时间上每隔一定时期回过头来再复习，只是在时间间隔上逐渐拉长。比如上一单元讲过的内容及时复习，一周后再复习，两周后再回头简略地复习，一个月或一季度后再复习。事实表明，分配复习的效果优于集中复习。当然集中复习也有其优势，比如在期末总复习时，相对集中一段时间，对学习内容中的重点、难点问题，重点突破，进行系统化的复习，也是十分重要的。

5. 学会写作业方法

写作业是经过独立思考，自觉、有目的地分析问题、解决问题，将学得的知识运用于实际的智力活动过程。通过写作业可以检查学习的结果，加深对知识的理解和记忆，充分发挥自己的智慧和潜力，同时也有助于培养自己的思维能力，养成良好的学习态度和学习习惯，因而要掌握写作业的正确方法。

（1）先复习后写作业，即在认真复习、充分理解的基础上完成作业。

（2）仔细审题，即了解题意，明确习题的目的要求，弄清已知条件和未知条件及解决问题的关键所在，做到心中有数。

（3）认真表述，即思路清晰，表述确切，书写规范，答案准确，干净利落。

（4）细心检查，即根据习题的目的要求，逐字逐句地检查、验证，发现错误及时纠正；同时，对教师的批改、批语要认真思考，从而不断地总结经验，吸取教训，不断提高。

小学 4—6 年级学生学习特点

1. 四年级是由中年段到高年段的承接期

就学习习惯而言，这个阶段是孩子习惯的定型期，各种学习习惯将开始逐步固化下来，甚至伴随孩子一生。当然这种学习习惯既包括了好的习惯，也包括不好的痼疾。

就学习内容而言，难度有了质的改变。在三四年级时，孩子的书面语言开始超过口头语言。这个时候，孩子的成绩偶尔下滑是正常的，关键在于我们家长要正确帮助他们，而利用好三年级升四年级的暑假，则可以充分帮助孩子做好准备，跟上学习，顺利翻过小学阶段成绩分水岭。

语文学习：随着学习难度的提升，三年级升四年级的同学会明显感觉语文不再像以往那样可以轻松拿高分了。四年级学生的思维处于形象思维向抽象逻辑思维过渡的阶段，语文学习内容由词句向篇章过渡，学生无论从心理发展还是学习习惯养成等方面都在小学阶段起着承上启下的作用，既有一定的难度，又非常重要。四年级学生语文学习会出现的问题主要有：一是阅读理解和语言的应用技巧不足，以致阅读题会出现答题不完整，概括能力较弱等情况。家长要注意多用生活中的实例引导孩子，加深对语言文字的理解与运用；还可以结合课文的学习，引导课外阅读，让孩子的课外阅读变得更加广泛而有效。二是作文缺少生活素材，很难使文章生动具体。四年级的作文包括写人、写事、写景、写生活、写感想、体会等。这当中写实占大多数，写实是为了让孩子从日常生活出发，写出自己的所想、所见、所感、所做，所以平时家长可以鼓励孩子如实表达，让他们随时把自己的所想、所见及时记在日记本中，帮助增加写作的素材。

数学学习：开始接触几何、计数、行程、数论等内容，并开始接触列方程解应用题。孩子数学体系日趋完善，逐步接触小学数学四大体系：几何、计数、数论、组合，需要通过知识提升为今后的小升初做充足准备。

英语学习：四年级是小学阶段英语学习的过渡和连接阶段，是非常重要的阶段。在这个阶段，培养学生的学习兴趣依然十分重要，经过三年级一年的知识积累，学生已有基本的英语学习基础及习惯，在这个时期，已经从单词的学习逐渐转移到句型的学习。但在语言的应用方面常会出现一些语法错误，这是语法启蒙的黄金时期。这就要求在提高听说读写技能的同时，英语学习应以实用常考句型积累为主，以启发学生对语法的感知与应用。学生在这个时期已经掌握了一定的单词和简单的句型，因此可以给学生补充一些英语小短片、小歌曲，这样不仅仅可以提高学生的兴趣，还可以扩大学生的知识面。

2. 五年级由以前的被动接受转化为主动吸收

五年级学习内容以及难度都有了很大的变化，因此这一阶段会引发比较明显的分化情况。从五年级开始，学习重点知识和难点逐渐和孩子们见面，这些知识点使得我们的孩子开始对学习力不从心，拿不出学习该有的节奏。另外，在难度上的加深，梯度也十分明显，孩子一定要在学习上花更多的工夫。家长可以帮助孩子做自己的归纳整理本，坚持每日做一题，懂一题，将错题滚动练习，将知识点网状化，不懂就问，举一反三。家长要主动引导孩子去接触各类考试题目，分析自己不会的题目，善于总结，在重点和热点上多花工夫，加深难度，找到适合孩子自己的复习方法。

语文方面，孩子学的字词更难了，易错字多了，阅读和作文扣分也明显多了。这一阶段，课本的基础字词难度会更大；阅读方面则主要考察学生的阅读速度以及对于阅读文章的分析能力；而作文则需要学生有新颖的构思和恰当的修辞等。

英语方面，五年级是小学英语学习的分水岭。五年级应开始培养良好的英文素养，可以试着听你喜欢的英文歌曲，跟着唱。看英文电影，以愉快的心情去欣赏。还可以购买一些你喜欢的英文书籍去阅读。

3. 六年级开始准备小升初

刚升入六年级，很多家长就开始张罗小升初。家长们需要明确的是，孩子自身的学习能力才是最重要的竞争力。在小升初准备的开始阶段，家长们要建立孩子自信的心理，引导孩子尽量多接触课外知识。要在最后一年多陪在孩子身边，做他们的精神支柱，快速提高孩子的学习效率、解题速度；多关注社会新闻，增加语文及英语的阅读量，积累丰富的课外阅读及英语词汇。而最关键的，就是科学有序地规划孩子在这一年的学习生活。

语文方面，要抓学生的阅读理解能力，六年级阅读学习提到了一个新的高度。与阅读积累密不可分的是作文，六年级孩子的习作分数提升了，习作要求也更高了，这一学段重在写纪实作文与想象作文。

面对纷繁复杂的小升初，大部分刚开接触的家长都是茫然和焦虑的。家长要调整好自己的心态，别把压力和焦虑的心情传染给了孩子，影响孩子的学习。

家长如何培养孩子掌握科学的学习方法

1. 培养孩子的学习兴趣

孩子就喜欢干自己感兴趣的事，这是父母引导孩子学习的有利条件。法国启蒙思想家、教育家卢梭曾说："要启发儿童的学习兴趣，当这种学习兴趣成熟的时候，再教给他学习的方法。"要让孩子学习好，首先就要使孩子对学习产生兴趣，这才抓住了教育孩子的根本。

兴趣是最好的老师，如果孩子对学习有极大的兴趣，他就会全身心地投入学习。要培养孩子的学习兴趣就要多鼓励，多表扬，多找他的闪光点。不要放过每一个值得表扬的机会。当孩子取得了一点成绩后要让他感受到成功的喜悦，要让他知道成功是多么快乐，于是他下次会照样去做的。

2. 让学习变得有吸引力

父母要认真地听孩子讲述在学校的见闻，有意识地对孩子讲述的事情表现出极大的兴趣，关心孩子在学校的生活，这样就会使孩子在不知不觉中形成一种意识，即学习是愉快的、有趣的。

要鼓励、支持孩子在学校参加各种课余活动，如唱歌、跳舞、手工制作等。有的家长怕影响孩子学习，不让孩子参加学校的课余活动。这一方面不利于孩子扩大知识面，另一方面孩子不能参加课余活动，成天捧着书本，就会感到学习是枯燥的，失去对学习的兴趣。

3. 让孩子形成良好的学习习惯

当孩子结束一天的学校生活回到家里，家长自然要监督孩子尽快把老师布置的家庭作业做好，使孩子养成回家后马上复习当天功课的习惯，这样容易巩固已学的知识，孩子会产生一种学习有收获的喜悦心情。

家长应妥善安排孩子的学习和娱乐。既要保证孩子完成学校老师布置的作业，也要让孩子有玩的时间。当孩子完成了作业，引导孩子听听音乐、学学绘画、练练书法，让孩子做自己感兴趣的事。这既使孩子提高了学习兴趣，又让孩子养成讲求效率的习惯。

良好的学习习惯和学习兴趣是相辅相成的，紧密相连的，不能把它们分开。如果你的孩子的学习习惯很差，那你就要多花一些时间陪他，引导他，陪他一起看书，一起写字，一起做作业……也许你认为这样太麻烦，不，这只是一个阶段，你陪他一段时间后，就会有效果的，一定要有耐心，不能急躁，你急了，孩子也不会安下心的。总之培养孩子的学习能力，需要家长细心地辅导，耐心地指导，多表扬，多鼓励，少指责，少批评。

4. 让孩子看到自己的进步

当一个人在学习和工作中取得成绩，会自然地产生一种喜悦的心情，得到莫大的乐趣，对学习和工作更有兴趣和信心。大人是这样，孩子更是如此。

要注意让孩子经常看到自己进步的脚印。不管工作和家务怎样繁忙，父母最好每天都要检查孩子的作业，把孩子的学习情况和学习成绩做简单的记录，并把孩子的作业本都收藏好，过一段时间就拿出来让孩子比较一下。经常告诉孩子有哪些进步，还有哪些地方做得不够。这样，孩子对自己的进步轨迹看得清清楚楚，对搞好学习有了信心，学习兴趣也会越来越浓。

有的家长平时从来不问孩子的学习情况，关心的只是孩子的学习成绩。还有一些家长和孩子订"合同"，规定各门功课的具体分数指标和奖罚办法。这给孩子精神上带来很大的压力，严重影响孩子的健康成长。父母的眼睛不能仅仅盯在分数上，要把力气花在提高孩子的学习信心和学习兴趣上。要经常了解和分析孩子的学习情况，及时加以引导。父母不了解孩子学习的每一步是怎样走过来的，不能及时给孩子必要的监督和帮助，孩子也会对父母感到失望，甚至产生学习并不重要的想法，一直对学习失去兴趣。

5. 对孩子提出恰当的要求

家长要善于对孩子的学习提出恰当的要求。过高的要求会打击孩子的学习信心，过低的要求激发不起孩子的学习兴趣，激发不起孩子追求新知识、见识新事物的愿望。在有条件的情况下，每隔一段时间可以选择孩子时间比较空余、兴致比较高的时候，有意提高对孩子的阶段性学习要求。

6. 创造良好的家庭学习环境

环境是影响人们成材的重要条件之一。家庭作为孩子生活的基地，能否为孩子创造良好的学习环境，对孩子的学习有着直接的影响。环境本身就是一种教育，它用潜移默化的方式影响着孩子。孩子的模仿性很强，悄悄地观察着世界。这个环境发生的一切在孩子的心灵中常常留下深刻的印象。良好的家庭学习氛围要靠家庭成员首先是父母的自身来创造，父母对待学习的态度和行为是建立良好的学习气氛的关键所在。父母热爱学习，把学习作为业余生活的最大爱好，把谈论学习作为家庭的重要话题，家庭就自然会形成良好的学习气氛。

三省吾身

△ 您是一位掌握了科学学习方法的家长吗？

△ 您的孩子掌握了科学学习方法吗？

△ 您打算为让孩子掌握科学学习方法做些什么？

亲子行动

亲子阅读

请您和自己的孩子一起阅读下面的三个小故事，然后一起讨论从中得到的收获，并请您指导孩子用自己的话讲述这三个故事。

苏步青学数学

苏步青 1902 年 9 月出生在浙江省平阳县的一个山村里。虽然家境清贫，可他父母省吃俭用，拼死拼活也要供他上学。他在读初中时，对数学并不感兴趣，觉得数学太简单，一学就懂。可是后来的一堂数学课影响了他一生的道路。

那时，苏步青刚上初三，他就读的浙江省六十中来了一位刚从东京留学归来的教数学课的杨老师。第一堂课上，杨老师没有讲数学，而是讲故事。他说："当今世界，弱肉强食，世界列强依仗船坚炮利，都想蚕食瓜分中国。中华亡国灭种的危险迫在眉睫，振兴科学，发展实业，救亡图存，在此一举。'天下兴亡，匹夫有责'，在座的每一位同学都有责任。"他旁征博引，讲述了数学在现代科学技术发展中的巨大作用。这堂课的最后一句话是："为了救亡图存，必须振兴科学。数学是科学的开路先锋，为了发展科学，必须学好数学。"苏步青一生不知听过多少堂课，但这一堂课使他终身难忘。

杨老师的课深深地打动了他，给他的思想注入了新的兴奋剂。读书，不仅为了摆脱个人困境，而是要拯救中国广大的苦难民众；读书，不仅是为了个人找出路，而是为中华民族求新生。当天晚上，苏步青辗转反侧，彻夜难眠。在杨老师的影响下，苏步青的兴趣从文学转向了数学，并从此立下了"读书不忘救国，救国不忘读书"的座右铭。一迷上数学，不管是酷暑隆冬，霜晨雪夜，苏步青只知道读书、思考、解题、演算，四年中演算了上万道数学习题。现在温州一中（即当时省立十中）还珍藏着苏步青一本几何练习簿，用毛笔书写，工工整整。中学毕业时，苏步青门门功课都在 90 分以上。

17 岁时，苏步青赴日留学，并以第一名的成绩考取东京高等工业学校，在那里他如饥似渴地学习着。为国争光的信念驱使苏步青较早地进入了数学的研究领域，在完成学业的同时，写了 30 多篇论文，在微几分几何方面取得令人瞩目的成果，并于 1931 年获得理学博士学位。

吴晗学历史

1909 年，吴晗出生于浙江义乌一个书香之家。父亲是个清末秀才，字写得好，诗词做得好，历史知识也很丰富。吴晗的父亲教子很严，吴晗是长子，对他要求更严。七岁时，吴晗就进小学念书了。他学习刻苦勤奋，风雨无阻，不仅功课好，还利用课余时间读了《三国演义》《水浒传》《西游记》等古典名著。家里的书看完了，他就到处借书看，尤其喜欢读历史书和历史小说。有时为了借书，竟要跑上百八十里路。他看书既快，又能"过目不忘"，因此家乡的人都称他为"蛀书虫"。

吴晗中学毕业后，因家境每况愈下，迫于生活的压力，他不能继续上学了，就在苦竹塘的椒峰小学教书，一来谋生，二来挣些钱贴补家用。大革命时期，吴晗曾和几个同学商量，打算到广州去投奔黄埔军校，因为筹不出路费，只好放弃了这个念头，可吴晗继续读书的念头却很强烈。1927 年春夏之交，在一个风雨交加的夜晚，吴晗因为自己的婚姻问题和父亲发生争执，一气之下离家出走。过了一段时间后，他才给家里写信，说因升学无望，打算到五台山去当和尚，因那里有很多有学问的名师。又过了不久，他给家里写信，说受朋友接济，已到杭州并考上了之江大学预科。吴晗的母亲得知这一消息，非常高兴，卖了自己结婚时的首饰，把钱寄给吴晗，供他读书用。

吴晗在之江大学预科学习了一年，后因之江大学停办，他从杭州来到上海，1929 年考入中国公学大学部。在那里，他不仅学习刻苦，还开始了史学研究，并因在最后一个学期写出一篇具有较高学术价值的论文《西汉的经济状况》，受到史学前辈的重视。1930 年 8 月，他用卖这篇论文所得的 80 元钱作路费，来到北京，起初想转学到燕京大学，但因为他的英文成绩不好,被燕京大学拒之门外。随后,他想报考北京大学,无奈考期已过。

后来由燕京大学文史研究员顾颉刚介绍,吴晗来到燕京大学图书馆做馆员。利用工作之便,他读了半年的文史典籍,也积攒了点钱。半年后他辞职,自修准备考大学。备考期间,他还完成了一部三万多字的《胡应麟年谱》。到了考期,先考的是北京大学史学系,这次国文连同英文考得都不错,只是数学得了零分,北大没有录取他。他只得又去报考清华大学,考试成绩仍同报考北大一样,原本不应录取,但学校考虑他优异的国文和英文成绩,认为人才难得,就破例录取了他。

1931年秋天,吴晗进入清华大学史学系二年级。那时,吴晗的家境更加不好,为了维持生活,他在清华兼职工读,每天课后利用两个小时帮助整理"大内档案",不仅接触到更多的历史文献资料,而且每月还得到25元的酬金,能够勉强维持生活所需。这时,吴晗还做出了一个"专攻明史"的决定,当时在北京的大学中专攻明史的人并没有。吴晗学习历史很踏实,尤其在攻读明史上下了很大的功夫,掌握了很多知识,为史学前辈所赏识,也得到同学们的尊重,同学中有人给他起了个"太史公"的绰号。

就在清华大学读书时,吴晗还写出了《胡惟庸党案考》《明末的仕宦阶级》《<金瓶梅>的著作年代及其社会背景》等多篇有见解的明史论著,分别发表在《清华周刊》《燕京学报》《文学季刊》等有影响的杂志上,受到当时史学界的关注。

舍勒学化学

瑞典化学家舍勒只上过小学,从15岁起在一家药房里当学徒。用舍勒自己的话来说,他的许多化学知识和技能,都是那时"偷着学会的"呢!

有一天晚上,舍勒在钻研孔克尔的名著《实验室指南》时,对书中的一段论述产生了疑问。他多么想去药店老板的实验室验证一下啊!可是,刻薄的老板有规定,未经特殊许可,任何人不得进入他的私人实验室。

夜深了,窗外寂静极了,只有秋虫偶尔发出唧唧的叫声。舍勒实在憋不住了,就点上蜡烛,偷偷溜进了实验室。他正聚精会神地操作着,突然,耳边响起一个严厉的声音:"谁在这儿?"他吓了一跳,猛抬头,只见旁边站着自己的同事格伦贝格。顿时,他心中像一块石头落地似的,变得轻松起来。

因为,格伦贝格是他最要好的朋友啊!

"这么晚了,你来实验室干什么?"格伦贝格不解地问。

"我实在睡不着呀。"舍勒指着桌上的《实验室指南》和实验装置,感慨地说:"你看,孔克尔的书上说,盐精和黑苦土不能混合。我想验证一下,看书上写的对不对。"

"噢,原来如此。"格伦贝格关切地说,"不过,你可要注意身体呀,别熬得太晚啦!"

"放心吧,我一定注意。另外,希望你替我保密,千万别让老板知道了。"

舍勒低声央求说。

格伦贝格默默地点了点头。

经过实验,舍勒证明了孔克尔的书上是把石墨和软锰矿混为一谈了。后来,他还用软锰矿制出了氯气。

舍勒就是这样,一有疑问就背着老板,偷偷地去实验室验证。天长日久,这位小药剂师终于跻身于著名化学家的行列。

成长记录

请您将自己为培养孩子掌握科学学习方法所开展的各项准备活动或措施及其效果记录在下表中。

时间	开展的具体活动或措施	活动或措施的效果	备注

融化—那拉提（局部） 布面油画 95cm×125cm 2015 年

06

好口才是练出来的
——怎样提高孩子的口头语言表达能力

启智故事

浓缩的才是更好的

要使说话简短、写作精炼，就要学会浓缩。浓缩就是语言的提炼，浓缩的语言是语言的精华。几百年前，一位聪明的老国王召集一群聪明的臣子，交待了一个任务："我要你们编一本《智慧录》，好流传给子孙。"

这群聪明人离开老国王以后，便开始了艰苦的工作。他们用了很长一段时间，最终完成了一部12卷的巨著。他们将《智慧录》交给老国王看，他看了后说："各位大臣，我深信这是各时代的智慧结晶。但是，它太厚了，我担心没有人会去读完它，再把它浓缩一下吧！"这群聪明人又经过长期的努力工作，删减了很多内容，最后完成了一卷书。可老国王依然认为太长了，命令他们继续浓缩。

这群聪明人把一本书浓缩为一章、一页、一段，最后浓缩成一句话。当老国王看到这句话时很高兴，说："各位大臣，这才是各时代的智慧结晶。各地的人只要知道这个真理，我们一直担心的大部分问题就可以顺利解决了。"

这句经典的话就是："天下没有免费的午餐。"这句话告诫人们：即使是满足自身生存的最基本需要，也必须自己去做；即使你的祖辈、父辈能为你提供丰厚的物质基础，也需要自己去做。否则，你就只能坐吃山空。

哥伦布立蛋

意大利著名的航海家哥伦布，发现了美洲大陆之后，他的名字很快传遍了欧洲大陆，有些人却妒忌这位发现者。一天，哥伦布参加西班牙一位贵族为他而设的宴会。那些妒忌他的人也都出席了。他们都是一些傲慢自负的人，迫不及待地要给哥伦布一个难堪，于是便向哥伦布说道："你发现了一个奇怪的大陆，那又有什么了不起？我们不明白为什么要对这件事大谈特谈。任何人都能穿过海洋航行，并且任何人也都能像你一样有所发现，这是世界上最简单的事情。"

哥伦布没有回答。过了一会儿，他从碟子里拿起一个鸡蛋对那一伙人说："先生们，你们当中谁能把这个鸡蛋竖起来?"

桌子四周的人一个一个地都试了试。结果,鸡蛋传了一圈,谁也没有成功,都说那是不可能的事。这时哥伦布拿起鸡蛋,轻轻地将鸡蛋的尖头在桌子上磕了一下,把蛋皮稍稍碰破一点,鸡蛋便直立在桌子上。然后,哥伦布说道:"先生们,还有什么比这更简单的事吗?你们却说办不到,其实这是世界上最简单的事情了。"妒忌者们一个个面面相觑,说不出话来。

墨子救宋

墨子是一位伟大的人道主义者,他崇尚和平,反对战争,主张兼爱,厌弃攻伐。为了和平的理想,墨子常置生死于度外,善于运用杰出的智慧、不凡的辩才和英勇的胆略去实践自己的政治主张。

楚国当时是南方的大国、强国,而宋国是中原地区的小国、弱国。楚王为攻打宋国,请公输般制造了一批云梯,准备随时进伐。宋国危在旦夕。墨子听到这个消息,非常震惊,一面吩咐禽滑厘带领三百多人前往宋国支援,一面亲自前往楚国,劝说楚王放弃不义之战。

墨子日夜兼程,走了十天十夜到达了楚国的都城郢,会见了公输般。公输般说:"您见我有何吩咐?"墨子说:"北方有个人欺侮了我,想请您杀了他。"公输般一听,顿时不悦。墨子说:"我愿出高价。"公输般听了更为恼火,愤然说:"我奉行义,决不杀人!"

墨子听了公输般的话,心中暗自高兴,站起来再拜公输般说:"咱们就讨论一下你刚才说的义吧。我听说你造了云梯,将用它攻打宋国,宋国有什么罪呢?楚国有的是土地,只是人口不足。现在要牺牲不足的人口去掠夺有余的土地,这不能说是明智的。宋国无罪而去攻打它,不能说是仁。知义知仁,而不去谏争,不能算做忠。谏争而无结果,不能算做强。不杀一人,却去杀众多的百姓,决不能说是聪明。"公输般认为墨子说的有理。

墨子问:"既然你认为我说的有理,那么为什么不取消攻打宋国的主张呢?"公输般说:"不能。我已经对楚王许愿了。"墨子说:"为什么不带我去见楚王呢?"于是公输般带墨子去见楚王。

墨子见了楚王,对楚王说:"现在这里有一个人,舍弃他的彩车却想去偷,邻居的一辆破车;舍弃他漂亮的衣服,却想去偷邻居的一件粗布短衣;舍去美味佳肴却想去偷,邻居的糟糠。这是一个什么样的人呢?"楚王说:"这个人一定是得了偷窃病了。"墨子又说:"楚国方圆五千里,宋国只有五百里,这相当于彩车与破车之别。楚国有云梦大泽,各种珍贵稀有动物充满其中,有长江、汉水,各种鱼类应有尽有,可谓富甲天下,宋国连野鸡、兔子、狐狸都没有,这简直有佳肴和糟糠之别。楚国有松、梓、楠、樟等名贵木材,而宋国连棵像样的大树都没有,这简直是华丽的丝织品与粗布短衣之别。在这样的情况下,还要攻打宋国,这与患偷窃病的人有何区别呢?大王如果真的去攻打宋国,一定会伤害仁义,却不能占据宋国。"

楚王说:"你说的有理。但公输般已为我造好了云梯,我是非攻打宋不可了!"

墨子于是解下腰带,围成一座城的样子,用小木片代表守城用的器械。公输般多次设计攻城用的云梯等器械,墨子多次抵住了他的进攻。公输般攻城的计策用完了,而墨子守城的计策还绰绰有余。狡猾的公输般又心生一计,说:"我知道用什么办法对付你了,但我不说。"楚王问什么原因,墨子说:"他的意思,不过是想杀了我。杀了我,宋国就没人能防守了,就可以进攻了,但我的学生禽滑厘等三百多人,已手持器械在宋国都城上等待着你们的入侵呢!即使你们杀了我,同样也不能得逞。"楚王无奈,只好取消了攻打宋国的念头。

墨子胜利地完成了止楚攻宋的使命。从楚国归来时,恰巧天下大雨,他想前往宋国的闾门内避避雨,而宋国守门人却不愿接纳他。这段止楚攻宋的故事,是墨子兼爱非攻和平思想的典型表现,历史上已传为美谈。

智慧导航

什么是语言表达能力

语言表达能力是指在口头语言(说话、演讲、作报告)及书面语言(写文章)的过程中运用字、词、句、段的能力。具体指用词准确,语意明白,结构妥贴,语句简洁,文理贯通,语言平易,合乎规范,能把客观概念表述得清晰、准确、连贯、得体,没有语病。

人与人之间的联系,最重要、最常用的就是表达。表达是观察、记忆、思维、创造和阅读的综合运用,是一个人综合能力的集中展现,是各种学习能力、素质的集中反映。表达清晰、准确，别人才知道你想要什么，才可能说服别人，才能减少与别人的误会与摩擦，才能使得生存环境更加和谐。

表达在本质上是一种沟通，是一个吸收、处理、输出的全过程。表达不仅是把语言表述清晰，更为重要的是，在人的头脑里要有思想，有学识，有独立思考与判断的能力。

简单地说，表达就是有的说和写，会说和会写，说的和写的到位。就是把茶壶里的饺子顺利地倒出来。这需要家长饱含爱意的精心培养。

好口才的重要性

卡耐基曾经说过："一个人的成功，只有15%是靠其专业技术，而85%则要靠他的人际关系和为人处事的能力。"良好的人际关系和为人处事能力是靠什么建立起来的呢？当然是做人做事的方法与语言沟通的艺术。没有语言交流，别人怎么能知道您的需要和意愿呢？当然也就无法实现您与他人的合作与交流。由此看来，语言交流在人的成功道路上是多么重要呀！是人才未必有口才，有口才必定是人才。口才是当前人际交流中必须具备的重要能力，更是创造型人才和开拓型人才必须具备的素质。一个人的工作技能再强，如果没有良好的表达，无法使他人明白自己的想法，他的工作目的就无法很好地实现，甚至会与他人的想法发生矛盾，形成阻力。而一个头脑反应敏捷、逻辑思维缜密、语言表达清晰的人，其传情达意的动作表情和生动的语言描述，肯定会增加其综合的渲染能力和个人魅力。因此，口才好的人很容易受到他人的尊敬和钦佩，而口才差的人却很容易被他人冷落，甚至遗忘。因此，父母应该注重孩子的口才训练，使其成为喜欢表达、善于表达的孩子。

儿童口才训练的作用

1. 口才训练可以培养孩子良好的艺术素养，优雅大方的气质和成熟的心理素质，使其待人接物更从容、更自然。
2. 口才训练可以提升孩子的语言表达能力和随机应变能力。
3. 口才训练可以增强孩子的自信心和胆量，克服孩子的恐惧感，使孩子不再内向、胆小和害羞。
4. 口才训练可以提升孩子的记忆力、逻辑思维能力和口脑协调能力。

5. 口才训练可以激发孩子的表现欲望，培养他们积极的处事心态和顽强的拼搏精神，使孩子心理更健康、更阳光、更可爱，说话更具幽默感。

6. 口才训练可以提升孩子的创造力和想象力，使孩子的思维更活跃，想法更新颖。

7. 口才训练可以增进师生之间、亲子之间的交流，可以使师生关系、亲子关系更融洽，人际关系更和谐，幸福指数更高，更可以使孩子在人生道路上少走弯路。

8. 口才训练可以激发孩子强烈的阅读兴趣，提升孩子的学习能力与写作水平，而这些能力反过来又能促进孩子的语言表达。

9. 口才训练能提升孩子的智商、情商、财商和逆境商数，提升孩子分析问题和解决题的能力。

10. 口才训练可以让孩子更有主见，更有思想，使他们做事不再盲从，不再犹豫。

如何培养孩子的口头语言表达能力

小学阶段是学生发展语言的最佳时期，在这个关键时期加强说话训练，使学生具有初步的说话能力和良好的说话习惯，具有重要意义。小学语文课程标准提出小学阶段口语交际教学要"规范学生的口头语言，提高学生的语言表达能力，培养良好的听说态度和语言习惯"。语言表达就是交际双方为特定的目的，运用口头语言和适当的表达方式进行的思想感情的交流。语言与思维有着密切的关系，心理学认为：语言是思维的"外壳"，思维是语言的"内核"，两者相互依存。小学生的语言表达能力的发展直接影响到各个方面的发展，所以家长要特别重视培养孩子的口头语言表达能力。

1. 激发孩子"想说"的兴趣

兴趣是最好的老师，我们从事各种活动，都是由一定的动机兴趣所引起的。浓厚的兴趣是学习的催化剂，是开发孩子的智力、提高成绩的关键。学习兴趣是学生获取知识拓宽眼界丰富心理活动的最重要的推动力，是学习中最活跃也是最现实的东西。由于小学生的知识水平与年龄特征的原因，这就要求家长应该运用各种办法充分激发孩子"想说"的兴趣。

2. 注重积累，让孩子有的说

口头表达是书面表达的基础，言为心声说的就是这个道理。家长有意识地帮助孩子进行积累，是孩子培养表达能力的关键。

※ 故事的积累

让孩子多接触和掌握一些故事，有利于孩子做人做事良好素质的养成，更有利于丰富孩子表达的素材。家长经常性给孩子讲一些儿童故事，如果家长觉得自己语言表达不满意，也可以给孩子念；有计划、有限制地让孩子看一些儿童故事节目和音像作品。

※ 词汇的积累

词汇是表达的基本元素，丰富、准确的词汇，会使表达更加精彩。家长在日常谈话中，要注意词汇使用的准确性；为孩子准备一个漂亮的小本，让孩子记录自己每天接触或喜欢的新词汇；用小奖励或小游戏激发孩子积累词汇的兴趣。

※ 体验的积累

表达是一项实践性很强的能力，只要经常锻炼，就能轻车驾熟，熟能生巧。鼓励孩子每天写几句话，记录自己认为有趣的事和自己的心情；大声诵读当天的课文，和家长交流读后的想法。课文朗读非常重要，如果在读的过程中都不能流畅，那么在自我组织语言去表达内心想法的时候则更会出现问题，所以要尤其关注朗读水平略低的孩子，多加训练指导，鼓励他们，给他们信心。让经典诵读成为每天的规定动作，哪怕几分钟。家长经常和孩子亲子交流五分钟。重视学校留给孩子的口头家庭作业，并保证完成质量，不敷衍了事。有积累，才能有思考，有了积累，孩子就有了说话的愿望，也有了要说的内容。

3. 让孩子敢问敢说

学贵有思，思起于疑。要提高学生的口头语言表达能力，就应创设情境，营造良好的氛围，使孩子敢说、敢问。培养孩子的语言表达能力就要从培育问题入手，当孩子提出问题，家长应让学生充分表达自己的意见，从而达到语言表达能力的训练。往往孩子有"怕说错""怕笑话"的心态，孩子在家"能说"，在学校"不敢说"，家长要做的就是鼓励孩子，给孩子"说"的自信。

※ 与老师配合，巧用"善意的谎言"。

主动与老师沟通，了解孩子课堂"说"的情况，把自己"用谎话鼓励孩子"的真实想法告诉老师，取得老师的配合。和孩子见面后或其他家人在场时说："咱们孩子今天受表扬了，发言特积极，那个词用得特别好。"或"今天老师给我打电话又夸孩子了，这几天表现非常好，只有一个词不太准，要不就非常完美了"。具体语言表述，家长可自行发挥，以能起到激励孩子、给孩子自信为目的。最后千万别忘了提醒孩子，课堂上要认真听讲，踊跃发言。

※ 模拟情境，借用老师的"技巧"

下面是老师在学校的做法，家长可以模拟借鉴：

大多数学生不爱表达是因为紧张或者性格内向，不敢在全班同学面前发言。教师可以在学生自由活动时和他们坐在一起，聊聊他们喜欢的话题。在交流过程中，多说"儿童话"，创建一个比较轻松愉悦的氛围。学生接纳你了，愿意和你交流的事情自然就多了。教师可以鼓励腼腆的学生，让他说说发生在自己身边的有意思的事儿。教师在其中要用普通话去引导孩子说完整话，说出来的话要能清楚表达出自己的观点。教师的以身作则就显得尤为重要，尽管是在课后进行的交谈，孩子的模仿能力很强，教师更要时刻严格要求自己，对学生说的话要清楚明确，讲述事情要思路清晰，易于理解。

通过借鉴模拟老师的做法，家长让孩子说说学校发生的事和同学之间发生的事，在孩子说话时不要轻易打断，努力创造说话氛围，创造孩子说话的机会。消除孩子怕说错、怕说不好的顾虑，保护好的说话欲望，那么在培养学生的口语表达能力方面，我们就迈向了成功的一步。

4. 让孩子知道怎么表达

语言和思维是紧密相关的，说话训练过程也是思维训练的过程，在说话训练过程中都要善于引导孩子理顺思维。

俗话说，能说不如会说。会说有三个标准，说得完整，说得条理，说得动人。和孩子一起聊天交流，是家庭教育的主要开展方式，也是培养孩子表达能力的良好契机。家长会不会聊，核心智慧体现在家长的题巧不巧，家长会问，孩子会说。

家长提问，是亲子互动的一种方式也是家长和孩子交流的最基本的形式之一，更是引导孩子会说的一个教育过程。家长和孩子探讨交流过程中，不要过于强势，过于表现自己，尽量多给孩子说话的机会，引导孩子阐述理由，正确表达。家长在提问时要有技巧，要难易适度，太简单，达不到锻炼表达的目的，难度太大，容易影响孩子表达的兴趣。问题的设计要随着孩子的思路走，家长适当地引领纠正，不要按照成人的逻辑思维习惯设计问题顺序，更不要把交流变成考试。家长问题提出后，不要急于得到回答（等待时间五秒左右），要给孩子一定的思考时间和语言组织时间，孩子对问题有了充分的思考，有了回答问题的准备、自信，进而才能促进学生口语表达能力的提高。

小学阶段，家长要通过提问，引导孩子把时间、地点、人物、原因、发展、结果等叙事六要素说全。培养孩子表达的完整性。

家长在和孩子互动过程中，如孩子说出不雅词汇，甚至是不堪入耳的脏话时，家长要及时制止，给以纠正。通过提问，家长还有注意引导孩子表达的条理性，有些说一件事时，思路非常跳跃，东一下，西一下，此时，家长不要急于纠正或批评，在耐心听的前提下用问题进行引导。一年级的表达条理有：从外到里，从大到小，从高到低，先说事，后谈想法。

孩子表达的培养，一定要和学校的教育安排保持互动和衔接，重视孩子的口头作业，保持和教师的沟通，相互配合，形成合力，最大限度地让孩子受益。

培养孩子好口才的方法

1. 鼓励孩子唱歌或朗诵短诗让你欣赏，或定期举行家庭表演会，以此训练孩子的胆子；
2. 让孩子重述小说或电视电影的故事，帮助孩子将长故事浓缩成"短剧"；
3. 多给孩子打气，对他们的努力要有具体的表扬，如"我很喜欢你描述的人物，很生动，你能不能再多讲一点"？
4. 鼓励孩子在亲友前讲笑话或与他人分享个人的特殊生活经历，如度假，旅游等；
5. 比较年长的孩子可参与非正式讨论，以训练辩驳能力；
6. 有心志的父母甚至可每周定时训练孩子的口才，让其有机会练习演讲与辩论。
7. 多让孩子去接触陌生人，让其勇敢地对人讲话！
8. 多让孩子阅读些关于口才的文章书籍。

三省吾身

△您是一位具有良好口才的家长吗?
△您的孩子有好口才吗?
△您打算为培养孩子的好口才做些什么?

亲子行动

亲子阅读

请您和自己的孩子一起阅读下面的三个小故事,然后一起讨论从中得到的收获,并请您指导孩子用自己的话讲述这三个故事。

林肯学演讲

美国总统林肯出身于农民家庭,当过雇工、石匠、店员、舵手、伐木工人等,社会地位卑微,但是他从不放松口才的训练。17岁时他常徒步三十多英里到镇上,听法院里律师慷慨陈辞的辩护,听传教士高亢激昂的布道,听政界人士振振有词的演讲,回来后就精心模仿演练,终于口才日日进步。1830年,他为准备在伊利诺斯的一次集会上的演讲,面对光秃秃的树桩和成行的玉米,一遍又一遍地试讲。后来他连任两届美国总统,成为了世界著名的演说家。

萧伯纳的口才

英国文豪乔治·萧伯纳一生共写剧本五十多部、小说五部和其他著作多种,代表作有《鳏夫的房产》《华伦夫人的职业》《人与超人》等。1925年,由于他的作品"具有理想主义和人道主义精神,其令人激动的讽刺往往浸润着独特的诗意之美"而荣获诺贝尔文学奖。在文学创作中,萧伯纳对语言的幽默色彩予以高度重视。他曾说过:"我开玩笑，就在于我讲真理"，"如果不将真理和玩笑混合起来，你能希望有什么人来听你呢"？

一次晚宴上，萧伯纳与某纺织厂经理的太太并坐。这位身体肥胖、珠光宝气的阔太太娇声娇气地问萧伯纳："您知道哪种减肥药最有效？"显然是无话找话，十分无聊。萧伯纳注视了一下这位臃肿的邻座，用手捋着长须，一本正经地说："我倒是知道一种药，遗憾的是，我无论如何也翻译不出这药的名字。"说到这儿，他故意顿了一顿，阔太太渴求的眼睛中还射出些许"温柔"来，"因为'劳动'和'运动'这两个词，对您来说是地道的外国字。"阔太太瞪了萧伯纳一眼，气哼哼地离座而去。萧伯纳本可直说，你要多运动运动也许能减肥，但他觉得这种俗不可耐的阔太太不值得正面劝诫，故直话曲说，让她在先喜后丧中自讨没趣，免得她跟自己纠缠不休。

一位朋友来到萧伯纳的工作室，环顾了一番房内的陈设，慨叹道："我一向以为你是爱花的，没想到你房间里只摆着几只作为装饰品的花瓶，连一朵花儿也找不到。"萧伯纳稍一思索，解释道："我也喜欢儿童，但是，我总不能把他们的头割下来供养在瓶子里呀！"朋友连连点头："有道理，有道理。"儿童和花毕竟有别，但萧伯纳通过这一超乎常情的类比所说明的道理却是深刻的。"爱"和"得到"并不是一回事，爱一个人或爱一种事物就更要尊重他（它）的独立性，珍惜他（它）的"生命"，因"爱"之反"伤"之，那就不是真爱，而是一种自私了。

有一次，某人问萧伯纳："您能不能用最通俗最简洁的语言解释一下，悲观主义者和乐观主义者有什么区别？"萧伯纳想了一下，给他打了个比方："假如这里有半瓶酒，悲观主义者会唉声叹气地说：'唉，只剩半瓶了。'而乐观主义者则会兴高采烈地说：'看，还有半瓶呢！'"萧伯纳借助直观的形象把一个颇为抽象的问题阐述得十分通俗明白，耐人寻味。

一位妇人想邀请萧伯纳到她家做客，又怕直接邀请降低了自己的身份，便在请柬上写道："星期四下午四点到六点，我将在家。"这是暗示萧伯纳在这个时候去拜访她。萧伯纳接到请柬后，在原来的话下面添了一行字，当即把请柬退了回去。他写的是："我也一样。萧伯纳。"不说"不能应约"，因为要面子的妇人并没有正式邀请。于是萧伯纳来个装疯卖傻，用"我也一样"四字轻轻地婉拒了对方。如果萧伯纳在回复时写上"您告诉我这些是什么意思"，那就是明知故问，让对方尴尬。而装傻式的回复却可以避免这一点。下面的例子更能说明萧伯纳的幽默也常用在与人为善之处。

晚年的萧伯纳，腿脚不灵便。一天，他在街上被一个骑自行车的人撞倒在地，那人扶起他说："实在对不起，发生了这样不幸的事。"骑车人估计老人一定会发火的，谁知老人竟笑着说："不，您比我更不幸。要是你再加点儿劲，那就可以作为撞死萧伯纳的好汉而名垂史册了。"撞人本是无意，有谁会"再加点儿劲"呢？为出名竟不顾自己将会抵命或坐牢，也是违背常情的。这番幽默的话语，不仅冲淡了自己的疼痛，更为骑车人驱除了紧张和不安。

萧伯纳的脊椎有毛病，医生检查过后，对萧伯纳说："有一个办法，从你身上其他部位取下一块骨头，来代替那块坏了的脊椎。"又补充道："这手术很困难，我们从来没有做过。"言外之意这次手术的费用不同一般。萧伯纳听了后淡淡地回答："好呀！不过请告诉我，你们打算付给我多少试验费？"

1933年2月，萧伯纳在环球旅行中到上海作短暂访问。鲁迅、蔡元培、杨杏佛、林语堂和史沫特莱等人与他在宋庆龄的宅院欢聚。餐后，大家到花园散步。这时恰逢多日阴雨后天气初放晴，柔和的阳光照在萧伯纳的银发和花白的虬须上。蔡元培先生打趣地说："萧翁，你福气真大，能够在多雨的上海看见了太阳。"萧伯纳听了后微笑一下说："不，还是太阳有福气，可以在上海见到萧伯纳！"言语中充满着诗情画意，表达了对这次上海之行的难忘情怀。

希拉里锻炼口才之道

她在读中学时，就有雄心想当美国首位女总统。2008年，她果然站在了美国总统竞选者的行列，被公认为口才最佳的美国总统候选人之一。她就是被称之为"耶鲁才女"的美国国会参议员希拉里。

13岁的时候，希拉里在老师的带领下聆听马丁·路德·金的一场演讲。她深深为马丁·路德·金的激情所感染，并在老师的介绍下，与这位民权运动领袖握了手，这段经历使得希拉里成为马丁的崇拜者，也使她认识到了演讲的巨大魅力。从此，她就下定决心要做一名口才卓著的政治家。

怎样才能使自己有口才呢？希拉里经过深入思考认识到：口才的实践性很强，正如"只有在战争中更快学会打仗"一样，过人的口才，也只有多多实践，才能更快拥有。于是，她采用了"课堂内外，双管齐下"的方法来锻炼口才。

课堂内，她抓住老师安排的课堂讨论的机会，积极与自己的同学们进行讨论。她积极思考，很善于提出一些有争议性和启发性的问题，让同学们乐于和她争辩、讨论。此外，她还专门组织一些兴趣相投的同学，组建了一个讨论小组，从国家大事到日常生活，从科学技术到音乐艺术，都是他们讨论的话题，这样，在言语的"交锋"中，她的口才有了很大提高。

希拉里明白：比剑要找高手，弄斧要到班门。只有与比自己水平高的人多讨论，才能进步得更快，所以，她不满足于只是与自己水平相差不大的同学们进行讨论。每天下午放学后，她总是乐此不疲地去老师办公室，谈她的种种想法。在老师的引导下，她接触到了很多新的思想观念，同时，老师还不断向她介绍一些有用的书籍，要求她读完后再一起讨论，而希拉里也总能按时完成老师布置的阅读任务，并积极思考，列出自己不懂的问题，及时找老师讨论，解疑释惑。多年以后，希拉里在一次采访中回忆老师时说道："他是改变自己一生的导师，每次讨论完之后，他都会向我提出另一个任务，期望以后好好讨论讨论它。而每一次的讨论不仅提高了我的认识，也使我的口才有了飞速进步。"

口才助人成功，希拉里练就的口才，不断为她的人生增光添彩，她不仅成功当选国会参议员，协助自己的丈夫克林顿连任两届总统，而且成为美国国务卿。

亲子游戏

绕口令

绕口令是训练孩子好口才的一种好方法，请您和孩子一起来练练下面的绕口令吧。

喇嘛与哑巴

打南边来了个哑巴，腰里别了个喇叭；打北边来了个喇嘛，手里提了个獭犸。提着獭犸的喇嘛要拿獭犸换别着喇叭的哑巴的喇叭；别着喇叭的哑巴不愿拿喇叭换提着獭犸的喇嘛的獭犸。不知是别着喇叭的哑巴打了提着獭犸的喇嘛一喇叭；还是提着獭犸的喇嘛打了别着喇叭的哑巴一獭犸。喇嘛回家炖獭犸；哑巴嘀嘀哒哒吹喇叭。

天上一颗星

天上一颗星，地下一块冰，屋上一只鹰，墙上一排钉。抬头不见天上的星，乒乒乓乓踏碎地下的冰，啊嘘啊嘘赶走了屋上的鹰，唏哩唏哩拔掉了墙上的钉。

八十八岁公公

八十八岁公公门前有八十八棵竹，八十八只八哥要到八十八岁公公门前的八十八棵竹上来借宿。八十八岁公公不许八十八只八哥到八十八棵竹上来借宿，八十八岁公公打发八十八个金弓银弹手去射杀八十八只八哥,不许八十八只八哥到八十八岁公公门前的八十八棵竹上来借宿。

四和十
四是四,十是十,十四是十四,四十是四十,

哥哥怪狗
哥哥挎筐过宽沟,快过宽沟看怪狗,光看怪狗瓜筐扣,瓜滚筐扣哥怪狗。

八百标兵
八百标兵奔北坡,炮兵并排北边跑,炮兵怕把标兵碰,标兵怕碰炮兵炮。

鹅过河
哥哥弟弟坡前坐,坡上卧着一只鹅,坡下流着一条河。哥哥说:宽宽的河。弟弟说:白白的鹅。鹅要过河,河要渡鹅。不知是鹅过河,还是河渡鹅。

嘴和腿
嘴说腿,腿说嘴,嘴说腿爱跑腿,腿说嘴爱卖嘴。光动嘴不动腿,光动腿不动嘴,不如不长腿和嘴。

巴老爷芭蕉树
巴老爷有八十八棵芭蕉树,来了八十八个把式,要在巴老爷八十八棵芭蕉树下住。巴老爷拔了八十八棵芭蕉树,不让八十八个把式在八十八棵芭蕉树下住。八十八个把式烧了八十八棵芭蕉树,巴老爷在八十八棵树边哭。

成长记录

请您将自己为培养孩子好口才所开展的各项准备活动或措施及其效果记录在下表中。

时间	开展的具体活动或措施	活动或措施的效果	备注

瓦罕走廊之一（局部）　布面油画　89cm×129cm　2015年

07

自尊是孩子进步的动力
——如何呵护孩子的自尊心

启智故事

一句漂亮的话

牛津大学有一名叫凯丽的女生,来自英国一个偏远的小镇。在小镇时,她的成绩名列前茅,但到牛津后,却成为全班最差的学生。

其实,并不是凯丽悟性不高,也不是她基本知识不扎实,而是她太自卑了。

在凯丽眼里,她的同学一个个像骄傲的公主或王子,而她,就像一只丑小鸭。自卑使她在老师和同学们面前抬不起头来,学习成绩自然一落千丈。

凯丽的父亲为此很着急,他向社会公开悬赏,谁能帮助凯丽找回自信,他将给予一万英镑的报酬。

一天,凯丽正在上课,有个老者走进教室。老师问他找谁。老者说,他是某公司的策划部经理,要在班里选一名最漂亮的姑娘做形象代言人。

老师笑着说:"请挑选吧,这是学生们的荣幸。"

老者的目光开始扫动,最后指着凯丽说:"就是她,她是我眼中最美丽的女神。"

霎时,凯丽的脸上泛着幸福的光晕,她的眼睛明亮得像两枚钻石,头高昂了起来。她突然意识到,原来自己也是美丽的。当然,那名老者是凯丽的父亲找来的,为的是帮助凯丽找回自信。从此,凯丽的心态变了,她乐观地与师生们交流,成为一名优秀的学生。

晏子使楚

春秋末期,齐国和楚国都是大国。

有一回,齐王派大夫晏子去访问楚国。楚王仗着自己国势强盛,想乘机侮辱晏子,显示楚国的威风。

楚王知道晏子身材矮小,就叫人在城门旁边开了一个五尺来高的洞。晏子来到楚国,楚王就叫人把城门关上,让晏子从这个洞进去。晏子看了看,对接待的人说:"这是个狗洞,不是城门。只有访问'狗国',才从狗洞进去。我在这儿等一会儿。你们先去问个明白,楚国到底是个什么国。"接待的人立刻把晏子的话传给了楚王。楚王只好吩咐打开城门,迎接晏子。

晏子见了楚王。楚王瞅了他一眼,冷笑一声,说:"难道齐国没人了吗?"晏子严肃地回答:"这是什么话?我国首都临淄住满了人。大伙儿把袖子一举,就是一片云;大伙儿甩一把汗,就是一阵雨;街上的行人肩膀擦着肩膀,脚碰着脚。大王怎么说齐国没有人呢?"楚王说:"既然有这么多人,为什么打发你来呢?"晏子装着很为难的样子,说:"您这一问,我实在不好回答。撒个谎吧,怕犯了欺骗大王的罪;说实话吧,又怕大王生气。"楚王说:"实话实说,我不生气。"晏子拱了拱手,说:"我国有个规矩:访问上等的国家,就派上等人去;访问下等的国家,就派下等人去。我最不中用,所以派到这儿来了。"说着他故意笑了笑,楚王也只好陪着笑。

楚王安排酒席招待晏子。正当他们吃得高兴的时候,有两个武士押着一个囚犯从堂下走过。楚王看见了,问他们:"那个囚犯犯了什么罪?他是哪里人?"武士回答说:"犯了盗窃罪,是齐国人。"楚王笑嘻嘻地对晏子说:"齐国人怎么这样没出息,干这种事?"楚国的大臣们听了,都得意洋洋地笑起来,以为这一下可让晏子丢尽了脸。哪知晏子面不改色,站起来,说:"大王怎么不知道哇?淮南的柑橘,又大又甜。可是橘树一种到淮北,就只能结又小又苦的枳,还不是因为水土不同吗?同样的道理,齐国人在齐国安居乐业,一到楚国,就做起盗贼来了,也许是两国的水土不同吧。"楚王听了,只好赔不是,说:"我原来想取笑大夫,没想到反让大夫取笑了。"

从这以后,楚王不敢不尊重晏子了。

徐悲鸿的豪言壮语

20世纪初,徐悲鸿在欧洲留学时,曾碰到一个洋人的寻衅。那个洋人说:"中国人愚昧无知,天生就当亡国奴的材料,即使送到天堂深造,也成不了才!"徐悲鸿义愤填膺地回答:"那好,我代表我的祖国,你代表你的国家,等学习结业时,看到底谁是人才,谁是蠢材!"一年之后,徐悲鸿的油画就受到法国艺术家的好评,此后数次竞赛,他都得了第一,他的个人画展,轰动了整个巴黎美术界。这样令人惊叹的成就,是那个洋人远远不能及的。

自尊无价

马长辉是一个身高一米五五、双腿残疾、靠双拐行走的农村青年。从农村到城市里闯世界，他没有靠山、没有资本，有的只是一双粗糙有力的大手与简单的修鞋技术。他在城里的日子越过越艰辛，最后甚至到了食不果腹的地步。

在饥饿的驱使下，他想到了乞讨。可就在他准备去接受别人的施舍时，似乎从施舍者的眼光里看到了什么，便毅然放弃了乞讨，又重新坐回到修鞋摊前。

他决定学说评书，以此招揽顾客。经过努力，他学说单田芳先生的评书到了惟妙惟肖的地步。有活的时候，他干活；没活的时候，他就免费为大家说评书。很快，他的生意好了起来。他的修鞋摊成为当地群众消闲的好去处，他也成为当地的一个名人。

如今他不但开起了修鞋连锁店，还先后帮助十余名残疾青年及下岗职工开了修鞋铺。许多残疾人以他为偶像，慕名找他学修鞋技术。他成了"沈阳市十大杰出青年"候选人。

在做客中央电视台"小崔说事"栏目时，主持人崔永元问马长辉，当初是什么促使他放弃乞讨，迎来现在的成功，他说："我不能拿自尊换钱。"马长辉的话音刚落，现场的观众都不由为他热烈地鼓起掌来。

不为五斗米折腰

陶渊明又名陶潜，是我国最早的田园诗人。他之所以能创作出许多以自然景物和农村生活为题材的作品，与他的经历和处境有着密切的关系。公元405年秋，他为了养家糊口，来到离家乡不远的彭泽当县令。这年冬天，郡的太守派出一名督邮，到彭泽县来督察。督邮，品位很低，却有些权势，在太守面前说话好歹就凭他那张嘴。这次派来的督邮，是个粗俗而又傲慢的人，他一到彭泽的旅舍，就差县吏去叫县令来见他。陶渊明平时蔑视功名富贵，不肯趋炎附势，对这种假借上司名义发号施令的人很瞧不起，但也不得不去见一见，于是他马上动身。不料县吏拦住陶渊明说："大人，参见督邮要穿官服，并且束上大带，不然有失体统，督邮要乘机大做文章，会对大人不利的！"这一下，陶渊明再也忍受不下去了。他长叹一声，道："我不能为五斗米向乡里小人折腰！"说罢，索性取出官印，把它封好，并且马上写了一封辞职信，随即离开只当了八十多天县令的彭泽。

自尊者人必尊之

春秋时期，孔子在卫国担任宰相。他的弟子子皋被任命为一个监狱的监狱长。有一回，有个犯罪的人被子皋依照法律将其左脚给砍掉了，这个人后来当了守门人。

奸佞小人无处不在，孔子按照自己的理想治理国家，难免会得罪一些奸佞小人。后来，这些人联合起来在卫君面前说孔子的坏话："孔丘有治国平天下的抱负和才能，他的弟子也个个都有不凡的本领。现在，他在卫国已势力很大，我们听说他准备作乱，主公应该先下手为强啊！"

卫君听信了谗言，于是下令逮捕孔子。

幸亏孔子事先得到了消息，赶忙逃走了。同时，他派人通知弟子们，弟子们也一个个逃走了。等子皋得到消息的时候，想要逃走为时已晚，因为追捕他的人已把他住的地方团团包围起来。正在危急的时候，那个被子皋砍去左脚的守门人出现了。令子皋万万没有想到的是，这个人竟然是来救他的，看门人把子皋藏在一个地下室里。官兵到处搜索，没搜到子皋，就向看门人打听，看门人手往东边一指，说子皋已经朝那个方向跑了。官兵信以为真，忙向东边追去。

半夜时分，看门人悄悄地给子皋送饭来了，子皋既深受感动，又有些不解，就问看门人："先前，我依照国家的法令砍掉你的一只脚，现在正是你报仇的时候了，你为什么反而冒险帮我逃命呢？我凭什么得到你这么大的恩惠？"

看门人说："虽然我的脚是先生砍掉的，然而，当先生想给我治罪的时候，您反复权衡法律条文，非常希望能减轻对我的刑罚，这一点我是知道的。当定罪以后，您心中很痛苦，从脸色上就可以看出来，这一点我也是知道的。您并非是因为与我亲近才这样，而是因为您的天性中有一颗爱心，这就是我救你的原因。"

自尊是自我尊重，从尊重他人开始

自尊，人们往往想到的是人的自我尊重。这自然是不错的。自尊，最终要达到别人对自己的尊重，但是，如果人自己不把自己当回事，恐怕难以受到旁人的尊重。

国学大师陈寅恪晚年已有眼疾，在岭南大学居住的两层楼房的一楼给学生上课，当时选修其课程的不过五六人，陈先生绝不因选课学生多少影响他的讲课。

夏天，他身着便装与助手一起在楼下工作，每当学生到家里听课，他都要自己拄杖扶梯缓步上楼改换夏布长衫，然后才下来上课。看着老师摸索着下楼的身姿，学生们感动不已，为师的高大，在他们心中已然耸立。

钱学森家里的炊事员曾经说，钱老每次下楼吃饭，都穿得整整齐齐，像出席正式活动，从来不穿拖鞋、背心。这是看得起咱，尊重咱。

钱老儿子钱永刚听了炊事员的话后，也学了父亲的样子，每逢去餐厅吃饭，都穿戴整齐，他也要做尊重他人的人。

自尊，人们往往想到的是人的自我尊重。这自然是不错的。如果人自己不把自己当回事，恐怕难以受到旁人的尊重。

自尊，最终要达到别人对自己的尊重，否则你的自尊便成了自我娱乐。

尊重别人，特别是尊重你的属下和学生，才是真正的尊重自我，或者说，你的自尊是在尊重别人中实现的。于是，在社会间、在人群中，就要想着如何去尊重别人。

大师们领悟着这样的道理，是基于对人和人性的深刻体察，使他们即便在一些生活小事上，也不放松自己应该对别人具有的尊敬。目中无人的装模作样，虚伪失真的故作姿态，看似自我尊重的过分表达，表现出的却正是不尊重别人的自我膨胀，是没有自信的无意识流露。

智慧导航

什么是自尊

自尊，亦称"自尊心""自尊感"，即自我尊重，指既不向别人卑躬屈膝，也不允许别人的歧视。自尊是个人基于自我评价产生和形成的一种自重、自爱、自我尊重，并要求受到他人、集体和社会尊重的情感体验。自尊是人格自我调节结构心理成分。自尊有强弱之分，过强则成虚荣心，过弱则变成自卑。

自尊是健康的核心

自尊是人类生命的心理根源，它可以保持一个人生命的健康发展和完满。在自尊作用于人的过程中，首当其冲的是人的心理健康。也就是说，自尊最初对一个人起作用，是从其心理反应和心理健康开始的，而人的社会生命和心理生命的残缺或完满直接来源于心理健康的是与否。

人维持良好形象的内在的、深层的心理机制其实就是自尊。人都有一种保持积极的、健康的、向上的自我形象的需要，这种需要既是防止与避免生存环境带给人的伤害与压力的有力武器，也是个体发展的基本力量。这正是自尊使人更好地适应社会环境、缓冲基本焦虑的一种具体体现：自尊策动人去追求和呈现一种良好的社会形象，从而更好地适应社会环境。而良好的社会适应是心理健康的重要标志之一。

自尊的力量

自尊心越强的人越具有执着的理念。这样的人会把简单的事复杂化，使他能够从重重假设中，圈定他所认可的事物，以保持自己的名誉。

自尊有很强的自我保护意识，这种保护意识能够产生一种分辨能力，用以对付形形色色的诱惑。

尊严靠自己维护，才能赢得别人的尊重。

对那些善于伪装的人，自尊只是一层虚伪的面纱；而对那些心底坦荡的人，自尊便是站立在他们身后圣洁的影子。

自尊是在不断的学习中日益完善的。所以，学习自尊比运用自尊更为重要。

自尊是很好的驱动器，人们为尊严不懈地奋斗，以赢得理想的地位。

自尊是一杯清醒剂，它使我们的行为更加理智。

自尊使我们的品行变得高雅，使我们在世俗的生活里树立起良好的形象。

我们懂得热爱自己，才会有自尊的意识；自尊是一种艺术，它使我们的形态变得高雅、富有气质。

学会维护自尊，学会在自尊的意识中，找到我们做人的准则。自尊在提升我们的人格，在提炼我们的智慧。就像自然界的花木，知道自己该在什么季节开花、结果一样。自尊首先应该有一个自我衡量的尺度，然后以尺度的标准去做应该做的事。

自尊是一个审视自我的过程。在某种情况下，它是带有自我保护色彩的。自我圈子形成的尊严，它是一层脸面，它涵盖着双重意义的内容。一是内心虚弱和渴望，但碍于面子，只好将欲望包裹在尊严里；二是品质修养非常精到，他举止毫无造作，尊严是自然色的。无论怎样，自尊是一种控制自我欲望膨胀的镇静元素，是有益于我们身心健康的。

失去自尊的人，会变得狂妄。连自己都不尊重自己的人，就无法谈起对别人的尊重。自尊是自我的调控器，它在平衡我们的心态、情绪和精神。自尊修正着荣誉，它让我们看见文明树立起人格的品位。

自尊宛如深藏在春天树林里的鸟语，它在用绿色的歌音过滤人间浮躁的尘埃。自尊的缄默是美丽的。它总是让我们在林荫净化的道路远处，看见他稳健的背影。

自尊的修炼是必须的。他有一个十分确切的目标，就是不断否定自我，更新思维形象，把银白的月光透过你的心影反映在现实的白墙上。我们读到了自尊的真实，感悟到自尊所展示独特肢体语言的魅力。

自尊是明智的、豁达的。过分的自尊容易束缚住我们的激情，性格会变得孤僻，是需要修正的。过分的自尊让我们变得孤傲或过度谨慎。自尊不应该是禁锢身心的枷锁，它是流贯在我们血液里的优雅细胞，使我们的举止更加大方而美丽。

自尊能很好地抑制我们情绪的冲动。自尊的敏感度好比容易害羞的脸，哪怕一丁点错误，都会让它感到不自在。

自尊使社会秩序更加规范。我们在文明的尊严中赢得彼此的尊重，在日常生活里，感受规范的秩序所带来的良好生存氛围。自尊能让心灵世界日益变得漂亮起来！

自尊缺失的危害

如果自尊不足甚至缺乏，人就无法正确地对待自己和他人的评价，不能适时恰当地对社会环境的要求或事件作出合理反应，无法及时缓解生活中的基本焦虑。一言以蔽之，人就无法正常地进行社会生活。因此自尊不足（即低自尊）的人呈现给社会的通常是不好的自我形象，具体表现出两类行为或态度：一类是自伤性行为或态度，主要指向自我。其表现有自暴自弃、自怨自艾、自哀自怜、自轻自贱等，甚至可能放弃生命，自绝于世。另一类是自恋式或自我中心的行为与态度，主要指向他人与环境。可能出现不负责任、冷漠、自我中心、敌视、攻击他人、报复社会等偏激行为和罪错行为，甚至走上违法犯罪的道路。但无论哪类行为或态度，反映的都是心理健康问题。需要指出的是，自尊不足的人虽然没有呈现出良好的自我形象或社会形象，并不意味其不具有维持自身良好形象的需要。相反，是这种需要与自我意象之间产生了矛盾而导致心理失调，并表现出种种不健康的态度与行为。

影响儿童自尊的因素

1. 父母的教养方式

高自尊儿童父母教养的特点有四个：一是温暖、关爱，积极接纳孩子的特点和需求，热心参与孩子的游戏等活动；二是严格要求，要求明确，但不采取强制性管束；三是民主，对有关孩子事情的决策，给孩子表达观点的自由，耐心听取他的意见；四是以身作则，为孩子树立典范。

2. 同伴关系因素

建立同伴友谊关系和被集体接纳是自尊体验的两个重要因素。朋友的亲密程度高和被集体接纳的程度高是自尊的重要需求，亲密感有利于建立依恋与社会支持，有助于缓解压力和消极情绪的影响。

家长如何呵护孩子的自尊心

1. 尊重孩子

尊重孩子是为人父母的一个基本准则。每位家长都必须明白，在人格上，孩子是和自己平等的主体，他理应受到平等的对待。要想培养起孩子的自尊心，家长首先要做的就是尊重孩子。

要做到尊重孩子，家长首先要改变同孩子说话的口气，要把教导训斥的口气变为平等的交流的口气。其次，改变同孩子谈话的方式，要把居高临下批评教育的谈话方式变为协助讨论的谈话方式。尊重孩子最重要的表现是让孩子说话，让他把话说完，不要用你的判断代替他的判断。再次，当孩子犯错误或有不正确的想法时，家长应心平气和地和孩子讨论他们的所作所为，引导他们认识错误。家长应可以尝试说："我认为你是个好孩子，你这样做肯定有你的原因，那你说说看……。"

尊重孩子的另一方面是要教他把自己当成另外一个人来尊重，即尊重自己。只有尊重自己，继而承认自己，喜欢自己，这样一个生命才会对自身的存在产生价值感。只有当一个人感觉自己是有价值的，他的腰身才能挺直，才能在人前抬起高贵的头。所以说，自尊是一种情绪状态，也是一种做人的观念。尊严是生命之树的主干，如果一个人的精神世界没有尊严，那么他终生都趴在地上，无法站立起来。面对有财富权势的人，他会低眉顺眼；面对贫者或乞丐，他会一副不屑一顾的嘴脸！家长应该让孩子认识到：无论是富贵者，还是沿街乞讨的乞丐，都有平等的获得同样尊重的权利！

所以，我们培养孩子自尊心最重要的是尊重孩子。让我们的孩子无论何时何地面对什么样的情境都能不卑不亢。

2.信任孩子

要培养孩子的自尊心，家长就必须要信任孩子。家长首先信任孩子的人格，信任孩子是有自尊心的人、有责任心的人、能够自立的人。假如家长能把你的那种信任不断地传送给孩子，孩子想要做出与家长希望相反的行为就太难了。所以信任是对待孩子的第一态度，要相信孩子的话。家长不信任的态度将在孩子的心灵上留下怀疑的种子。

3.与孩子平等对话、沟通

培养孩子自尊心就要求家长与孩子平等对话，和孩子沟通。有对话就有沟通，不论是谁，只要进入对话状态，两人之间的关系马上变成平等地对待。如果成年人不能放低位置和孩子进行沟通，就根本无从知晓孩子的心中想什么。孩子是如何看待世界？为什么孩子对待微小的事物那么感兴趣？

一位年轻母亲带着五岁的女儿去逛街，街上车水马龙，人流拥挤，很是热闹，妈妈扯着孩子的小手，兴冲冲地往前走，嘴里时不时还和孩子说："宝宝，你看多热闹！"突然想到孩子有半天没有说话了，低头一看，孩子已经哭花了小脸。"怎么哭了，逛街不好吗？街上多有意思呀！"妈妈边说边蹲下帮孩子擦脸，在蹲下身来的一刹那，她蓦然呆住了——她视线可及的全部竟是满街扭动的屁股！

孩子眼中的世界和你眼中的世界是天壤之别。当成年人蹲下来与孩子平等对话、沟通，这将是这个孩子一生的幸事！

4.让孩子知道他是值得被赞赏和喜爱的

让孩子知道，要获得你的爱，只需要做他自己，而不需要刻意向你证明些什么；无论他是赢是输、成功或失败，都不会影响你对他的爱。

5. 积极正面地回应孩子的需求和情感

每位家长都曾遇到很多实在控制不住发怒的情况，但是朝孩子发火或给孩子冷遇，会让他觉得你的爱是有条件的：只有当他的表现符合你的期待时，你才会爱他。然而事实是，孩子们看上去最不可爱的时刻，往往是他们最需要你的爱的时刻。

6. 用同理心指导和规范孩子的行为，不要总是用惩罚来震慑

经常的惩罚毫无疑问会破坏自尊的建立。孩子们当然需要受到规范和限制，但是最好用同理心去和孩子沟通，帮助孩子学会管理自己的情绪，进而学会自己规范自己的行为。惩罚并不能帮助孩子学会管理自己的情绪和行为，它只会恶化愤怒情绪到无法自控的地步，久而久之会使他们内心产生一种自厌的情绪，觉得自己控制不住、怎么做也不对。

7. 给予孩子正确的表扬

表扬、鼓励和认可是必不可少的帮助孩子发展健康自尊的方法，因为这样做可以让孩子充分感受到自己是被关注、尊重、欣赏和重视的，帮助孩子发展出内在的自我激励能力，去应对各种挑战。但是，表扬的方式必须是符合现实的，否则将适得其反，这一点我们在下文将继续说到。

8. 支持和鼓励孩子去探索和接受挑战

鼓励孩子去探索新的东西或追求一个目标，比如研究一个新玩具、寻找一个新的朋友或学骑自行车。鼓励他自己去探索和应对挑战，而不是冲动地介入。

9. 帮助孩子从错误和失败中获得成长

在挑战和追求的过程中，孩子不可避免地会犯错误，或面临失败挫折。家长要引导孩子在错误和失败中获得成长的意义。很多家长不忍看着自己的孩子失败跌倒，但心理弹性是一种必须要学习和锻炼的重要能力。当我们以守护自尊之名将孩子严密保护，其实孩子是在受害。要让孩子明白人生应当如是：我们不可能总是赢，也没必要事事都做得最好。

10. 肯定孩子的每一个进步

当你在孩子身上看到一些积极的现象，请一定要告诉他，当孩子向着正确方向的任何进展，都要给予及时的肯定，鼓励他继续努力迈进。

11. 引导孩子自己解决问题而不是给孩子贴标签

家长要引导孩子成为问题的解决者，而不是把孩子看作问题。

12. 善于利用有关"失败"的谈话

孩子们通过自身的每一个经验来建立在这个世界上的信念。当事情的进展不如预期，他们往往会得出笼统的结论，比如"这些词我都拼错了……我不擅长拼写……我不是个好学生"。帮助你的孩子重构他的想法，让他知道任何挫折都是暂时的，通过努力下一次一定会有所进步，鼓励孩子自己去克服困难，让他亲身体验到努力对成功有多大的影响。

13. 避免将孩子与他人进行比较

"为什么你就不能做得像彼得一样好？"这样的评论，只会让你的孩子更加自卑。即使是正向的比较往往也具有潜在的破坏性，因为孩子可能会觉得这是父母的期望，但是他很难真的做到。

14. 让他无意中听到你在别人面前正面地评价他

有时候孩子对无意中听到的会更加相信，因此家长可以让孩子无意中听到你在别人面前正面地评价他，比如装作无意地说"他今天看书很认真，他主动帮助我做家务"等等。

15. 父母要做出积极的榜样

父母要以身作则，让孩子看到一个自尊的你：爱自己，愿意尝试新事物，从容应对挫折和挑战，拥有追求梦想的勇气和毅力。

16. 识别和纠正不正确的自我认识

及时发现和纠正孩子对自己持有的不正确的认识非常重要，帮助孩子建立正确的和现实的评估标准，从而帮助他们树立健康的自我概念。

三省吾身

△ 您是一位具有自尊心的家长吗？
△ 您的孩子具有自尊心吗？
△ 您打算为呵护自己孩子的自尊心做些什么？

亲子行动

亲子阅读

请您和自己的孩子一起阅读下面的三个小故事,然后一起讨论从中得到的收获,并请您指导孩子用自己的话讲述这三个故事。

弯弯腰,拾起你的尊严

七十多年前,一位挪威青年男子漂洋来到法国,他要报考著名的巴黎音乐学院。考试的时候,尽管他竭力将自己的水平发挥到最佳状态,但主考官还是没能看中他。

身无分文的青年男子来到学院外不远处一条繁华的街上,勒紧裤带在一棵榕树下拉起了手中的琴。他拉了一曲又一曲,吸引了无数人的驻足聆听。饥饿的青年男子最终捧起自己的琴盒,围观的人们纷纷掏钱放入琴盒。

一个无赖鄙夷地将钱扔在青年男子的脚下。青年男子看了看无赖,最终弯下腰拾起地上的钱递给无赖说:"先生,您的钱丢在了地上。"

无赖接过钱,重新扔在青年男子的脚下,再次傲慢地说:"这钱已经是你的了,你必须收下!"

青年男子再次看了看无赖,深深地对他鞠了个躬说:"先生,谢谢您的资助!刚才您掉了钱,我弯腰为您捡起。现在我的钱掉在了地上,麻烦您也为我捡起!"

无赖被青年男子出乎意料的举动震撼了,最终捡起地上的钱放入青年男子的琴盒,然后灰溜溜地走了。

围观者中有双眼睛一直默默关注着青年男子,是刚才的那位主考官。他将青年男子带回学院,最终录取了他。

这位青年男子叫比尔·撒丁,后来成为挪威小有名气的音乐家,他的代表作是《挺起你的胸膛》。

当我们陷入生活最低谷的时候,往往会招致许多无端的蔑视;当我们处在为生存苦苦挣扎的关头,往往又会遭遇肆意践踏你尊严的人。针锋相对的反抗是我们的本能,但往往会让那些缺知少德者更加暴虐。我们不如理智去应对,以一种宽容的心态去展示并维护我们的尊严。那时你会发现,任何邪恶在正义面前都无法站稳脚跟。

弯弯腰，拾起你的尊严！

人的自尊

亮子14岁那年，临考高中了，打起了退堂鼓，说什么也不愿再学习了。他爸妈气恨得要命，磨破嘴皮子又哄又骂，还是白搭。妈问亮子："你不上学，你想干啥？"亮子说："我啥也不想干！"妈又问："你啥也不想干，将来谁养活你？"亮子想也没想地竟回答："要饭！"妈上前抽了他一耳光，气愤地说："要饭轻巧，你要饭吃去吧！现在就去！"嚷完，一把将亮子推出了门外。

亮子愣也没愣，还真冒失地走出去，到邻近村子里讨饭去了。他走过一家又一家，走过了大半个村子，也没有勇气迈进人家的大门去。后来，他看到一个五十来岁的男人，正坐在自家的大门外端着饭碗吃面条。亮子近前站住了，还是张不开要饭的口。那男人瞧着他问："小孩，你干啥？"亮子这才嗫嚅地回话："要饭的。大伯给我口饭吃吧！"那男人没有马上给他饭吃，而是好奇地考问亮子："家里出事了？小小年纪为啥不读书？为啥不学技术做工去？"亮子一概不答。那男人似乎看透了亮子的行为和心思，便将吃剩下的一点面条，用筷子扒拉了一下，敲着碗说："给！只要不嫌脏，吃吧。"亮子看了一眼那男人的眼神，明显地感觉到是鄙视和厌恶自己。他从没有领略过这样的眼神，他顿时感到了难堪，恨不得找个老鼠窟窿钻进去，真比狠狠地揍了他一顿还痛苦。此刻的亮子连饭碗也没有接，眼含着泪水跑回家去了。

亮子后来努力学习，考上了全县最好的高中，后来又发奋考上了省里的名牌大学。当邻居笑着问亮子："你后来咋就不厌学习了呢？"亮子红着脸回答："人没有比失去自尊让人看不起更卑贱更难受的了。求别人不如求自己，干什么都比讨饭强！"

石油大王哈默的故事

八十多年前的一个冬天，美国南加州沃尔逊小镇上来了一群逃难的流亡者。镇长杰克逊大叔给一批又一批的流亡者送去粥食。这些流亡者，显然已好多天没有吃到这么好的食物了，他们接到东西，连一句感谢的话语也来不及说，就个个狼吞虎咽，大口大口地吃起来。

只有一个人例外。当杰克逊大叔将食物送到他的面前时，这个脸色苍白，骨瘦如柴的年轻人问：先生，吃您这么多东西，您有什么活儿需要我做吗？杰克逊大叔想，给一个流亡者一顿果腹的饮食，每一个善良的人都会这么做。于是他说：不，我没有什么活儿需要您来做。

那个流亡者的目光顿时黯下去了，他硕大的喉结剧烈地上下动了动说：先生，那我便不能随便吃您的东西，我不能没有经过劳动，便平白得到这些东西！杰克逊大叔想了想又说：我想起来了，我家确实有一些活儿需要您帮忙。不过，等您吃过饭后，我就给您派活儿。

"不，我现在就做活儿，等做完了您的活儿，我再吃这些东西！"那个青年站起来说。杰克逊大叔十分赞赏地望着这个青年人，但他知道这个年轻人已经两天没吃东西了，又走了这么远的路，可是不给他做些活儿，他是不会吃下这些东西的。杰克逊大叔思忖片刻说："小伙子，你愿意为我捶捶背吗？"说着，就蹲在那个青年人跟前。青年人只好也蹲下来，十分认真而细致地给杰克逊大叔轻轻地捶背。

捶了几分钟，杰克逊大叔十分惬意地站起来说："好了，小伙子，你捶得棒极了，刚才我的腰还直犯困，可现在，它舒服极了。"杰克逊大叔说完，将食物递给那个青年人。青年人立刻狼吞虎咽地吃起来。杰克逊大叔微笑着注视着那个青年说："小伙子，我的庄园现在太需要人手了，如果你愿意留下来的话，那我可就太高兴了。"

那个青年人就留下来，并很快成了杰克逊大叔庄园里的一把好手。过了两年，杰克逊大叔还把自己的女儿玛格珍妮许配给了他，杰克逊大叔告诉女儿说："别看他现在什么都没有，可他以后百分之百是个富翁，因为他有尊严！"

二十多年后，那个青年果然拥有了一笔让所有美国人都羡慕的财富。这个青年人就是美国石油大王哈默。

成长记录

请您将自己为呵护孩子的自尊心所开展的各项准备活动或措施及其效果记录在下表中。

时间	开展的具体活动或措施	活动或措施的效果	备注

那拉提的初雪（局部） 布面油画 150cm×200cm 2015 年

08

记忆力的秘密
——如何帮助孩子提高记忆力

启智故事

记忆力惊人的世界首富

世界首富比尔·盖茨小时候在学校里学习出众，而且记忆力尤其令人吃惊。他的英文老师安妮·史蒂芬斯对小盖茨的记忆力印象较深。在学校的一次戏剧演出《黑色喜剧》中，小盖茨出人意料地竟将一段长达三页的独白背诵出来，而且完整无误，令许多同学羡慕不已。他的老师回忆道，每当教师讲课中出现由于犹豫而吞吞吐吐的情况时，盖茨往往似乎要脱口而出地说："这就是……。"

还有更令人吃惊的事，小盖茨那时11岁，参加了一次背诵大赛。这事还得慢慢说起。

小盖茨小时候上的是公理会的教会学校，参加过唱诗班和童子军。尽管他对宗教之类的《圣经》并不太感兴趣，但也读过一些。那一次，西雅图大学社区公理会教堂德高望重的泰勒牧师，向盖茨所在的班级宣布：谁要是背诵出《马太福音》5—7章的全部内容，就会被他邀请去西雅图的"太空针"高塔餐厅参加免费聚餐会。

"太空针"高塔高153.3米，登上"太空针"高塔餐厅可以看到所有西雅图的头面人物，因此可以说，该餐厅是西雅图最高级、最体面的地方。

不过，要获得与泰勒牧师在这家餐厅共进晚餐的机会决非易事，因为"世上没有白吃的午餐"。在几十年教书生涯中，泰勒牧师形成了一个惯例：每年都要求他的学生背诵这几个章节。说实话，这几个章节既长又松，连贯性不强，还很拗口。据牧师说，他至今还没有遇见一个学生能够一字不漏地完整地背下来。但是，盖茨却做到了。

小盖茨信心十足、抑扬顿挫地背了起来，一口气，朗朗有声，没有一个错误，没有一处卡壳。

11岁的孩子竟然有如此惊人的记忆力，实在令人震惊！泰勒后来回忆说："只有那天到了他家，才知道他具有一种特殊的才能，是一个与众不同的孩子。我无法想象他竟有如此高的天赋……他喜欢接受挑战。尽管'太空针'高塔的聚会极富诱惑力，但是大多接受挑战的孩子并没有为此做出艰辛努力，只有比尔·盖茨做到了。"

牧师随后就这段文字向小盖茨提了几个问题，都得到了比较令人满意的回答。牧师当时不禁问小盖茨是怎么背下这么长的文字的。

小盖茨不假思索地回答："只要我竭尽全力，我就能做成任何我愿意做的事情！"

是狂妄还是自信，以后的事实给了明确的回答。在153.3米高的"太空针"高塔豪华旋转餐厅里，小盖茨与其他31个勉强背完这几个章节的获胜者一道同泰勒牧师共进晚餐。他非常高兴，因为这似乎是他获得的第一个大胜利。当小盖茨第一次居高临下地俯视着西雅图充满神秘的夜景时，对未来不禁充满了成功的憧憬，心潮也不免澎湃起来。

记忆大师这样炼成

郑爱强是第23届世界脑力锦标赛中国总决赛成年组的冠军，国内历史排名第三。郑爱强来自泉港，现在是武汉大学的一名应届毕业生。郑爱强说自己小时候记忆一般，有时候也常为记忆英语单词和书本知识而烦恼。而他的数学却是强项，逻辑思维比较好，数学经常考第一。

"我们记忆主要靠右脑，以前也没有发现自己右脑有这方面的潜能。"郑爱强说，记忆训练主要是开发右脑，激发右脑的记忆潜能，右脑的记忆力是左脑的100万倍。也许是潜能发挥的作用，他在刻苦努力的同时，成绩进步也非常快。

苏清波是中国总决赛成年组的亚军，世界脑力锦标赛国内历史排名第十，现在是集美大学大四学生。"我能这么快入门可能和小时候在形象思维方面有优势有关。"苏清波说。小时候，他在情景记忆和人脸识别上的能力较强。看到陌生人的脸一次，在很久以后再见到还能认出来，并能回忆起当时的场景。

他第一次了解世界脑力锦标赛，是在今年三月份买书备战考研的时候。"我那时买了本有关记忆训练的书籍，原是为了让考研复习更有效率，却未曾想因此而放弃考研。"苏清波说，书中介绍的记忆方法让他很好奇，学习了几天后，他第一次记忆扑克牌竟只用了三分半钟，这是初学了几个月的人都难以达到的成绩，这让苏清波兴奋不已。

说起与记忆结缘，郑爱强说也要回溯到他上大三时。2012年，郑爱强听了中国记忆精英战队总教练袁文魁等人的讲座后，立即决定跟随他们学习。他参加学校记忆协会，接触了几个月的记忆法。

郑爱强一直有一个信念：未来一定要站在世界脑力锦标赛的最高领奖台上。为了实现这个梦想，毕业后，郑爱强放弃找工作和考研，就连创业也都不再提，一心只放在准备比赛上。虽然遭到父母的强烈反对，但为了梦想他义无反顾。

去年他加入文魁大脑俱乐部训练。每天训练强度在八个小时以上。记忆训练对他而言，是孤独而枯燥的，要克服的，有技术和心态两方面。

"技术上，比如记忆的编码不好用，要不断去优化。"郑爱强说，训练中经常会遇到编码难用、出错等情况，这时候就要换个角度思考编码，比如：99原来编码为舅舅，经常出错，换成"冰冻的冰块"就很好用，也从没出错过。

郑爱强说，有一种记忆法叫地点法，就是把要记的东西变成图片或者物体，放在屋子的某个地方，回忆时想象自己在屋里走。地点是信息载体，也是我们司空见惯的比如门、桌子、椅子之类的。我们在地点上进行联想想象画面，将编码和地点联系起来。比如记忆数字9900时，00是望远镜，99是冻住，假想在门上一副望远镜被冻住，这是一幅记忆画面。每个地点都是相同的处理。

在心态上，要克服浮躁静不下心来训练，以及对比赛的畏惧和不自信。"这些感觉我在后期的模拟赛、正规赛中不断消失，这是我从比赛中收获最大的方面。"

苏清波说，除了暑假与郑爱强一起参加了21天的集训外，平时他都是一个人孤身备战，最难的就是会遇到瓶颈。"当你用1分钟能记忆一副牌后，你要突破用40秒完成记忆就有困难。"苏清波说。每次成绩突破的阶段就有瓶颈，这时他会到网上咨询一些参赛过的前辈。"技巧是需要自己领悟的，能从中获得的主要是心态的调整和一些备战经验。"

首次参加世界脑力锦标赛，郑爱强便以4584分的成绩拔得头筹，郑爱强却对自己的成绩"不满意"。"比赛期间，我犯了肠胃炎，间接地影响了比赛。在此之前的测试中，我曾得过5000多分的成绩，所以对这次的成绩还是有些落差。"

作为竞技型选手，很多人误认为他们天天对着数字和扑克没有什么价值，但郑爱强说，他们学到悟到的这套记忆方法，在实用记忆中有很大作用。

"记忆法目前对我帮助最大的就是记忆单词以及利用思维导图学习化学知识。"郑爱强说，记忆法涉及很多技巧方法，记忆时根据不同单词情况选择记忆方法。他说在英语单词记忆中，就可以拆字母并赋予它们形象进行记忆。比如英文hippo（河马），可以拆字母hi（想成"嗨"），pp（想成"屁屁"），o（想成"圆"），编成故事：嗨河马，你的屁屁好圆！

通过记忆训练后，苏清波觉得生活和学习似乎轻松了不少。生活中常会记到的电话号码、公交路线、人名地名等对他来说轻而易举。而学习上，记忆知识点的时间也明显缩短，

"看到一个信息脑子里就能很快跳出编码的图像并编出故事记忆。"苏清波说。记忆训练可以帮助知识记忆速度的提高,但要有学习上的明显进步,还需要理解领悟能力的培养。

除了记性好,苏清波说,过去自己比较浮躁、好动,自从参赛后人变得淡定从容许多。"比赛是对内心的历练,重复的高强度训练和对准确率的高要求需要的是毅力和耐性。"

名人的记忆力

※ 罗马凯撒大帝:

能记住每一个士兵的面孔和名字。

※ 亚里斯多德:

几乎能把所有看过的书一字不差地背诵出来。

※ 拿破仑:

能准确记住设置在法国海岸的大炮种类和位置,如果部下报告错误,他能及时纠错。他在制定法定的会议上能随口引证19岁时候在禁闭室看过的罗马法典。

※ 列宁:

列宁的记忆力非常出色,他能准确记住国民经济统计的繁杂资料,并能对阅读过的资料了如指掌。他常常指导他的助手,到哪本书的哪一页去查证他所要的资料,助手一翻,果然如此。

※ 托斯卡尼尼:

指挥整个交响乐章可以不用乐谱。

※ 法利(美国前邮政部长):能记住成千上万个人的姓名。

※ 诺贝尔奖与犹太人:

犹太人占据了诺贝尔奖的30%,这个民族非常重视记忆,其教育以记忆为中心,强调反复朗读,背诵《旧约》。迄今为止的四百多位诺贝尔奖获得者,并非都是与生俱来的天才,他们有的出身贫寒,有的身体残疾,有的在学校成绩平平,有的甚至愚钝……那么是什么使得他们成为一流的人才的呢,一句话就是科学的记忆方法。他们共同的特征之一,就是他们在学习期间都掌握了富有成效的记忆方法。

沈从文的超强的记忆力

"湘西才子"沈从文也具有超强的记忆力。他为学生们开列书目,并不用翻阅资料,甚至注明出处和卷数以及大约页数。他给中央美术学院讲过古代丝绸锦缎课,除了随带的珍贵古丝绸锦缎原件之外,几乎是空手而至,站在讲台上把近百的分期和断代信口讲出来。沈从文先生曾花费了半生心血,历经磨难,整理好的关于中国古代服饰的研究文稿,但却在"文革"期间被定性为黑书毒草。其惨淡经营起来的藏书和资料全部损失,本人也遭到各种迫害甚至被下放到农村养猪种菜。但他并未灰心丧气,凭着惊人的毅力和超人的记忆力,在手边没有任何参考资料和笔记的情况下,硬是将满脑子里的丝、漆、铜、玉、花花朵朵、坛坛罐罐反复回忆温习,把图稿中疏忽遗漏或多余处一一用签条记忆下来,写成《中国古代服饰的研究》一书。

曹操烧兵书

张松去许都求见曹操,曹操见张松矮小,相貌又丑,便有意冷落他,边洗足边接见,使张松憋了一肚子气。次日,曹操掌库主簿杨修拿出曹操新著兵书《孟德新书》给张松看,意欲显示曹操的才华。张松看了一遍即记了下来,故意笑曰:"此书吾蜀中三尺小童,亦能暗诵,何为新书?此是战国无名氏所作。"杨修不信,张松说:"如不信,我试诵之。"遂将《孟德新书》从头至尾朗诵一遍,并无一字差错。杨修大惊,就去告知曹操。曹操奇怪地说:"莫非古人和我想的都一样?"认为自己的书没有新意,就让人把那本书烧了。其实曹操上了张松的大当:张松用他惊人的记忆力,把整部《孟德新书》硬是背了下来。

一目十行

南朝梁武帝萧衍的三儿子萧纲聪明过人,六岁时就能写文章,而且语句流畅,辞采华美。父亲称赞他说:"我这个儿子快赶上七步成诗的曹植啦!"

萧纲非常喜欢读书,而且看得极快,一眼可以看完十行文字。别人需要逐字逐句细嚼慢咽地消化时,他却能够通篇扫一眼就抓住要害。随着年龄的增长,萧纲读的书越来越多,阅读的能力也越来越强,读书的速度惊人,能够"十行俱下"。萧纲读遍了各种各样的书籍，学识十分渊博。他尤其喜欢诗辞歌赋，下笔就能写出一篇，而且写得很精彩。他办事也很干练，十几岁就能独立处理事务。后来萧纲继承了王位，做了梁简文帝。

智慧导航

记忆与遗忘

人们过去见过的、听过的、嗅过的、尝过的、触摸过的、思考过的、体验过的对象及动作等，都可以在头脑里留下痕迹，以后还会再现或回忆出来，这都是记忆现象。记忆是人脑对经验过事物的识记、保持、再现或再认，它是进行思维、想象等高级心理活动的基础。人类记忆与大脑海马结构、大脑内部的化学成分变化有关。记忆作为一种基本的心理过程，是和其他心理活动密切联系着的。记忆联结着人的心理活动，是人们学习、工作和生活的基本机能。把抽象无序转变成形象有序的过程就是记忆的关键。记忆在智力结构中占有重要地位，是智力活动的基础。人的智力结构中的诸因素都离不开记忆，没有记忆，无论是观察、想象、思维或注意都无法进行，所以我们要加强对小学生记忆力的辅导，以提高小学生的智力水平。

记忆的基本过程是由识记、保持、回忆和再认三个环节组成的。识记是记忆过程的开端，是对事物的识别和记住，并形成一定印象的过程。保持是对识记内容的一种强化过程，使之能更好地成为人的经验。回忆和再认是对过去经验的两种不同再现形式。记忆过程中的这三个环节是相互联系、相互制约的。识记是保持的前提，没有保持也就没有回忆和再认，而回忆和再认又是检验识记和保持效果好坏的指标。由此看来，记忆的这三个环节缺一不可。记忆的基本过程也可简单的分成"记"和"忆"的过程，"记"包括识记、保持，"忆"包括回忆和再认。

遗忘是指识记过的材料不能回忆和再认，或者回忆和再认有错误的现象。按照信息加工的观点，遗忘过程在记忆的不同阶段都存在。遗忘基本上是一种正常、合理的心理现象。因为感知过的事物没有全部记忆的必要，识记材料的重要性具有时效性，是人心理健康和正常生活所必需的。

遗忘虽是一种复杂的心理现象，但其发生发展也是有一定规律的。德国心理学家艾宾浩斯最早进行了这方面的研究并绘制出遗忘曲线。遗忘曲线所反映的是遗忘变量和时间变量之间的关系。该曲线表明了遗忘的规律：遗忘的进程是不均衡的，在识记之后最初一段时间里遗忘量比较大，以后逐渐减小。即遗忘的速度是先快后慢的。产生遗忘的原因，既有生理方面的，如因疾病、疲劳等因素造成的遗忘，也有心理方面的。

记忆的类型

根据记忆的内容，可以把记忆分成四种：

1. 形象记忆

以感知过的事物形象为内容的记忆叫形象记忆。这些具体形象可以是视觉的，也可以是听觉的、嗅觉的、触觉的或味觉的形象，如人们对看过的一幅画，听过的一首乐曲的记忆就是形象记忆。这类记忆的显著特点是保存事物的感性特征，具有典型的直观性。

2. 情绪记忆

是以过去体验过的情绪或情感为内容的记忆。如学生对接到大学录取通知书时的愉快心情的记忆等。人们在认识事物或与人交往的过程中，总会带有一定的情绪色彩或情感内容，这些情绪或情感也作为记忆的内容而被存贮进大脑，成为人的心理内容的一部分。情绪记忆往往是一次形成而经久不忘的，对人的行为具有较大的影响作用。如教师对某个学生的第一印象会在很大程度上影响对该生的态度、行为，就是因为这一印象是与情绪相连的。情绪记忆的映象有时比其他形式的记忆映象更持久，即使人们对引起某种情绪体验的事实早已忘记，但情绪体验仍然保持着。

3. 逻辑记忆

是以思想、概念或命题等形式为内容的记忆。如对数学定理、公式、哲学命题等内容的记忆。这类记忆是以抽象逻辑思维为基础的，具有概括性、理解性和逻辑性等特点。

4. 动作记忆（运动记忆）

是以人们过去的操作性行为为内容的记忆。凡是人们头脑里所保持的做过的动作及动作模式，都属于动作记忆。如上体育课时的体操动作、武术套路，上实验课时的操作过程等都会在头脑中留下一定的痕迹。这类记忆对于人们动作的连贯性、精确性等具有重要意义，是动作技能形成的基础。

以上四种记忆形式既有区别，又紧密联系在一起。如动作记忆中具有鲜明的形象性。逻辑记忆如果没有情绪记忆，其内容是很难长久保持的。

按保存时间，可以将记忆分为以下三种：

1. 瞬时记忆

瞬时记忆又叫感觉记忆，这种记忆是指作用于人们的刺激停止后，刺激信息在感觉通道内的短暂保留。信息的保存时间很短，一般在0.25至2秒之间。瞬时记忆的内容只有经过注意才能被意识到，进入短时记忆。

2. 短时记忆

短时记忆是保持时间大约在1分钟之内的记忆。根据实验研究，在没有复述的情况下，18秒后回忆的正确率就下降到10%左右。如不经复述大约在1分钟之内就会衰退或消失。有人认为，短时记忆也是工作记忆，是一种为当前动作而服务的记忆，即人在工作状态下所需记忆内容的短暂提取与保留。

短时记忆有三个特点：一是记忆容量有限，据研究为7±2个组块。"组块"就是记忆单位，组块的大小因人的知识经验等的不同而有所不同。组块可以是一个字、一个词、一个数字，也可以是一个短语、句子、字表等。二是短时记忆以听觉编码为主，兼有视觉编码。三是短时记忆的内容一般要经过复述才能进入长时记忆。

3. 长时记忆

长时记忆指信息经过充分的和有一定深度的加工后，在头脑中长时间保留下来的记忆。从时间上看，凡是在头脑中保留时间超过1分钟的记忆都是长时记忆。长时记忆的容量很大，所存贮的信息也都经过意义编码。我们平时常说的记忆好坏，主要是指长时记忆。

瞬时记忆系统、短时记忆系统和长时记忆系统虽各有自己的对信息加工的特点，但从时间衔接看是连续的，关系也是很密切的。

良好记忆品质的特征

1. 记忆的敏捷性。这是记忆的速度和效率特征。成语"过目成诵"就是针对记忆的敏捷性而言的。

2. 记忆的持久性。这是记忆的保持特性。有些老人在晚年还能回忆起幼年经历的许多细节，记忆仍保持很高的工作效率。

3. 记忆的准确性。这是记忆的正确和精确特征。有人能正确背诵圆周率小数点以后的200位，其记忆力可谓惊人。

4. 记忆的储备性。这是记忆的提取和应用特征。在实际需要时，能迅速、灵活地提取信息，回忆所需内容。

以上四个特征相互联系、相互影响。只有具备这4个特征，才是良好的记忆品质。

小学生记忆发展的特点

一、小学生记忆量的发展

小学生记忆量的发展主要表现在记忆广度和记忆保持时间两个方面。

1. 记忆广度是指儿童在单位时间内所记住材料的最大数量。儿童的记忆广度随年龄的增长而不断扩大。研究表明，学前儿童和小学儿童同时识记15个单词，学前儿童平均只能识记3个—5个，而小学儿童平均能识记6个—8个。小学高年级儿童所能记忆的材料的数量增加较快。

2. 记忆保持时间是指从识记材料开始到能对材料回忆之间的间隔时间。儿童记忆保持时间随着年龄的增加而延长，记忆保持时间在8岁、10岁、12岁有较大幅度的增长。儿童记忆保持时间的长短还受很多因素的影响，例如，儿童是否对材料感兴趣，对记忆对象的感知是否清晰，记忆对象能否引起儿童的情绪体验，以及对识记材料是否理解等。一般而言，凡是儿童感兴趣、引起儿童强烈情绪体验的事物，儿童易于理解的事物记忆保持时间较长一些。

二、小学生记忆质的发展

小学生的记忆能力正在发生着本质的变化，主要表现为：

1. 有意识记逐渐占主导地位

小学生的无意识记和有意识记的效果会随年龄的增长而递增，有意识记的增长速度更为明显。一般来说，小学生入学时，无意识记占主导地位。随着年级的增长，有意识记效果赶上无意识记效果，最后有意识记的效果超过无意识记的效果，有意识记逐渐占主导地位。

2. 意义识记在逐步发展

从记忆方法上说，小学生意义识记正在逐步发展乃至占主导地位。一般来说，学前儿童和低年级小学生主要采取机械识记的方法，中高年级小学生比较多地采用意义识记的方法。小学低年级的学生由于知识经验比较贫乏，抽象逻辑思维欠缺，对学习材料不易理解，也不会进行信息加工，因而在学习功课时较多地运用机械识记，右脑。到了中高年级，由于他们知识经验日益丰富，抽象逻辑思维不断发展，在学习活动中运用意义识记的比例逐渐增大。

3. 在形象记忆的基础上抽象记忆迅速发展

从识记的内容上说，小学生在形象记忆的基础上，对词的抽象记忆也在迅速发展。小学低年级学生，由于第一信号系统活动占优势，在头脑中和第一信号系统相联系的事物的具体形象容易记住。到了中高年级，学生掌握的语词量不断增加，第二信号系统的活动逐渐占优势，所学课本的内容大多是些抽象的词、数字或符号，所以他们的抽象记忆也渐渐占主导地位。但对小学生来说，他们在记忆抽象的材料时，主要还是以事物的具体形象为基础，即形象记忆仍起着重要作用。

家长如何培养孩子的记忆力

1. 激发孩子记忆的兴趣

有兴趣的事情容易记忆，兴趣越强烈，就越容易记得牢。儿童对有兴趣的东西能眉飞色舞地讲出来，表现出很强的记忆力。那么，怎样才能激发孩子对记忆的兴趣呢？首先，要让孩子在心情舒畅时记忆，心绪好对记忆的保持也是有益的。不要在责骂孩子后让他去记忆东西，这时的记忆效果肯定不会好。其次，将记忆的内容加以改造，使之有趣。比如，父母可以和孩子一起把要记忆的内容编成故事。因为故事一般都有情节、有趣味，生动形象，容易记住。另外，可以运用打比方、联想的办法去增强记忆的趣味性，提高记忆效果。

2. 借助游戏提高孩子的记忆力

游戏是孩子最喜爱的一种活动，可以巩固和丰富孩子的知识，可以发展孩子的语言和智力，也可以提高孩子的记忆力。

3. 要让孩子在理解的基础上记忆

俗话说，欲要记得，先要懂得。孩子只有在理解了所学习的内容后，才能花很少的工夫把它记牢。父母要让孩子在弄懂要记的内容的基础上再去记忆，这样，就可有事半功倍的效果。

4. 通过动作演示准确记忆

有些知识利用动作演示，孩子就会准确理解并记忆。如古诗《静夜思》中有一句"举头望明月"，其中"举头"一词，通过动作演示，孩子尝试练习，准确地理解词意，在以后的提问中记忆犹新。又如看图讲述"小马过河"，图片中小马试探河的深浅，在河中慢慢走过的情景动作，通过模仿孩子能理解词意思，体会小马的焦虑、犹豫和成功后的喜悦等。增强了记忆，培养了孩子的情商。

5. 复习是记忆之母

根据遗忘的规律，刚学完的新知识，其遗忘的速度是最快的。所以，复习越及时遗忘得越少。但是重复学习是有讲究的，一般来说，已经记住的东西遗忘有先快后慢的特点，复习也要针对遗忘的这种特点来进行。刚学过的要多复习，以后的次数可以逐渐减少，间隔时间可以逐渐加长；在复习时，家长要帮孩子找出他最佳的记忆时间。有人认为，早晨起床后学习最为有效，因为这时头脑最清醒。有的人睡觉前的记忆效果最好，因为学习后立即入睡，没有什么干扰，可以减少遗忘。每个人的最佳复习时间并不一样，父母要让孩子找出自己最佳的复习时间，提高学习效果。另外，在孩子复习时，要排除干扰，集中注意力。

6. 发散思维创造记忆

发散思维是思维者根据问题提供的信息，不依常规寻求变化，利用联想促进记忆。智力超常儿童往往联想丰富，许多发明创造是由联想引起的。如牛顿从苹果落地发现万有引力定律。采用联想法易于记忆减少枯燥感，是获得答案的一种思维形式，其特点具有极大的主动性和创造性。因此让孩子进行多种发散思维，创造性地掌握和记忆知识，引导他从多个角度考虑同一个问题，寻求多种答案，通过创造记忆知识。

7. 教给孩子科学记忆方法

帮助记忆得方法很多，如归类记忆法，把同类的事物归在一起，建立一定的联系，记忆的效果就会好；歌诀记忆法，把记忆的材料编成口诀，形成一定的节奏和韵律，以提高记忆效果；自我复述法，把识记的材料变成自己的话，以加强记忆；重复记忆法，通过反复阅读来巩固记忆；联想记忆法，智力超常儿童往往联想丰富，许多发明创造是由联想引起的；直观现象记忆法，根据幼儿的直观形象特点，充分利用直观教具，帮助孩子记忆；多种感官参与记忆法，在记忆东西时，可以让孩子边读、边写、边听、边说，手、脑、耳并用，这样有利于发挥多种感官的作用，增强记忆效果。

8. 要给孩子安排科学的饮食

良好的记忆力需要有发育良好的大脑，并能充分发挥大脑正常的生理作用。增强孩子的记忆力，父母要合理安排孩子的饮食，保证孩子吃足够的蛋黄、瘦肉、鱼肉、海产品、水果、豆制品和葡萄糖，并且不要让孩子暴饮暴食。

科学记忆方法

人的记忆潜能是无限的，大脑有很强的潜力和可塑性，只要勤学苦练、方法得当，任何人都能拥有"最强大脑"。记忆技巧主要有视觉记忆、听觉记忆和动觉记忆三大类型，不同的人在记忆时的感官倾向不同，但大部分人以视觉记忆为主，而记忆训练多以开发右脑的图像想象记忆为主。以下介绍了几种常见的记忆技巧与方法。

1. 理解记忆法

要在初步理解的基础上背诵。理解得越深，越容易记忆背诵。背诵课文要尽量运用意义记忆，即加强理解记忆。要反对不求甚解的死读书的学习方法。而死记硬背这种方法，不仅不好记，而且短时间内会忘掉，背诵一篇或一段文章时，首先要通读全文，弄清文章的主旨，然后了解文章的层次，来龙去脉，掌握文章的语言特点，抓住一些起关联作用的词语和句子，通过先分析、后综合，这样背诵起来就快得多了。背诵也要引导得法，如背诵议论文，可以从分析论点、论据、论证入手；背诵记叙文，可以从了解和掌握有关事实、记叙顺序入手。

2. 快速诵读法

背诵是在朗读和默读的基础上熟悉书面材料的结果。在初步理解文章后，要始而反复朗读，继而反复默读。只有熟读，才能加深理解，才能成诵。实验证明，持续性的缓慢阅读，不但费时费力，而且会使记忆信号中断；反之，读熟课文之后，逐步加快阅读速度，则可在大脑皮层形成连贯的信号刺激，从而强化记忆效果，提高背诵速度。

3. 提纲挈领法

古人云："举一纲而万目张。"文章的"纲"便是文章的脉络，而文章的脉络又体现着作者的写作思路。所以，背诵课文时，一定要根据作者的写作思路和行文顺序顺藤摸瓜，由句到段；由段到篇，前勾后连；上递下接，环环紧扣，连绵不断。这样，不但背得快，而且记得牢。只要按照作者的写作思路和行文顺序边读边想，边想边背，背诵也就不太困难了。

4. 求同存异法

某些诗文具有"重章复唱"的特点，各章（段）字句大体相同，因此，在背熟第一章（段）后，按照规律只要找出其余各章（段）不同的字句并记住它们就可以了。

5. 关联词提示法

关联词不但能体现复句关系和句群关系，而且也能体现议论文的内在联系，有人说，关联词是议论文的语言轨迹。因此，及时把握关联词这个"语言轨迹"，对背诵议论文是有很大帮助的。

6. 辞格勾连法

教科书中要求背诵的课文皆为名家名篇，而名家名篇在修辞格的运用上自有独到之处。因此，从背诵课文所用的修辞格入手，采用上勾下连的方式，往往可以收到意料不到的背诵效果。只要按照作者所用的修辞格的句式特点逐句对照，上勾下连，背诵这段文字同样是不太困难的。

7. 听录音背诵法

生理学家认为，让视觉和听觉共同参与记忆，要比单用视觉或听觉，提高记忆效果30%至40%，这种记忆方法，人们称为"协同记忆法"。根据这一理论，在练习背诵时，可适当播放课文录音，使学生边读课文，边听录音，从而形成记忆信息的双向刺激，以强化记忆效果。

8. 趣味记忆法

当孩子练习背诵达到一定程度时，为了进一步强化记忆，消除持续背诵造成的单调感、疲劳感，依据"寓教于乐"的原则，可以采用以下方法来提高背诵兴趣：①"对歌"式背诵法。即模仿山区或某些兄弟民族"对歌"的方式，由甲、乙两人每人一句，轮流背诵；②"接力赛"式背诵法，即摹仿体育运动中接力赛跑的方式，由三人每人一句，上递下接，循环往复；③"叠罗汉"式背诵法，即模仿杂技演员"叠罗汉"的方式由第一人背诵第一句，第二人接背二、三句，以下依次每人递增一句，连续不断，直到背完为止。以上方法不但趣味性强，而且参与面广，并能增强学生的群体意识，不妨一试。

9. 分层记忆法

理解是记忆的前提和基础。分层背诵法，就是先理解背诵部分的总的意思，然后把它分为几个层次，归纳概括出每层的意思，了解层与层之间的内在联系，把思路理清，将各层的意思连贯起来，在此基础上，再反复诵读几遍，就能较快地背诵下来。这种方法适合于背诵段落或篇幅不长的课文。

10. 图表记忆法

图表是一种直观的简化的表达方式。采用这种方法，首先要把背诵章段的结构，用主要词语（最好是原文）设计成图表，然后对照图表诵读几遍，再依据图表尝试背诵，就能较快地背诵下来。

11. 三步记忆法

第一步是抓住文章的思想用脑默记，第二步是闭目回忆，实在回忆不起来时，就"偷看"一下，第三步是迅速反复，多次诵读。

12. 联想法记忆

当一种事物和另一种事物相类似时，往往会从这一事物引起对另一事物的联想。把记忆的材料与自己体验过的事物连结起来，记忆效果就好。在外语单词里，有发音相似的，有意义相似的，这些都可以利用相似联想法来帮助记忆。把字形、字音相近，能互相引起联想的字编成一组一组的，像把"扬、肠、场、畅、汤"放在一起记，把"情、清、请、晴、睛"放在一起记。每组汉字的右边都是相同，每组字的汉语拼音也有共性，前一组的汉语拼音后面都是"ang"，后一组的汉语拼音都是"qing"，这样就可以学得快、记得住。

联想的方法是多种多样的。指导孩子进行联想记忆，可采用相似联想、接近联想、对比联想等不同方法。

13. 多通道记忆法

要记忆外部信息，必先接受这些信息，而接受信息的"通道"不止一条，有视觉、听觉、动觉、触觉等等。有多种感知觉参与的记忆，叫做"多通道"记忆。这种记忆方法效果比单通道记忆强得多。

宋代大学者朱熹说读书要三到："谓心到、眼到、口到。心不在此，则眼看不仔细。心眼既不专一，决不能记，记亦不能久也。三到之中，心到最急，心既到矣、眼、口岂不到乎？"现代科学研究表明，人从视觉获得的知识，能够记住25%，从听觉获得的知识能够记住15%，若把视觉与听觉结合起来，能够记住65%。多通道记忆法动员脑的各部位协同合作，来接收和处理信息。用这种方法来学习语文、外语等课程，其效果最为显著。上课记笔记也具有多通道记忆的作用。记笔记并不是要孩子把老师说的每句话都记下来。写字比听话慢，如果逐字逐句去记，不但记不下，而且还会影响听讲，达不到记笔记的目的。正确的做法是，以听懂为第一，边听边积极思维，总结出老师讲课内容的要点，记下几个关键的字或句子。

14. 分类记忆法

若将必须记忆的内容按一定要求进行分类，那么，记忆就要容易得多。实际上，分类过程是一个理解的过程，本身就已经具有记忆的功能，孩子一边在分类，一边在理解，一边就已经在记忆了。

如果要记忆下列十种物品：猫、帽子、狗、挂钟、桌子、衣柜、眼镜、鹦鹉、鞋子和戒指。让孩子使用反复背诵的强记方法也可以，但往往要化比较多的时间，并且过不了多久就会忘记。为了便于记忆，我们可以让孩子把上述的十种物品先加以分类，比如：猫、狗、鹦鹉是动物，帽子、眼镜、鞋子、戒指是穿戴在身上的东西，挂钟、桌子、衣柜则是家里的摆设。把这些物品一一加以分类之后，就容易记忆了。

15. 谐音记忆法

这是让孩子利用谐音来帮助记忆的一种方法。许多学习材料很难记忆，在它们之间不易找出有意义的联系，例如，历史年代、统计数字等等。如果对这些学习材料利用谐音加某种外部联系，这样就便于贮存，易于回忆。

16. 口诀记忆法

把记忆材料编成口诀或合辙押韵的句子来提高记忆效果的方法，叫做口诀记忆法。这种方法可以缩小记忆材料的绝对数量，把记忆材料分组、组块来记忆，加大信息浓度，增强趣味性，不但可减轻大脑负担，而且记得牢，避免遗漏。心理学研究表明，人的记忆是以"组块"为单位。每一个组块内的信息量多少是相对的。一个字尽可以看作一个组块；一个单词，一个词组也可以看作一个组块；一个句子也可以作为一个组块。组块内部的信息不是各自孤立，而是相互联结的。如果善于把记忆材料分成适当的组块，就能够大大提高记忆效果。口诀记忆法就是符合组块规律的一种记忆方法。例如，我国的二十四节气歌、乘法口诀、珠算口诀、五笔字型输入字根表等，都是运用口诀记忆法进行记忆的例子。

小学生记忆英语单词的十个方法

1. 分类记忆

把单词进行分类，如：颜色、文具、动物、食品、称谓、职业等，进行分类记忆。

2. 整体记忆

把几个字母看作一个整体来记。如"ow"再加上不同的字母，可组成"how,cow,low,now,town,down,know"等；"ight"，再在前面加上不同的字母，可组成"eight,light,right,fight,night,sight"等。

3. 形象记忆

如："tree"把 tr 看成树干和树枝，把 ee 看成树叶。"eye"把两个 e 看成两个眼，中间的 y 是鼻子。"banana"把 a 看成一个个的香蕉。"bird"把 b 和 d 看成两个翅膀等等。

4. 加法记忆

如：sun+glasses=sunglasses

rain+coat=raincoat,fire+man=fireman

5. 比较记忆

（1）英汉比较如：coke-cola,T-shirt,hamburger,beer,bar,fee

（2）单复数的比较如：good-goods,glass-glasses,wood-woods

（3）同音词的比较如：,eye-I,see-sea,son-sun,right-write

6. 读音记忆

根据字母组合、读音规则进行记忆，会读一个单词，便会拼写出来。

7. 感官记忆

记单词时，不要只用一种感官，尽可能地用多个感官，耳听、嘴读、手写、眼看、心记等。

8. 卡片记忆

自制单词卡片，随身带着，有空就拿出来读一读，记一记单词。

9. 复习记忆

记住了的单词，过段时间不看，就忘记了，所以每隔一段时间要进行复习，巩固所学单词。

10. 睡眠记忆

晚上睡前读两遍要记的单词，然后睡觉，第二天醒来后再读两遍，这样记忆效果不错。

三省吾身

△ 您是一位博闻强记的家长吗？

△ 您的孩子掌握了科学的记忆方法吗？

△ 您打算为培养自己孩子的记忆力做些什么？

亲子行动

亲子阅读

请您和自己的孩子一起阅读下面的三个小故事，然后一起讨论从中得到的收获，并请您指导孩子用自己的话讲述这三个故事。

林肯的故事

林肯是位具有伟大人格和辉煌人生的美国总统，他被美国人当作圣贤。

林肯小时候，父母都是垦荒者，收入很低，生活贫困。一日三餐，勉强充饥，根本没有钱买玩具、连环画和书。

父母白天到外面去做工，晚上回来。七岁的林肯每天都要去野外拣树枝，挖树根，弄柴禾，并把它们背回家，堆到住室的旁边，以供全家做饭和取暖之用。由于生活贫苦，林肯小时候只上了四个月的小学，就辍学了。此后再没有受过正规的学校教育。林肯后来拥有的丰富知识，是他长期刻苦自学获得的。

对于少年林肯来说，最愉快的是在晚饭后的那段时间，妈妈给他们讲各种各样的故事，林肯和姐姐就坐在树桩上，侧目静听，这时少年林肯仿佛被带到梦一样的世界。

靠着长期刻苦自学，林肯获得渊博知识，而且他还学会了做人，人品高尚，又具有敏锐的观察力、出色的记忆力和很强的工作能力，赢得美国国民的拥护被选为大总统。有趣的是，原来与他竞争总统的一个候选人西沃德，曾经是哈佛大学法律学教授兼任纽约州长。此人的学识和经验在共和党里是首屈一指的，可是他没有竞争过林肯，总统交椅被林肯夺走了。西沃德在林肯手下当了国务卿。但是，对于自尊心很强的西沃德来说，是不甘心在林肯手下工作的，因为林肯连小学都没有毕业。然而，西沃德在林肯手下工作一段时间后，他对林肯的人品和工作能力，特别是对林肯的敏锐的观察力记忆力佩服得五体投地。

大家一定想知道林肯的记忆力为什么这样出色，他学习的奥妙是什么？

原来林肯那强烈的求知欲和出色的记忆力，似乎是由于他儿童时代的回忆。每当他要学习知识，或要记忆某一事物时，头脑里总会回想起少年时代坐在树桩上听慈祥母亲讲故事那种欢乐愉快的情景，以及给予他的激励。

金庸的记忆力

著名武侠文学大师金庸先生原名查良镛。查先生的记忆力非常惊人。他记得那么多读过的书和历史细节，在小说中描述的许多地方，读者以为都是他亲身经历过的，其实他写时并没有去过。

有一位作者多事，把金庸小说中的20个门类一一分析，其中有史、地、易、儒、佛、道、兵、典、政、武、医、诗、琴、棋、书、画、花、酒、食、俗。他发觉查先生样样精通，堪称中国传统文化的百科全书。

除了正经的数据搜索之外，查先生连电视上名不见经传的女配角的名字叫什么，也能一一道来。

查先生的夫人为了查先生的健康，给他买了一台跑步机，很高级的那种，手架上还有一台迷你电视，这样一面看一面做运动才不会闷。查先生每天看了几分钟电视连续剧，全部记得。当家人拍着头想不出那个女的叫什么，就去问他，查先生回答得十分准确。

查先生在墨尔本有一间大屋，每年去小住一两个月，在家里做做学问、修改旧作之余，常和朋友一家到外面吃吃饭、看看电影、逛逛书店。

有一年查先生说要去歌剧院看歌剧，朋友查完电话号码后去订位，查先生听在耳里。到了第二年，又要去歌剧院看歌剧，朋友不问电话公司，反问查先生歌剧院的号码，他当即就能说出。从此，这就变成他们之间的游戏，所有与数字有关的，都成为测验，考查先生记不记得。

有一天，查先生忽然宣布："我再也不回答你的问题了。"

"为什么？"朋友问。

查先生说:"昨晚我做了一个梦,梦见我又回学校去考试,一点都不好玩!"

"具有照相机式记忆力"的钱钟书

我国学界泰斗钱钟书被公认为"具有照相机式的记忆力",书读一遍即能成诵。他曾大量阅读北京大学图书馆、社科院文学所和国家图书馆的藏书,"吞吐量"大得惊人。当年在清华大学文学院读书时甚至提出了"扫荡图书馆"的口号。国内外许多知名教授、学者对钱钟书先生都非常尊敬,他们经常把自己的新作赠送给钱先生,有的出版社也经常把新出版的经典著作寄给他。钱先生收到书后,会很快看一遍,然后就将书送人并告诉别人哪本书值得读,哪本书不用读,哪本书有趣,哪本书能看出作者功力等等。1979年5月,钱先生参加中国社科院代表团访问美国,走了不少地方,作了多次讲学和答疑,事前没有准备,但不管问到什么问题,哪怕是几十年前看过的中国旧书,他都如数家珍,大段大段地译成英文背诵出来,并加以讲解。

亲子游戏

格言诵读

请您和孩子一起诵读下面关于记忆力的格言佳句,然后指导孩子通过查询资料,说出每条格言的含义。

培根:一切知识,只不过是记忆。

哈柏:记忆力并不是智慧,但没有记忆力还成什么智慧呢。

居里夫人:记忆是一切事物的宝藏和卫士。

罗曼罗兰:一个人的真正财富是她的记忆,在任何其他方面则无所谓贫富。

马丁·路德·金(美国著名社会活动家):我不得不坦诚记忆力的重要性,如果没有良好的记忆能力,我的每次讲演就不会那么成功。

海明威(美国文学大师):记忆力对于知识和经验的积累起着决定性的作用,许多杰出的成就都是建立在记忆的基础上。

比尔·盖茨:人与人之间最大的区别,是脖子以上的区别——大脑决定一切。

巴菲特(投资之神):世界上最聪明的人,是最舍得给自己大脑进行投资的人。

李岚清(国务院前副总理):在教育工作中要多用右脑、多训练右脑,可以事半功倍,甚至可以提高几百倍,所以希望教育工作者要很好地研究右脑(包括记忆)。

李敖：记忆能丰富人的知识，提高人的认识能力。归根结底人类所有的知识都有赖于记忆，如果我们的记忆力超群，那我们的学识就必定非常渊博。

成长记录

请您将自己为培养孩子记忆力所开展的各项准备活动或措施及其效果记录在下表中。

时间	开展的具体活动或措施	活动或措施的效果	备注

喀纳斯之二（局部） 布面油画 150cm×200cm 2015年

09

您会发现孩子的特长吗？
——如何发现和培养孩子的特长

启智故事

莫泊桑拜师

法国作家莫泊桑，很小便表现出了出众的聪明才智。一天，莫泊桑跟舅父去拜访他的好友——著名作家福楼拜。舅父想推荐福楼拜做莫泊桑的文学导师。可是，莫泊桑却骄傲地问福楼拜究竟会些什么？福楼拜反问莫泊桑会些什么？莫泊桑得意地说："我什么都会，只要你知道的，我就会。"

福楼拜不慌不忙地说："那好，你就先跟我说说你每天的学习情况吧。"莫泊桑自信地说："我上午用两个小时来读书写作，用另两个小时来弹钢琴，下午则用一个小时向邻居学习修理汽车，用三个小时来练习踢足球，晚上，我会去烧烤店学习怎样制作烧鹅，星期天则去乡下种菜。"说完后，莫泊桑得意地反问道："福楼拜先生，您每天的工作情况又是怎样的呢？"

福楼拜笑了笑说："我每天上午用四个小时来读书写作，下午用四个小时来读书写作，晚上，我还会用四个小时来读书写作。"莫泊桑不解地问："难道您就不会别的了吗？"福楼拜没有回答，而是接着问："你究竟有什么特长，比如有哪样事情你做得特别好的？"这下，莫泊桑答不上来了。于是他便问福楼拜："那么，您的特长又是什么呢？"福楼拜说："写作。"

原来特长便是专心地做一件事情。莫泊桑下决心拜福楼拜为文学导师，一心一意地读书写作，最终取得了丰硕的成果。

别让特长击败自己

茫茫海洋，无奇不有，它们千奇百怪，各显神通。提起章鱼，它可是海洋里的"一霸"。章鱼力大无比、残忍好斗、足智多谋，不少海洋动物都畏惧三分。它的特点是身体非常柔软，几乎可以将自己塞进任何它想去的地方。因为它没有脊椎，甚至可以穿过一个银币大小的洞。

章鱼之所以能在大海里横行霸道，是与它有着特殊的自卫和进攻的"法宝"分不开的。首先，章鱼有 8 条感觉灵敏的触腕，每条触腕上约有 300 多个吸盘，每个吸盘的拉力为 100 克，有时章鱼可以运走比自己重 5 倍、10 倍，甚至 20 倍的大石头。想想看，无论谁被它的触腕缠住，都是难以脱身的。有趣的是，章鱼最喜欢将自己的身体塞进海螺壳躲起来，等到鱼虾走近时，它会突然变成一个庞然大物，向鱼虾发起猛烈进攻，迅速咬破它们的头部，注入毒液，使其麻痹致死，然后美餐一顿。

章鱼就是靠这个独特的看家本领，在海洋里横行霸道，无物敢敌。

然而，由于章鱼含有丰富的蛋白质、矿物质等营养元素，并富含抗疲劳、抗衰老，能延长人类寿命等重要保健因子如天然牛磺酸等。所以，章鱼不但是营养丰富的海鲜食品，而且在医学方面亦有极高的价值，是非常珍贵的补品。

当初，人们为了猎捕章鱼，费尽了九牛二虎之力，因为它的隐身术太高明了。慢慢的，聪明的渔民根据它的特长，摸索出一套轻松的猎捕方法。他们把小瓶子用绳子串在一起沉入海底，可笑的是，章鱼见到了这些晶莹剔透、光滑可爱的小瓶子，好像见到了护身符一般，都争先恐后地往里钻，不论瓶子有多么小，多么窄，它们总是向着最狭窄的路越走越远，最后走进了死胡同。

就这样，渔民们不费吹灰之力，把一条条章鱼捕捉到手。

是什么囚禁了章鱼？是瓶子吗？不，囚禁了章鱼的，是它们自己，而且正是它们那些自身熠熠闪光的特长。

其实，在这个世界上，有多少人正像章鱼一样，本来有着令人羡慕的特长，却不加珍惜，自命不凡，固执己见，结果囚禁了自己，葬送了未来。

把儿时梦想坚持一百年

恐怕很多人都已经记不清自己儿时的梦想了吧？但有个女孩却一直坚持着自己儿时要做世界冠军的梦。为此，她每天都早早起床跑步，课余时间除了帮父母做家务就是参与各种体育活动。

后来，她不得不忙于学业；再后来，她又结婚、生子；然后要照顾孩子。孩子长大后，婆婆又瘫痪了，她又要照看婆婆。接下来，她又要照顾孙子……转眼间，她已经六十多岁了。总算没有什么让她分心的事情了，她又开始锻炼身体，想实现童年的梦想。她的丈夫开始总是笑她，说他没见过一个六十多岁的人还能当冠军的。后来他却被她的执着感动，开始全力支持她，并陪她一起锻炼。三年后，她参加了一项老年组的长跑比赛。本来就要实现她的冠军梦了，谁知就在她即将到达终点的时候，不小心摔了一跤，她的手臂和脚踝都受伤了。与冠军失之交臂的她痛惜不已。

等伤好了，医生却警告她，以后不适合再参加长跑比赛了。她沮丧极了。多年的心血白费了。难道冠军梦就永远也实现不了了吗？这时，丈夫鼓励她说："冠军有很多种，你做不了长跑比赛的冠军，可以做别的项目的冠军啊。"从此，她开始练习推铅球。

允许老年人参加的比赛并不多。七年后，她才等到了机会，报名参加了国外一场按年龄分组的铅球比赛。但就在出国前夕，她的丈夫突然病倒了。一边是等待了多年的得冠军的机会，一边是陪伴了自己大半生的丈夫，她最终放弃了比赛的机会。

多年后，她终于等到了世界大师锦标赛。这场大赛不仅包括铅球比赛，而且参赛选手的年龄不限，并按年龄分组比赛。不过，这项比赛却是在加拿大举办，离她的国家太远了。她的儿孙都不让她去。因为当时的她已经快八十岁了。虽然不能去，但她依然坚持锻炼。她坚信，自己有一天一定能当上冠军。

转眼，又二十多年过去了。2009年10月份，世界大师锦标赛终于在她的家乡举办了。来自全世界95个国家和地区的28292名"运动健将"参加了本届全球规模最大的体育赛事。虽然当时的她已经年过百岁，但没有人能再阻止她的冠军梦了。

那一天是10月10日，阳光明媚。她走上赛场后，举重若轻地捡起八斤多重的铅球放在肩头、深呼吸，然后用力一推，铅球飞出四米多远。这一整套流畅的动作让现场的观众们惊呼不已，都纷纷站起来给她鼓掌。她也凭此一举夺得了世界大师锦标赛女子100岁至104岁年龄组的铅球冠军。

记者问她："您这么大年纪还能举得起这么重的铅球，真是令人惊叹。您是怎么锻炼的？"她骄傲地回答说："我每周五天定期进行推举杠铃训练，我推举的杠铃足有80磅（约36.29公斤）。虽然我知道，只要我参赛就一定能获得冠军（在这个年龄段，能举得起这个重量，还能来这里参赛的人只有她一人），但那样对我来说太没意义了。我要向所有人证明，我不是靠幸运，而是靠实力夺取冠军的。"她的话赢来了众人热烈的鼓掌。

她就是澳大利亚的百岁老太太——鲁思·弗里思。

一个将梦想坚持了百年的人，魔鬼也许可以阻挡她实现梦想的脚步，却无法阻挡她梦想成真！

把聪明放在"褡裢"的后面

约翰和汤姆是相邻两家的孩子,他俩从小就在一起玩耍。约翰是个聪明的孩子,学什么都是一点就通,他知道自己的优势,自然也颇为骄傲。汤姆的脑子没有约翰的灵光,尽管他很用功,但成绩却难以进入前十名,与约翰相比,他从心里时常流露出一种自卑。然而,他的母亲却总是鼓励他:"如果你总是以他人的成绩来衡量自己,你终生也不过只是一个'追逐者'。奔驰的骏马尽管在开始的时候总是呼啸在前,但最终抵达目的地的,却往往是充满耐心和毅力的骆驼。"

聪明的约翰自诩是个聪明人,但一生业绩平平,没能成就任何一件大事。而自觉很笨的汤姆却从各个方面充实着自己,一点点地超越着自我,最终成就了非凡的业绩。约翰愤愤不平,以至郁郁而终。他的灵魂飞到了天堂后,质问上帝:"我的聪明才智远远超过汤姆,我应该比他更伟大才是,可为什么你却让他成为人间的卓越者呢?"

上帝笑了笑说:"可怜的约翰啊,你至死都没能弄明白:我把每个人送到世上,在他生命的'褡裢'里都放了同样的东西,只不过我把你的聪明放到了'褡裢'的前面,你因为看到或触摸到自己的聪明而沾沾自喜,以至误了你的终生!而汤姆的聪明却放在了'褡裢'的后面,他因看不到自己的聪明,总是在仰头看着前方,所以,他一生都在不自觉地迈步向上、向前!"

每一个人都应该永远记住这个真理,只有不断超越自我的人,才是一个真正的聪明人。

人生在世,每个人都有自己独特的禀性和天赋,每个人都有自己独特的实现人生价值的切入点。你只要按照自己的禀赋发展自己,不断地超越心灵的绊马索,你就不会忽略自己生命中的太阳,而湮没在他人的光辉里。

特长为我找到了工作

"我是靠自己的特长'打败'了研究生,才得到这份工作的!"即将成为华侨大学学生辅导员的小廖骄傲地说。

小廖是湖南大学应届毕业生。前不久,他在网上看到华侨大学的招聘信息,就用e-mail将自己的资料传了过去。初审后,对方通知他到厦门参加面试。

同时面试的有25人,录取名额只有两个。小廖自认为有足够的砝码:英语四级、计算机二级、双学位、学生会主席、在各媒体上发稿两万余字，因此并不胆怯。但当他听说竞争者中还有一名研究生时，他的心被吊了起来。

面试是单独进行的，第一个环节是面谈。12名考官围着一个求职者发问，既有专业知识，也有综合知识。尽管小廖习惯了在院系大会上发言，但仍被刁钻的问题急出了一身冷汗。

通过计算机考试和笔试后，小廖打探了一下"敌情"：大家表现差不多，所以研究生中选的可能性更大；剩下24人来争另一个名额。

最后一关是才艺表演，小廖抽到的号码排在后面。前面的人有的表演舞蹈，有的表演吉他，研究生有些发愁，悄悄问小廖："我平时就爱看书，没什么才艺，怎么办？"最后，研究生硬着头皮唱了一首歌，水平一般。

轮到小廖时，他表演的是书法——他擅长书法和绘画，但书法更容易评出高下。果然，当他将自己写完的钢笔字交给考官时，对方露出了赞许的笑容。

最后，小廖和另一名本科生被录取。签约时他得知，研究生的综合成绩不比他差，但今年学校希望招几个特别一点的专才，小廖清秀的钢笔字使他脱颖而出。

珍惜特长

狮子爱上了农夫的女儿，请求农夫将女儿嫁给它。农夫既不忍心把女儿许配给猛兽，又不敢拒绝，就想出了一个方法。当狮子来催促的时候，农夫对它说："我很愿意将女儿嫁给你，但很怕你的尖牙利爪，如果你剪掉它们，我女儿立刻与你结婚。"狮子立刻答应了，回去剪掉它的尖牙和利爪。可是如此一来，农夫就不怕狮子了，当狮子再来的时候，农夫就用木棒把它赶走了。

切勿轻易放弃自己的特长，否则一旦失去，再要索回，为时已太迟了。

建筑师的特长

从前有一位建筑师，远近的人都听说过他的大名。于是有一天，有一个人问他说："先生您究竟有些什么特长呢？"建筑师颇为自豪地回答这个人道："我呀，最擅长于衡量木材，按照要建造的房屋的情况，根据木材的具体特点来选择恰当的木料。我对整幢要建的房子的细节都了然于心，懂得什么地方应该分派什么人去做。只有在我的指挥下，工匠们才能各司其职地劳动；如果没有我，房子就建不成了。所以，官府请我去，付给我的工钱是普通工匠的三倍；在私人那里，工钱的一大半也归我。"

有一天，这个人到建筑师家里去拜访他，建筑师家里的床正好坏了一条腿，他就叫过仆人说："一会儿去请个工匠来修理一下吧。"这个人吃惊地问他说："您天天都和木料打交道，难道您连区区一个床腿都不会修吗？"建筑师回答："这是工匠做的事，我怎么会呢。"这个人当着建筑师的面不好再说什么了，心里却暗暗想道：原来这个建筑师什么本领都没有，只会到处吹牛、骗人钱财呀！

后来，京兆尹要修官衙，请的就是这位建筑师，这个人就赶去看热闹。

到了工地上，他看到地上放着成堆的木料，工匠们把建筑师围在中间。建筑师根据房子的需要，在木料上敲打了几下，就知道了木材的承受能力。他挥舞着手杖指着右边说道："砍！"那些拿斧头的工匠就都跑到右边的木料旁砍起来。他又用手杖指着左边命令："锯！"那些拿锯子的工匠都到左边锯开了。在他的指挥下，不一会儿大家全都各司其职，按照建筑师的吩咐忙活起来，没有一个人敢自作主张、不听命令。对于那些不称职的人，建筑师就将其撤下以保证工程的进度，大家也都没有一句埋怨的话。就这样，整个工程被安排得井井有条。建筑师将要建造的房子的图纸挂在墙上，才一尺见方大小的图，详尽地标出了房子的规格和要求，小到连一分一毫的地方都算出来了，用它来修建高大的房子，竟然一点出入都没有。

这个人这才明白了建筑师的能耐。

建筑师的特长，不在于对建筑工程中不起眼的细节进行雕琢，而在于对整体作宏观的把握。对于一个人只能要求他擅长于某个单项，硬要提出些苛刻的要求，对他求全责备是不对的。

精通 42 种语言的伊科诺姆

1964 年，随着一声哇哇啼哭，他出生在希腊风光旖旎的克里特岛。小小年纪的他，总喜欢拎个竹篮，在离家不远的海滩捡贝壳玩耍。

一次，几位女游客沐浴着夏日阳光，眺望着远方美景，不时齐声哈哈大笑。好奇心促使他走上前去，想搞明白她们在说啥。

"小家伙，能送几只贝壳吗？"虽然一个字也没听懂，但他思忖了一会儿，乐呵呵地递上两枚漂亮的贝壳。游客们向他竖起了大拇指，给了一美元作为酬金。他手舞足蹈，因为从内心理解了晦涩的外文。自此，去海滩成了他每天的期待，慢慢的，他也能听懂一些复杂的外国话。

这天，他随手从家里拿了本书，如约去了海滩。他完全沉浸在书里，一呆就是一整天。他回到家时，母亲心急如焚，厉声呵斥："上哪儿了？""在海滩看德语教科书。"将信将疑的母亲决定考考他。让母亲又惊又喜的是，他嘴里竟迸出了几句拗口的德语。他还信誓旦旦地说："从明天起，我要天天去跟游客学语言。"

孰料，晚上，他躺在床上无法入睡，痛得嗷嗷大叫，因为整天的曝晒，让皮肤严重受伤。母亲耐心地给儿子擦药，儿子却一直喋喋不休，冒出一句："学语言这么苦，明天不去海滩了。"

母亲眉头一皱，郑重其事地说："你不想去海滩，妈不反对……但如果你想学更多语言，去很多地方游玩，就需坚持兴趣。"

他似懂非懂。但幸运的是，他似乎被母亲描绘的未来吸引住了。第二天，天刚蒙蒙亮，他便起床，又来到那片熟悉的海滩……

自此，他的兴趣一发不可收拾。读高中时，他已熟练掌握了英语、意大利语。慢慢的，他理解了学习语言的真谛：深入语言背后的文化，就能更快地掌握一门外语。

他俨然一个修行者，全身心地沉浸在与语言相关的事情中。20世纪80年代，为了能更深刻地理解土耳其语，打破人们眼中的语言藩篱，他来到伊斯坦布尔最大的清真寺参观，在那里傻傻地观看祈祷仪式。看别人怎么做，再笨手笨脚地模仿……两个月后，他就能说上一口流利的土耳其语了。

1994年，他被欧盟三大机构之一的欧洲议会聘为翻译。接下来的几年，大多数来欧洲议会演讲的国家元首，都由他担任翻译。他就是欧洲议会里名副其实的明星翻译家伊科诺姆。值得一提的是，如今的他是欧盟唯一可以准确翻译重要中文文件的翻译家。

他成了传奇人物，总被记者追问："是什么秘诀，让您精通42种语言？"

他总会提及儿时捡贝壳的往事，然后微笑着说："我始终坚持语言兴趣，也就一路走到了今天。"是的，在生活的道路上，你能取得多大成就、理想能走多远，往往取决于你兴趣的长度。

智慧导航

为什么要培养孩子的特长

1. 通过孩子的特长培养，锻炼孩子的毅力和坚持

孩子的特长都是靠父母培养出来的，没有孩子天生有特长。有很多孩子从小练习各种乐器、绘画或者跳舞，但是真正能够坚持下来的并不多，大多孩子都是半途而废了。其实这是大人的问题，不是孩子的问题。因为大人从思想上都不清楚，到底为什么要让孩子学一样特长，目的是培养孩子什么能力。在孩子练习过程中，大人要付出很多的辛苦，就是这个长年累月、风雨无阻的每周上课，很多父母自己都不能坚持，就会嫌烦嫌累。

要知道这个世界没有人会主动地喜欢地去做很辛苦、很枯燥，很需要耐力去完成的事情。因此大人的这种思想传达给孩子的，就是大人本来也不耐烦，也不知道为什么要让孩子学，因此孩子很高兴放弃。这个时候大人就会以给孩子自由，实则是大人不愿意给自己找麻烦的心态，放弃了对孩子培养自我控制能力和毅力的机会。

2. 通过孩子的特长培养，帮助孩子建立正确的人生观和价值观

家长在培养孩子特长的过程中，要培养孩子懂得学习一样东西从不会到熟练甚至到成功是一种什么体验，什么感觉，需要付出什么样的辛苦，要忍受什么样的寂寞和枯燥，要如何学会控制自己的欲望和情绪。因为这些东西在以后孩子的生活中只能不断出现，这才是以后孩子最需要和别人竞争所具备的一种强大的内心支持和竞争力。

当孩子获得荣誉的时候，除了为孩子庆祝，家长应该引导孩子反思："你自己为自己的荣誉和成功高兴吗？这就是你努力的结果。你通过这么多年的练习现在得奖，你有什么体会？"家长要让孩子自己明白：人的成功必须要付出努力这个道理。这是家长帮助孩子建立人生观和价值观的过程。

3. 通过孩子的特长培养，培养孩子的生活能力

家长应该明白，不是为了培养孩子一种特长而让孩子去学什么东西，而是为了培养孩子一种生活能力而去学习。学习一种特长是培养手段，而不是培养目的。并不是孩子学的特长越多竞争力越强。而是要在培养孩子拥有一种特长的同时，培养孩子克服困难，抵御诱惑，战胜不良情绪，提高自己的做事的毅力等等一些做人的优良品质。

因为这些特长也许并不能成为孩子未来工作的竞争力，只有孩子能够学会独立解决问题，抵抗诱惑，能够控制自己，才能最终在孩子将来所从事的领域中取得成功。一个人能够成功，不是要具有某种特长，而是具有某种成功的素质，而这种素质的培养可以通过从小对孩子培养特长开始。当然更需要父母对自己的自我约束能力和严格要求。一个没有自控能力的父母也无法培养出一个有自控能力的孩子。言传身教永远是教育孩子最好的方式。

4. 通过孩子的特长培养，塑造孩子的内在魅力

儿童期是建立良好习惯和条件反射最容易的时候，一个孩子要想成为一个健康的人，首先要拥有一个健全的人格，而这是靠精神内在所支持的。这也是孩子长大以后的魅力所在。有才华和有人格魅力是两个概念。因此做父母的不能光把眼睛盯在注意培养孩子的才华上，而忽视在这个培养过程中更重要的孩子内在魅力的培养。

培养孩子特长的原则

发现并培养孩子的特长是父母们都关注的问题。培养孩子的特长要根据孩子自身特点来进行，这样才能够更好地帮助孩子健康成长，家长正确发展孩子的特长需注意以下原则：

1. 兴趣第一

每个孩子都是独立的个体，都有着自己的长处和兴趣，父母要做的就是在日常生活中多观察、发现，了解孩子特长发展的潜能，帮助孩子找准兴趣点。

2. 端正心态

孩子毕竟是孩子，对待他们不能用成年人的标准去要求，应该根据孩子的心理特点加以引导。只有这样，才能达到所期望的效果。

3. 适当鼓励

孩子的特长教育是需要时间和精力的，有时候孩子会打退堂鼓，所以就需要父母适当地鼓励，告诉孩子要去坚持，要始终如一，否则结果只能是前功尽弃。

4. 正确教育

特长教育不同于学校教育，其主要是培养孩子对某些技能学习的兴趣，所以在教育过程中要松紧有度，给予孩子适度的空间，让孩子在玩中学，这样才能取得良好的教育效果。

5. 平常心对待

特长培养的真正目的应该是净化心灵，陶冶情操，给孩子带来快乐和自信，让其更积

极地享受生活的教育，而不应该太功利。所以父母要有一颗平常心，用正确的心态来教育、引导孩子。

家长如何发现孩子的兴趣和特长

1. 家长需给孩子提供广阔的空间和尽可能大的活动范围。孩子的活动范围小了，天天就接触那么几个人、几件事，你能断定孩子就对那么几个人、几件事感兴趣，对别的人和事就不感兴趣吗？孩子的接触面有限，兴趣、特长自然就有限。为使孩子的生活不受限，父母应尽量扩大孩子的结交、活动范围，使孩子的天赋、才能有可施展的空间、可发挥的余地。在各种各样的选择里，孩子更愿选择什么、做什么，这就为孩子的未来的兴趣、特长埋下了伏笔。

2. 家长需注意观察、分析、比较和研究。同一年龄的孩子有许多相同的兴趣、爱好，家长的职责在于同中求异，看孩子到底对什么更喜欢、更感兴趣。在发现孩子的兴趣、爱好之后再做进一步的分析、研究。有时候，孩子的兴趣、爱好和他的天赋、才能相吻合——孩子爱什么，正好擅长什么；有时候，孩子的兴趣、爱好与之天赋、才能不吻合——孩子喜欢、爱好的，并不一定就是他所擅长的。这需父母仔细观察、分析、研究孩子的兴趣爱好里到底有几分是天赋、才能？有几分是偶然、巧合？孩子偶然喜欢什么，遇到新事物，会转移注意力，对新事物产生兴趣；一旦出现更新的事物，孩子又会对更新的事物产生兴趣。这说明，孩子的兴趣还不稳定，孩子不过是在众多的选择里，暂时选择了某事物，一旦出现新情况，还会出现新变化。这是正常的，每个孩子都会经历。难办的是，孩子喜欢的却不是他所擅长的。孩子年龄小，对未来、对自己、对同龄人认识不足，以为自己喜欢什么就擅长什么。比如，孩子喜欢卡通漫画，就以为自己擅长卡通漫画；孩子喜欢唱歌，就以为自己擅长唱歌；孩子喜欢电脑，就以为自己擅长电脑……这会使孩子沉迷于假象，不能自拔。孩子喜欢什么、擅长什么，需要父母长时间的观察、分析、比较和研究。

3. 家长不要急于给孩子的兴趣、特长定性、定向。因为，孩子的人生刚刚开始，他们的体验、见识有限，认识、判断也有限。过早给孩子的兴趣、特长定性、定向，会使孩子失去很多的机会，错过很多的选择。如果孩子最初选择的并不是他所擅长的，把有限的时间、精力都投在了他并不擅长的事情上，这不是贻误了孩子的童年好时光吗？所以，孩子还小的时候，采取"广种薄收"的策略是明智的、可取的，这既不会使孩子错过选择的机会，也不会使孩子选错了，贻误再选的机会。孩子有比较、有鉴别，才会真正知道自己到底喜欢什么、爱什么、擅长什么。

4. 家长不要急于给孩子请老师。父母不急于给孩子请老师，而是让孩子自然发展，自我体验，自由发挥，孩子的思想没有那么多条条框框的约束，情感不受支配、摆布，等孩子的体验、感受建立起来了，有一定的思想倾向了，这个时候，再带孩子找老师。孩子知道自己想要什么、想跟老师学什么，这时，孩子学什么才是主动的、积极的，孩子学的是老师的思想精髓，而不是皮毛技法。这样的学习才是创造性的学习，这样的孩子即使成不了什么特殊人才，也会在自己的领域内拥有独特的感悟和建树。

5. 家长应留心孩子发展的动向和端倪。孩子有某方面的兴趣、特长不可能一点都"不显山、不露水"。孩子喜欢什么、擅长什么总会伴有一定的习性、倾向。父母想早发现、早培养、早教育，就要注意观察孩子的这些习性、倾向。比如，有孩子听见音乐就会不由自主地手舞足蹈起来；听一两遍什么歌就能模仿、哼唱；走到哪儿都能听到音乐的声音，哼出音乐的曲调……这说明，孩子具有音乐方面的潜质、天赋，以后有可能向音乐方面发展。再比如，孩子在什么地方都喜欢写一写、画一画，写什么、画什么都特别专注、投入；无论别人是表扬还是批评，孩子都照写、照画不误。这说明，孩子有写字、画画的兴趣、爱好，以后有可能向字画方面发展。孩子习惯性地、不由自主地就想什么、做什么，这就是孩子的兴趣、特长的初露端倪。父母留心观察，怎么也能从孩子身上发现一些"蛛丝马迹"。

6. 家长应尽量给孩子的兴趣和爱好提供方便和条件。孩子喜欢运动，就给孩子提供运动的场地、器具；孩子喜欢下棋，就为孩子寻师、访友，让孩子有学习、厮杀的对象；孩子喜欢昆虫，就带孩子收集昆虫的标本、资料；孩子喜欢音乐，就给孩子买音乐的光盘、影碟、门票……父母不支持、不付出，孩子不可能在兴趣、特长方面有所发展；父母付出过多，要求过严，也可能适得其反。孩子尚小，应以熏陶、鼓励为主，以指导、教育为辅。

7. 不能以父母的兴趣、意愿代替孩子的兴趣、意愿。有些父母认为孩子小没主见，就自作主张地给孩子报这班那班。这些擅自做主的父母，一不管孩子的根基、接受能力，二不管孩子的兴趣和爱好。他们只管自己喜欢什么、向往什么，或者什么在社会上吃香，什么对孩子今后的升学有好处，就给孩子报什么班。孩子很小就去上这没根基、没趣味的兴趣、特长班，几年、十几年下来，花费了不少人力、物力、财力，孩子真能遂父母的愿，成为某方面的人才吗？能找出几个这方面的成功事例吗？可为什么真有父母擅自做主，孩子后来又真的成了他们希望的那样的人呢？那是因为有些父母的擅自做主暗自契合了孩子的天赋、才能，才有了两全其美的结局。这是多么偶然的事啊，谁能保证自己也能碰上这样的好事？我们要想自己的"投资、投力、投愿"有把握，就需仔细分析、研究孩子的实际情况，不要一厢情愿，把自己的时间、精力、财力和孩子的时间、精力一起拿来打水漂。孩子的事只能由孩子自己做主，我们对他们寄予多高多大的希望都是徒劳的，要紧的是孩子自身的觉醒和内驱力。

容易被家长忽视的小学生六大特长表现

表现一：喜欢发号施令。善于重新排列物品，或能够有条不紊地在学校负责给全班同学排座位的孩子，可能具有强有力的领导和组织才能。

表现二：会攒零用钱。在小学，那些能够将平时的零用钱积攒起来，留到假期支配的孩子，长大后很可能会成为像英国维京大西洋航空公司总裁那样的成功人士。

表现三：喜欢刨根问底。一些孩子对任何事物都充满好奇，总是不厌其烦地问问题。如果他们的这种特质能得到家长的重视和培养，就极有可能成为记者或航天局的宇航员。

表现四：喜欢设计。有些孩子只要独自待一会儿，就能用积木搭出一座法国埃菲尔铁塔的模型，这就是设计才能。

表现五：爱讲故事。有的孩子喜欢讲故事、写故事。这说明他们的想象力丰富。家长一旦发现孩子有这种表现，一定要好好培养，因为他们很可能是下一个J·K·罗琳（《哈利·波特》系列魔幻小说作者）。

表现六：爱说话。这种孩子特别喜欢和人讲话，他们甚至在上课时也和同学在下面窃窃私语。作为家长，不要制止他们的行为。因为这种行为说明，他们有着特殊的演讲才能，若加以正确培养，可能成为律师或电视主播。

三省吾身

△您的特长是什么？请将您的特长告诉给自己的孩子。

△您的孩子有什么兴趣和特长？请详细列出来，请请举具体事例说明。

△您打算为培养孩子的特长做些什么？

亲子行动

亲子阅读

请您和自己的孩子一起阅读下面的三个小故事，然后一起讨论从中得到的收获，并请您指导孩子用自己的话讲述这三个故事。

歌王卡罗素的故事

在这个世上，每个人都有自己与众不同的特点，也总存在着一些更适合他的工作，更方便他走的成功之路。所以，为了更快获得成功，为了生活得更加快乐，我们有必要更深入地了解和更准确地认识自己的性格特点，能力特长，从而选择一个最适合自己的发展方向。

意大利著名男高音歌唱家卡罗素被称为歌王，他从很小的时候就树立了自己要成为一名歌剧演员的理想。他坚信自己在歌唱方面具有天赋，而他的母亲每天在房间里听过他的歌唱练习之后，同样相信她的孩子将来会成为一名出色的歌唱家。为此，虽然家境贫寒，卡罗素的母亲仍然坚持送他去学习歌唱。为了支付儿子的学费，她甚至连鞋子都舍不得买，终年打着赤脚生活。而卡罗素更是为了坚持自己的目标付出了异常艰辛的努力。

他在10岁的时候就不得不离开学校到工厂工作。白天辛苦的工作结束之后，他就开始练习唱歌。这样的生活一直坚持到他21岁那年，他终于放弃了工厂的工作而以唱歌维持生计。他寻找一切机会到附近的酒店唱歌，赚取晚餐费。有时，他会受雇于不懂音乐的男人，躲在别人看不见的角落里替他们用歌声向某位女性表达爱意。

卡罗素就是用这样的方法坚持自己唱歌的梦想，只为有一天能够站在舞台上成为一名真正的歌唱家。然而，当他终于有机会上台正式参加演出时，他却因为忘不了以前的经验而有所顾忌，不敢敞开喉咙唱。

一天晚上，担任男高音的歌手突然生病，而身为候补歌手的卡罗素却不知所终。最后，剧场的人终于在一家酒店找到烂醉如泥的卡罗素。他就这样醉醺醺地走上了舞台,演出效果可想而知。观众们对他的表现非常生气。他也因此被免职了。

他想,自己或许真的不是唱歌的料,只觉得人生彻底绝望,因此想到自杀。第二天,正当他准备自杀的时候,剧场来的人刚好赶到,大叫着说:"卡罗素,快点跟我走!今天演出的男高音观众非常不满意,他们吵着说还不如让卡罗素演出。"

卡罗素不敢置信地说:"怎么可能呢?他们根本不知道我的名字。"

剧场的人笑着说:"当然不知道!他们喊的是让'那个酒鬼'演出。"

就是这样一个机会,让卡罗素从此走上了舞台,开始了自己男高音歌唱家的生涯。

当他的母亲为了支持他唱歌而没有鞋子穿的时候,他可以放弃唱歌;当他为了生计不得不去工厂工作的时候,他可以放弃唱歌;当他没有机会登台,只能躲藏在看不见的角落唱歌的时候,他可以放弃唱歌;当他第一次登台唱歌就以失败告终的时候,他可以放弃唱歌……卡罗素有许多放弃唱歌的理由,但他都不曾放弃,始终专注地为唱歌前行。他或许也可以在工厂干一辈子,过上不错的小康生活,也可以有其他的职业供他选择,但他依然相信自己更适合唱歌。当他把唱歌这口井挖得够深的时候,他终于成功了!

无论做什么事,只有坚持下去才能有所成。坚持必须专心致志,必须把注意力和精力全部集中到自己已经确定的目标上,并且贯穿到为实现目标而付出的行动上。不要埋怨周围环境和条件不好,你可以努力寻找对你的梦想更有利的条件。不要坐等机会上门,你可以自己去创造机会。只要你在一条路上付出得够多,坚持得够久,必然有成功的那一天。

兔子学游泳

传说在很久以前,在那高不可攀的雪山后面,有一片翡翠森林。里面住着很多动物:狼、兔子、鸭子、熊等等。

兔子是一位短跑冠军,在每次森林奥运会、省运会、全运会、小运会比赛当中,它总能捧着个奖杯回到家!正是因为这样,它的家里总是——金光闪耀。

话说有一天,小兔正在家里看报,发现今天报纸的头条新闻是:鸭子先生被评为翡翠森林的游泳教练!小兔子一看到这个消息,不禁想起了三年前的一件事:那时,小兔子捧着奖杯在回家的路上走着,这时它的心情超好,突然满山的蘑菇吸引了它,于是,他高兴地采起了蘑菇,一采就忘了时间。就在此时,一只狼从草丛里窜了出来看见了小兔,心想:"哈哈,今天的午餐有着落了!"他说时迟那时快,一下扑向小兔子。机敏的小兔子发现了狼,扔下蘑菇,飞快地跑了起来。可是,没跑多久,一条小河挡住了他的去路,小兔子想：我不会游泳，这可怎么办？眼看狼就要扑过来了，小兔子当机立断，"扑通"一声，跳进了河里。小兔子正在和死神殊死搏斗着。千钧一发之际，评论家青蛙看见了这幕情景，一下子跳下河，把小兔子救上了岸。

想起了这件事的小兔子，决定也去学游泳。作为鸭子先生的门生，他下决心要学会游泳。同班的还有小狗、小龟和小松鼠。可是，要知道，小兔子是四瓣嘴，一下水，空气就从嘴缝里漏了出来。教练鸭先生说："我两条腿都能游，你们四条腿不能游？成功来自99％的汗水，加油，嘎嘎！"小狗和小龟学会了游泳，可是小兔和小松鼠始终没能学会游泳。

这时游泳池的广播里响起了评论家青蛙的声音："兔子擅于跑步，为什么总是针对弱点训练而不发展特长呢？"

听了这句话，小兔子深受启发：一个人有了优点，就要扩大优点，不应该面面俱到啊！

于是小兔还是每天坚持去练习跑步了。

带上特长

小苗是一名技校毕业的电工。有很长一段时间，他就靠四处上门给人修点小东西生活，基本处于失业状态。父母劝他改行做点别的，但他从心里喜欢这个职业，喜欢每天都要将自己心爱的小工具擦得锃亮锃亮的，然后挂在腰里。

那天，他做了一份简单的简历去了人才市场。在人群中探头探脑走了一圈儿，他情绪顿时跌到了谷底，因为所有的相关招聘宣传单上，要求的学历没有低于大学专科的……

他一个人站在一家著名的电力供应公司的巨幅招聘海报下面，看着一个个手里拿着厚厚的简历和证书的应聘者们，顿时有些仓皇起来。他想可能无法找到属于自己的位置了。

就在这时，一件事情发生了。一个工作人员手中的话筒忽然传出一阵嘶哑模糊的声音，接着没有了声响，招聘者有些尴尬。小苗是个热忱的人，于是走到招聘台前，掀起衣服拍着自己腰间别着的工具袋对工作人员说："我来帮帮你。"工作人员投来了感激的微笑。于是小苗放下手头的简历，接过话筒就修起来。

问题并不是很大，小苗三下两下就搞定了。当他将修好的话筒还给工作人员时，发现对方正在翻阅他的简历。那位工作人员问他："你是来找工作的？"

他憨实地点头一笑："我文凭低，简历都投不出去。"

"那就把简历留给我看看吧。"工作人员说。

后来，小苗被破例招进了那家电力供应公司，成为电力抢修部的一名员工。

那位招聘者原来就是人力资源部主任，是小苗腰间别着的小小的工具袋打动了他。因为只有一个真正热爱工作的人才会把工具随身携带，而把工具随身携带的人才能以最快的速度投入工作状态。

一个将特长随身携带的人，往往也能以最快的速度找到岗位。

趣味测试

您会发现孩子的特长吗？

没有家长希望自己孩子的天赋和潜能被埋没，都希望探索孩子的各种优势，发展每一位孩子的专长，给孩子提供更多的可能性。可是孩子的特长和潜能到底是什么，怎么及时发现和培养开发？父母要细心地观察孩子的言行及兴趣，及时发现孩子潜在的特长。以下是每个孩子都可以具备的基本能力的表现，请家长们逐项核对，来看看您的孩子具有哪些方面的潜能和特长。

（1）他在背诗和有韵律的句子时很出色。

（2）他很注意你在愁闷或高兴时的情绪变化，并作出反应。

（3）他常常问诸如"时间从什么时候开始""为什么小行星不会撞到地球"这样的问题。

（4）凡是他走过一遍的地方，他很少迷路。

（5）他走路的姿势很协调，随着音乐所做的动作很优美。

（6）他唱歌时音阶很准。

（7）他经常会问"打雷、闪电和下雨"是怎么回事。

（8）你如果用词用错了，他会给你纠正。

（9）他很早就会系鞋带，很早就会骑车。

（10）他特别喜欢扮演什么角色或编出剧情。

（11）出外旅行时，他能记住沿途标记，说：我们曾到过这里。

（12）他喜欢听各种乐器，并能辨别它们发生的声音。

（13）他画地图画得很好，路线清楚。

（14）他善于模仿各种身体动作及面部表情。

（15）他善于把各种杂乱的东西按规律分类。

（16）他善于把动作和情感联系起来，譬如他说："我们做这件事兴高采烈。"

（17）他能精彩地讲故事。

（18）他对不同的声音发表评论。

（19）他常说某某像某某。

（20）对别人能完成与不能完成的事他能作出准确的评价。

温馨提示：

（1）、（8）、（17）代表有语言天赋。

具有这种才能的孩子，很早就是个兴致勃勃的交谈者，他能用自己加工过的词句来表达，很容易学说一些新词汇或长句子，很早就会讲故事。

具有语言才能的孩子，父母应该常请他描述一些对象，一件事、一个自然现象等等，并经常给他提供这方面的书籍。

（6）、（12）、（18）代表的是音乐才能。

这类孩子在很小的时候（2—3岁）就特别注意倾听有规律的声音，只要有音乐出现，他就会瞪大眼睛专注地聆听，这时他所表现出来的专注程度，连七八岁的孩子都比不上。这表明他在音乐方面潜能很大。

（3）、（7）、（15）代表在数学、逻辑方面有天赋。

他喜爱下跳棋和象棋，能很快明白一些等量关系。如果给他一些完全混乱的玩具，他会分门别类地把它们归类。这种孩子，也许他上学后的数学成绩并不理想（这可能由于他对讲述的课程语言方式不适应，或者注意力太容易分散引起），但他在这方面的潜能是不应怀疑的。

（4）、（11）、（13）代表空间方面的才能。

他有丰富的想象力，他对绘画、机械组装有浓厚的兴趣。

应该多带他去远行，并从小让他做画地图的游戏。

（5）、（9）、（14）代表的是身体动觉才能。

运动员和舞蹈家都有这方面的天赋。

（10）、（16）、（20）是自我认识的才能。

（2）、（10）、（19）是认识他人的才能。

这类孩子对自我和别人都常常不由自主地作出判断和反省，具有与人交往、沟通、组织方面的潜能。

在现实生活中，每个孩子的潜能表现有所不同，有的早一些，有的晚一些，有的强一些,有的弱一些,这并不说明谁优谁劣。有的孩子可以同时表现出多项潜能,甚至全部;有的可能只有一项或二项。这也不代表谁优谁劣,关键在于他以后如何平衡地去发展。每一个生命都具有灵性和与生俱来的禀赋,关键在于怎样去训练和开发。

同时,也存在另一个事实,一些在某些方面明显表现出潜能的孩子后来完全丧失了这方面的能力;而另一些表现不太具备某项潜能的人却在这方面得到很大的发展。可见后天的教育和自主学习是何等强烈地影响着一个孩子的发展。

行动建议:

为更好地发挥孩子的特长和潜能,建议父母们这样做:

1. 随时留心观察你的孩子,了解他的潜能和特点。

2. 对于孩子表现出有潜能的方面,即使你不希望他选择这方面作为发展方向,也不要完全去限制它,至少他可以拥有这方面的爱好。

3. 不否认每种潜能的价值,特别是不要用经济价值做判定。

4. 对他暂时表现出的不擅长的方面,也完全可以加以培养。

5. 对于孩子在语言方面逻辑数学方面和对己对人的认识方面的能力,应该作为基本能力加以开发、培养。

6. 一旦发现孩子在某方面的潜能,应该为孩子设计一份不同阶段的计划,并实施下去,这是决定孩子的潜能是否能得到发展的关键。

成长记录

请您将自己为培养孩子特长所开展的各项准备活动或措施及其效果记录在下表中。

时间	开展的具体活动或措施	活动或措施的效果	备注

喀纳斯之一(局部) 布面油画 120cm×200cm 2015年

10

挫折也是成长的财富!
——如何提高孩子的抗挫折能力

启智故事

不怕挫折的林肯

　　生下来就一贫如洗的林肯，终其一生都在面对挫败，八次竞选八次落败，两次经商失败，甚至还精神崩溃过一次。好多次，他本可以放弃，但他并没有如此，也正因为他没有放弃，才成为美国历史上最伟大的总统之一。以下是林肯进驻白宫前的简历：

　　1816年，家人被赶出了居住的地方，他必须工作以抚养他们。

　　1818年，母亲去世。

　　1831年，经商失败。

　　1832年，竞选州议员但落选了！

　　1832年，工作也丢了，想就读法学院，但进不去。

　　1833年，向朋友借钱经商，但年底就破产了，接下来他花了十六年，才把债还清。

　　1834年，再次竞选州议员赢了！

　　1835年，订婚后即将结婚时，未婚妻却死了，因此他的心也碎了！

　　1836年，精神完全崩溃，卧病在床六个月。

　　1838年，争取成为州议员的发言人没有成功。

　　1840年，争取成为选举人了失败了！

　　1843年，参加国会大选落选了！

　　1846年，再次参加国会大选这次当选了！前往华盛顿特区，表现可圈可点。

　　1848年，寻求国会议员连任失败了！

　　1849年，想在自己的州内担任土地局长的工作被拒绝了！

　　1854年，竞选美国参议员落选了！

　　1856年，在共和党的全国代表大会上争取副总统的提名得票不到100张。

　　1858年，再度竞选美国参议员再度落败。

　　1860年，当选美国总统。

驴子的故事

有一天，农夫的一头驴子不小心掉进枯井里，农夫绞尽脑汁想要救出驴子，几个小时过去了，驴子还在井里哀号着。最后，农夫决定放弃，他想这头驴子已经老了，不值得大费周折地把它救出来，但是不管如何这口井是一定要填起来的。于是农夫就找邻居帮忙，一起将井里的驴子埋了，以免除驴子的痛苦。

大伙人手一把铲子，开始将泥土铲进井里。当这头驴子意识到自己的处境时，刚开始哭得很凄惨。但出人意料的是，一会儿它安静下来了。大家好奇地往井底一看，出现在眼前的情形令他们大吃一惊：当铲进的泥土落到驴子的背部时，它将泥土抖落一旁，然后站到泥土堆上面。

就这样，驴子一步一步地上升到井口，然后在众人的惊讶中快步跑开了。

挣扎就是奋斗

塞曼小时候读书的自觉性并不高，成绩也一直平平。塞曼的母亲看到儿子的这种表现，心里十分着急。

一天，她把儿子叫到跟前，注视着他的眼睛，神情激动地说："儿啊，早知道你是一个平庸无能之辈，我当初真不该在波涛中挣扎……"接着，她向默默呆立的塞曼忆起往事：在塞曼快要降生的时候，家乡突然遭到洪水的袭击，她死里逃生，好不容易才登上了一只小船，塞曼就降生在这只小船上，母亲望着滔滔洪水和刚刚临世的小生命，想起了荷兰人的一句古训：我要挣扎，我要探出头来！

听完妈妈的回忆，塞曼才知道母亲所经历过的艰难，心灵受到强烈的震撼，暗暗发誓要发奋攻读，绝不辜负妈妈的厚望。功夫不负有心人，他终于以优异的成绩受到学校当局的赏识，被学校聘为助教。当他满怀喜悦去见母亲的时候，母亲已身染重病，奄奄一息了。在弥留之际，她用深情的目光注视着塞曼，嘴唇在艰难地颤动着"挣扎，再——挣——扎！"留下这句遗言后溘然长逝。

挣扎就是奋斗。挣扎，再挣扎，就是不满足于现状，永远拼搏。塞曼把妈妈的话铭刻在心。他将嵌有母亲遗像的金制小镜框一直挂在胸前。遇到困难和挫折时，他便凝视着母亲的遗像，回想母亲的谆谆教诲，以增加自己克服困难的勇气。塞曼在科学的道路上挣扎，再挣扎！终于攀上了一般人难以企及的高峰，1902年塞曼获得了诺贝尔物理奖。

卧薪尝胆

公元前496年，吴王阖闾派兵攻打越国，被越王勾践打得大败，阖闾也受了重伤，临死前，嘱咐儿子夫差要替他报仇。夫差牢记父亲的话，日夜加紧练兵，准备攻打越国。过了两年，夫差率兵把勾践打得大败，勾践被包围，无路可走，准备自杀。这时谋臣文种劝住了他，说："吴国大臣伯嚭贪财好色，可以派人去贿赂他。"勾践听从了文种的建议，就派他带着珍宝贿赂伯嚭，伯嚭答应和文种去见吴王。

文种见了吴王，献上珍宝，说："越王愿意投降，做您的臣下伺候您，请您能饶恕他。"伯嚭也在一旁帮文种说话。伍子胥站出来大声反对道："人常说'治病要除根'，勾践深谋远虑，文种、范蠡精明强干，这次放了他们，他们回去后就会想办法报仇的！"这时的夫差以为越国已经不足为患，就不听伍子胥的劝告，答应了越国的投降，把军队撤回了吴国。

吴国撤兵后，勾践带着妻子和大夫范蠡到吴国伺候吴王，放牛牧羊，终于赢得了吴王的欢心和信任。三年后，他们被释放回国了。

勾践回国后，立志发愤图强，准备复仇。他怕自己贪图舒适的生活，消磨了报仇的志气，晚上就枕着兵器，睡在稻草堆上，他还在房子里挂上一只苦胆，每天早上起来后就尝尝苦胆，门外的士兵问他："你忘了三年前的耻辱了吗？"他派文种管理国家政事，范蠡管理军事，他亲自到田里与农夫一起干活，妻子也纺线织布。勾践的这些举动感动了越国上下官民，经过十年的艰苦奋斗，越国终于兵精粮足，转弱为强。

而吴王夫差盲目力图争霸，丝毫不考虑民生疾苦。他还听信伯嚭的坏话，杀了忠臣伍子胥。最终夫差争霸成功，称霸于诸侯。但是这时的吴国，貌似强大，实际上已经是走下坡路了。

公元前482年，夫差亲自带领大军北上，与晋国争夺诸侯盟主，越王勾践趁吴国精兵在外，突然袭击，一举打败吴兵，杀了太子友。夫差听到这个消息后，急忙带兵回国，并派人向勾践求和。勾践估计一下子灭不了吴国，就同意了。公元前473年，勾践第二次亲自带兵攻打吴国。这时的吴国已经是强弩之末，根本抵挡不住越国军队的强势猛攻，屡战屡败。最后，夫差又派人向勾践求和，范蠡坚决主张要灭掉吴国。夫差见求和不成，才后悔没有听伍子胥的忠告，非常羞愧，就拔剑自杀了。

假如给我三天光明

海伦·凯勒的散文代表作《假如给我三天光明》，以一个身残志坚的柔弱女子的视角，告诫身体健全的人们应珍惜生命，珍惜一切。而书中收录的《我的人生故事》是海伦·凯勒的自传性作品，被誉为"世界文学史上无与伦比的杰作"。

海伦·凯勒一岁半的时候被重病夺去了视力和听力。在莎莉文老师帮助下，又盲又聋的她竟然学会了读书和说话，并以优异的成绩毕业于美国哈佛大学，成为一名学识渊博，掌握英、法、德、拉丁、希腊五种文字的著名作家和教育家。

1880年6月27日，海伦·凯勒的出生让父母高兴万分。她是一个健康、聪明的小孩，六个月已经会说"茶"和"你好"，刚满周岁就会走路了。家里的庭院繁花盛开，鸟儿歌唱，充满好奇心的小海伦幸福地度过了她人生开端的19个月。

但美好的时光总是短暂，一岁半的小海伦突发高烧，医生诊断为急性胃充血脑充血，宣布不治。过了几日海伦奇迹般退烧了，但当她睁开眼睛时，发现眼前一片黑暗，那种惊恐与悲伤的感觉她一生都没忘掉。从此，她开始生活在黑暗和无声的世界里。

因为又文盲又聋，海伦处在双重孤独中。随着年龄增长，她希望表达自己思想情感的愿望越来越强烈，几种单调的手势根本不够用。每次别人不了解她的意思，她都大发脾气，无法交流的绝望感让她疯狂地踢打哭闹，在地上翻滚、吼叫，直到精疲力竭。七岁之前的海伦是个被宠坏的脾气暴烈、任性妄为的小女孩。

1887年3月，安妮·莎莉文来到海伦家，这一天成为海伦一生最重要的一天，是她帮助海伦从一只小兽变成了人。

见面之初，当海伦抓住了莎莉文送给她的洋娃娃时，莎莉文就开始在海伦掌心中拼写"DOLL（娃娃）"，海伦跟着拼写，却并不懂这字有什么意义。一天早上，海伦照老习惯乱抓别人的饭，当她抓到莎莉文盘中的香肠时，莎莉文一把按住她的手。海伦开始发脾气，满地打滚，还和老师对打……横下心的莎莉文坚决不退让，她下决心首先要让海伦养成良好的生活习惯。

三四天后，海伦的发作次数减少，她开始注意周围的事物，每天模仿老师在手上拼写一些莫名的字。两周后的一天，当海伦伸手浸在清凉的流水中时，莎莉文抓住她的手，在她湿淋淋的掌心中拼写"Water（水）"。海伦挣扎着要抽回手，莎莉文紧握不放，一次又一次写着"Water（水）"。突然，海伦触电般停住挣扎，屏住呼吸，全神贯注地体会着手掌中的拼字。"Water（水）"从她掌心输入脑海，烙印于心。刹那间，她脸上闪耀出顿悟的光辉。原来每种东西是有名字的！

混沌初开，海伦的生命仿佛从梦中惊醒。她坐在地上笑着，叫着，用拳头捶地。她如饥似渴地要求莎莉文老师快快教给她更多的字，她要重新认识这个世界。这一天，她学了30个字，过了一个月她学到将近400个字。之后，她开始学习阅读……

"为了得到真才实学，就得攀登奇山险峰。我滑落过好几次，跌倒，爬不上去，但每得到一点进步便受到一份鼓舞。我的心越来越热切，奋勇攀登，渐渐看见了更为广阔的世界。"

莎莉文老师堪称伟大的教育家，她对海伦的教育耐心而充满趣味，不管教什么，她总是用一个很好听的故事，或是一首诗来做形象讲解。她带海伦到大自然中学习，引导海伦触摸体会动物、植物。海伦无所不问，莎莉文老师无所不答。

这样的学习方式让海伦收获太多，最大的收获是她找到了自我，开始享受心灵的自由飞翔。被锁在空茫黑暗中的女孩不再孤单，她学会了沟通和参与。只用了半年，海伦就可以用盲文和柏金斯盲校的孩子们通信了。

海伦是个活泼热情的女孩，爱好非常丰富。她喜爱田野漫步和户外运动，在儿童时代就学会了划船和游泳。她喜欢驾船和风浪搏斗，也喜欢月夜泛舟，她还喜欢编织、下棋，玩盲人纸牌，也乐于去博物馆，欣赏歌剧，或者看戏。她做什么都兴致勃勃，讲给别人听也活灵活现，比健全人的感受还要鲜活。

读书是海伦的最大乐趣，她学习知识，感受世界，如饥似渴，所有能拿到的盲文书她都反复阅读。莎莉文帮她把很多不是盲文版的书翻译成手语，当老师的手累得不得不停下时，海伦甚至着急到自己去摸书上的印刷体……

身体上的缺陷挡不住一颗不屈不挠的心。小海伦宣布自己将来要考入哈佛大学，跟正常的女孩子一较高下。

为了这个目标，她离开读了两年的聋人学校，进入剑桥女子中学学习。莎莉文每天和她一起上课，以无限的耐心把老师讲的都写到她的手心上，课后帮她查生字，反复阅读课本和笔记。

19岁，海伦考入哈佛大学拉德克利夫学院。在大学学习时，许多教材都没有盲文本，要靠别人把书的内容拼写在她手上，因此她预习功课的时间要比别的同学多得多。当别的同学在外面嬉戏、唱歌的时候，她正在努力备课。长期的刻苦学习，让她掌握了大量知识，并具有了超群的记忆力,她拥有了改变命运的力量。

大学时,海伦参与了建立盲人特别委员会的请愿活动,毕业后更是日渐忙碌。作为美国盲人基金会的领导人之一,为了向大众筹募基金,三年时间里海伦与莎莉文跑遍了全国123个城市,对20万人发表过演讲。为此,她还到白宫拜会过柯立芝总统和其他要人,她的努力得到许多人大力支持,收获了辉煌成果。

终生坎坷的巴尔扎克

1850年8月21日,在"现代法国小说之父"巴尔扎克的葬礼上,大文豪雨果说:"在伟大的人物中间,巴尔扎克是最伟大的一个;在优秀的人物中间,巴尔扎克是最优秀的一个……可叹啊!这个坚强的、永远不停止奋斗的哲学家,思想家,诗人,天才作家,在我们中间,他过着风风雨雨的生活,遭逢了任何时代一切伟人都遭逢过的恶斗和不幸。如今,他走了。他走出了纷扰和痛苦。"是的,巴尔扎克,一生坎坷。幼年就缺乏母爱。家庭和母亲,对他冷漠无情,他好像是家庭里多余的人。巴尔扎克后来回忆这段生活,曾忿忿地说:"我从来不知道什么叫母爱。"我经历了人的命运中所遭受的最可怕的童年。"长大以后立志要从事清苦的文学创作。当一个"文坛国王"。从1819年夏天开始,整天在一间阁楼里伏案写作。阁楼咫尺见方。他的居所简陋寒酸,夏天热腾腾,冬天寒风嗖嗖。他没有白天,没有黑夜,没有娱乐,总是不停地写。结果在与书商打交道过程中不断受骗,以致负债累累。债务高达10万法郎。为了躲债他6次迁居。他对朋友说:"我经常为一点面包、蜡烛和纸张发愁。债主迫害我像迫害兔子一样。我常像兔子一样四处奔跑。"巴尔扎克一生勤奋写作,常常连续工作超过18小时。在不到20年里,他共创作91部小说。在世界上有广泛影响,但他一生却是在贫困和痛苦中度过的。他曾一句话概括自己:"一生的劳动都在痛苦和贫困中度过,经常不为人理解。"

梦想从1850次拒绝开始

在美国,有一位穷困潦倒的年轻人,即使在身上全部的钱加起来都不够买一件像样的西服的时候,仍全心全意的坚持着自己心中的梦想,他想做演员,拍电影,当明星。

当时,好莱坞共有500家电影公司,他逐一数过,并且不止一遍。后来,他又根据自己认真划定的路线与排列好的名单顺序，带着自己写好的量身定做的剧本前去拜访。但第一遍下来，所有的500家电影公司没有一家愿意聘用他。

面对百分之百的拒绝，这位年轻人没有灰心，从最后一家被拒绝的电影公司出来之后，他又重新从第一家开始，继续他的第二轮拜访与自我推荐。

在第二轮的拜访中，500家电影公司依然拒绝了他。

第三轮的拜访结果仍与第二轮相同。这位年轻人咬牙开始他的第四轮拜访，当拜访完第349家后，第350家电影公司的老板破天荒地答应愿意让他留下剧本先看一看。

几天后，年轻人获得通知，请他前去详细商谈。

就在这次商谈中，这家公司决定投资开拍这部电影，并请这位年轻人担任自己所写剧本中的男主角。这部电影名叫《洛奇》。

这位年轻人的名字就叫西尔维斯特·史泰龙。现在翻开电影史，这部叫《洛奇》的电影与这个日后红遍全世界的巨星皆榜上有名。

凡尔纳的失败与成功

法国作家凡尔纳是世界闻名的科幻作家，但很少有人知道凡尔纳为了发表他的第一部作品，曾经遭受过多么大的挫折！

1863年冬天的一个上午，凡尔纳刚吃过早饭，正准备到邮局去，突然听到一阵敲门声，他开门一看，原来是一个邮递员。

邮递员把一包鼓囊囊的邮件递到了凡尔纳的手里。一看到这样的邮件，凡尔纳就预感到不妙，自从他几个月前把他的第一部科幻小说《乘气球五周记》寄到各出版社后，收到这样的邮件已经是第十四次了。

他怀着忐忑不安的心情拆开一看，上面写道："凡尔纳先生：书稿经我们审读后，不拟出版，特此奉还。"

每看到这样一封封退稿信，凡尔纳心里都是一阵绞痛。这次是第15次了，还是未被采用。凡尔纳此时已深知，那些出版社的"老爷"们是如何看不起无名作者。他愤怒地发誓，从此再也不写了。

他拿起手稿向壁炉走去，准备把这些稿子付之一炬。他妻子赶过来，一把抢过书稿紧紧抱在怀里。此时的凡尔纳余怒未息，说什么也要把稿子烧掉。

他妻子急中生智，以满怀关切的语言安慰丈夫："亲爱的，不要灰心，再试一次吧，也许这次能交上好运的。"听了这句话以后，凡尔纳夺书稿的手，慢慢放下了。他沉默了好一会儿，然后接受了妻子的劝告，又抱起这一大包书稿到第16家出版社去碰运气。

这次没有落空，读完书稿后，这家出版社立即决定出版此书，并与凡尔纳签订了20年的出书合同。没有他妻子的疏导，没有"再努力一次"的勇气，我们也许根本无法读到凡尔纳笔下那些脍炙人口的科幻故事，人类就会失去一份极其珍贵的精神财富。

智慧导航

挫折是什么

挫折，是指人们在有目的的活动中，遇到无法克服或自以为无法克服的阻碍，使其需要或动机不能得到满足的情况。心理学上指个体有目的的行为受到阻碍而产生的必然的情绪反应。挫折包括三个方面的含义：一是挫折情境，即指对人们的有动机、目的的活动造成的内外障碍或干扰的情境状态或条件，构成刺激情境的可能是人或物，也可能是各种自然、社会环境。二是挫折认知，即指对挫折情境的知觉、认识和评价。三是挫折反应，即指个体在挫折情境下所产生的烦恼、困惑、焦虑、愤怒等负面情绪交织而成的心理感受，即挫折感。其中，挫折认知是核心因素，挫折反应的性质及程度，主要取决于挫折认知。

挫折反应和感受是形成挫折的重要方面，个体受挫与否，是由当事人对自己的动机、目标与结果之间关系的认识、评价和感受来判断的。对某人构成挫折的情境和事件，对另一个人不一定构成挫折，这就是个体感受的差异。正如巴尔扎克所说："世上的事情，永远不是绝对的，结果完全因人而异。苦难对于天才来说是一块垫脚石，对于能干的人是一笔财富，而对于弱者是一个万丈深渊。"

如何面对挫折

英国哲学家培根说过："超越自然的奇迹多是在对逆境的征服中出现的。"人生难免会遇到挫折，这是不可避免的，而挫折有着正面和负面的影响。它既可使人走向成熟、取得成就，也可能破坏个人的前途，关键在于你怎样面对挫折。没有河床的冲涮，便没有钻石的璀璨；没有挫折的考验，也便没有不屈的人格。正因为有挫折，才有勇士与懦夫之分。

1. 微笑着面对挫折和失败，不要抱怨生活给予你太多的磨难，哀叹命运不公,怨天尤人。

想一想，大海如果失去巨浪的翻滚，就会失去壮观的气势；沙漠如果失去飞沙的狂舞，就会失去它的内涵。把心胸敞开，让宽容和豁达回归，活出一种力量，相信会得到生活的眷顾和宠爱。

2. 遇到挫折，要学会积极的归因，然后对症下药，找到应对挫折的有效方法。

著名数学家陈省身15岁考进了天津南开大学理学院。有一次上化学实验课，内容是"吹玻璃管"。陈省身对着手中的玻璃片和面前用来加热的火焰一筹莫展。后来在实验老师的帮助下，终算吹成了，但他觉得吹成的玻璃管太热，就用冷水去冲，瞬间玻璃管"喀嚓"全碎了，这件事对陈省身触动很大，他发现自己缺乏动手的能力，于是他做出了自己人生第一个至关重要的抉择——放弃物理、化学，专攻数学，多年后他成为蜚声海内外的中国数学家。面对挫折要善于调控情绪，保持头脑冷静，进行合理归因。如果眼前困难确实难以克服，就要放弃原有的目标，重新找准自己的位置。只要心怀坦荡，情绪乐观，发奋图强，功夫不负有心人，丑小鸭也会变成白天鹅的！

3. 建立符合自身情况的目标

我们每个人都有自身的优势和劣势，应该在全面了解自己的长处与短处的同时，充分发挥自己的优势，努力改进自己的劣势，建立符合自己客观实际水平的奋斗目标。

4. 诚实而平静地检讨自己的过失

犯错误是我们人类的天性，人要想在社会中有所作为，不犯错误是不可能的，重要的是要以一种怎样的态度去对待自己的过错。我们应该坦诚地面对自己的失误，及时采取弥补措施，并且在自己的过失中吸取教训，争取一个错误不犯两遍。

5. 不把跟别人比较作为唯一衡量自己的尺度

释迦牟尼说："不要把你所得到的东西估价过高，也不要羡慕旁人，羡慕旁人的人，不会有宁静的心情。"我们应该收回自己放在外界的过多精力，使力量转而投向自己的内心，努力培养精神上的独立性和自主性，建立自己的为人标准和处世原则，而不是把跟他人的比较作为衡量自己的唯一标准。

6. 学会自我接纳

自我接纳是主观幸福感的因素之一。所以学会做到对自己进行比较全面客观的认识，摆正自己的位置，正视自己的优缺点，接受自我，欣赏自我，并在此基础上发展自我，不断完善自我。

7. 坚强的信念与理想

在生命的旅途中，我们常常地遭遇各种挫折和失败，会陷入到某些意想不到的困境。这时，信念和理想犹如心理的平衡器，它能够帮助人们保持平稳的心态，度过挫折和坎坷，防止偏离人生的轨道，进入心理暗示。

所以，面对任何挫折，给自己的伤痛加个期限，告诉自己，在这个期限以内，我可以无尽地消沉，低落，一旦期限已到，我就已经不需要再疗伤了，即使伤口还在，它不能妨碍我的前行了。时间是一副良药，它可以在不知不觉中治愈我们的伤口。但这种治愈，并不是简单地随着时间而忘记，而是在生活阅历不断累积的过程中，我们的心变得更加豁达。

孩子抗挫折能力差的表现

1. 要求得不到满足时就乱发脾气、哭闹。
2. 受不了一点批评，光爱听表扬的话，一批评就不高兴，甚至哭闹。
3. 自尊心较强，好胜心强，好面子，承受不了失败。
4. 怕困难，遇到一点问题就退缩。
5. 特别娇气，做错了事，家长一说就哭。
6. 不敢承认错误，老是用哭来推卸责任。
7. 遇到一点困难就愁眉苦脸，不是想找大人帮忙就是想放弃，或怨天尤人。
8. 从不寻求解决困难的办法，从不分析失败的原因。

孩子抗挫折能力差的原因

1. 孩子个体因素

孩子的个性存在差异，有的孩子属于进取型，做什么事非得完成不可，否则决不罢休，表现为有点挑剔、追求完美的倾向。有的孩子属于怕输型，做事情不够用心，也没有坚持到底的倾向，做事很容易半途而废，或草草了事。

2. 家长自身因素

父母是孩子的第一位老师，孩子通过观察与模仿父母学习如何处理失败与挫折。如果父母在日常生活中，较多地强调或者暗示凡事都要赢，孩子当然也会以此为准则。有的父母自身缺乏承受压力和管理情绪的能力，喜怒无常，常常为爱预设条件，逼孩子勇敢，让孩子缺乏安全感和归属感。如果孩子表现出色时，就人前人后夸耀不已，或当孩子表现平常，则难免显露出失望的神情，逼着孩子只许成功不能失败，以博得父母关爱的眼神。

3. 家庭教育氛围

不少家长过度包办代替，事无巨细地帮孩子打理好生活中的一切事务，甚至规划好未来的发展，让孩子缺乏足够的生活自理能力。生活在安逸环境中的人往往过于脆弱，只有不断经受困难和挫折的人，才具有坚强的意志和强大的生存能力。有的父母期望过高，要求过严，当孩子失败时，父母又爱用负面、消极的方式，去否定孩子，让孩子心理压力过大，却又没有科学的方法去关注孩子心理健康和负面情绪疏导。于是孩子自然无法承担生活中小小的不如意，出现输不起、挫折容忍力差的状况。

家长如何培养孩子抗挫折能力

著名心理学家马斯洛说："挫折未必总是坏的，关键在于对待挫折的态度。"一个能笑看一切的人抗击打能力必定会比一般的人强。具备很强的挫折抵抗力的孩子就是那些在困境中依旧能够快乐前行的孩子。家长培养孩子的抗挫能力不妨试试以下几招：

1. 根据孩子个别差异顺势引导

如果您的孩子，属于"不能赢就不玩"的不妥协型，父母千万别再煽风点火、顺势要求"好，还要更好"。更不能让孩子永远立于不败之地，他们更需要有一些输的惨痛经验，才能体会"赢"是怎么回事。若您家孩子属于既期待又害怕受伤害的怕输型，父母则应多鼓励，最好的办法是先把标准降低一些，在遇到困难时，要温和地坚持，鼓励孩子完成任务，循序渐进，一旦有了成功的经验，他们会更愿意做出努力，并渐渐体会不轻言放弃的美好感受。

2. 让孩子有一个心理建设的过程

在日常生活里，家长要潜移默化地让孩子间接地接触和感知挫折，让孩子对挫折有一个形象具体的认识。比如，你可以陪孩子一起看看《狮子王》，给孩子讲讲《汤姆历险记》

这样的小故事，可以用夸张的语气来描述故事中主人公遇到的苦难，同时要激励孩子向故事中的主人公学习，学习他们的勇敢。这些虚拟而生动的挫折方式能让孩子对挫折有初步的认识，让孩子了解生活中有许多困难和挑战，面对它们不能胆怯，要勇敢地面对，才能收获那份成功的喜悦。从故事中体验困难和挫折，能给孩子一个很好的心理建设过程，家长要陪伴孩子一起走哦。

3. 让孩子从生活中体会挫折

让孩子自己系鞋带，在一开始可能是一个"天大的"困难，但是让孩子自己一个人面对这个困难，他就会学着自己思考解决问题的方法，品尝失败后，再想其他办法，最后解决问题。当孩子骄傲地把小脚丫伸出来向你"炫耀"他自己系好的鞋带时，想必这份喜悦和自信是其他东西所无法取代的。

4. 小小"刁难"一下你的孩子

除了一些自然的困难情境，家长有时候还应当刻意地"刁难"一下孩子，以此提高孩子对挫折的承受能力。对于孩子的一些要求，家长不要立刻就答应，而是延迟满足，这个过程能让孩子学会等待和忍耐，从而知道任何事情都是来之不易的。在与孩子相处或游戏时，设置一些小困难，不要处处顺他的意思，让孩子初步体会人和人之间会存在摩擦，在人际交往中会发生意想不到的问题和挫折。

5. 给予孩子面对挫折的勇气

孩子在成长过程中，既会有让人快慰的成功，也会有各种令人烦恼和痛苦的挫折。遭遇挫折是人生必经的坎儿。当挫折来临时，我们没有选择，只能接受不可避免的事实，并作出自我调整。当孩子遭受挫折时不要太多担心为其寻找理由，过度对孩子进行弥补或过分地哄骗，也不必为了避免失败而小心呵护甚至包办代替。这样做，不能让孩子了解到真正成功的意义与失败的价值，也不能帮助孩子学习面对失败及成功，而这些却是人生中非常重要的功课。

父母要给予孩子面对失败的勇气，明白失败是另一种学习途径，因其让我们印象更深刻以警醒。让孩子以后面对挫折有充分的心理准备，并引导其乐观地面对困难，积极地寻找各种方法去解决困难。

6. 传授成功与失败的真正含义

父母要将成功的含义，以浅显的语言告诉孩子：成功是把一件事情尽心尽力地完成，而非把别人打败。让孩子明白，事情的完成本身就是对自己的奖赏，而不一定需要外在的肯定。同时，也让孩子明白，失败可能仅仅是未能达成预设的目标，但是，失败有时会让我们获得更多。

经常和孩子分享父母成功与失败的经验，让他们知道即使是父母也有失败的时候。不要总是觉得孩子小，和孩子讨论自己处理失败的方式及心路历程，会让孩子更了解父母，也更能思考成功与失败的意义。

7.家长要做孩子的榜样

孩子的思维很直观，周围的人和事会对孩子有深刻的影响。在培养孩子抗挫折能力中，家长的作用非常重要，因此家长首先就要以身作则。当你自己面对挫折时，就要从容对待，让孩子感受到你战胜困难的决心和坚强的意志。你不妨当着孩子的面说一些给自己打气的话，别小看这几句自我鼓励哦，孩子从你身上能学到自我鼓励和平和的心态。

国外家长如何开展挫折教育

1.瑞士挫折教育注重培养自立能力

瑞士虽然是世界上最富裕的国家之一，但瑞士的父母们绝对不让自己的孩子养尊处优，他们很注重培养孩子的自立能力。十五六岁的女孩，初中毕业后，就要到别人家做一年女佣，上午劳动，下午上学；男孩到一定的年龄也要参加劳动，锻炼他们的劳动能力和独立生存能力，以免长大后成为不能独立生活的无能之辈。

2.日本挫折教育让孩子从小吃"苦"

在日本，一些家庭利用"挫折教育"手段，从小就培养孩子的吃苦能力。每到冬天，他们就让幼儿赤身裸体地在风雪中摸爬滚打。天寒地冻，北风怒吼，不少幼儿嘴唇冻得发紫，浑身发抖，父母们则站在一旁，置之不理。日本还提倡"穷留学之风"，让富裕的大城市学生到偏远的山区、村寨接受艰苦的生活训练，其目的就是要培养孩子吃苦耐劳的精神和坚韧不拔的毅力。

3美国挫折教育认识劳动的价值

美国南部一些州立中学，为培养学生适应社会生存的能力，特别规定：学生必须不带分文，独立谋生一周才能毕业。美国中学生的口号是："要花钱，自己挣！"不管家里多么富有，孩子一般12岁以后就得给家里做家务，如剪草、送报等，当然，家长也要相应付给自家的孩子"劳务报酬"，体现按劳取酬。美国的父母们常说，只要有利于培养孩子谋生的能力，让他们吃再多的苦也值得。14岁的詹尼佛每周礼拜六要去餐馆打工，虽然她也可以选择在家帮妈妈干活，照样可领取工资。但詹尼佛觉得在家赚自己母亲的钱不是本事，她一定要去外面赚钱来表示自己有自理能力。

4. 俄罗斯挫折教育注重培养独立意识

漫步在俄罗斯的街头和广场，无论是在莫斯科、圣彼得堡，还是在海参崴，都难得见到大人抱孩子或背孩子。在大街上，在台阶下，经常见到一些两三岁的小娃娃走不稳摔倒了，甚至跌得眼泪汪汪。而他们的父母亲，却连拉都不拉一把，只是停下脚步，鼓励他们自己爬起来，继续往前走。小孩子在一起玩，你追我赶，打打闹闹中跌破了皮、流出了血，疼得流眼泪。父母亲看见了，常常也只是察看一下伤痕，轻轻擦几下，然后就让他们站起来继续玩，仿佛摔跤破皮是不值一提的小事。对于孩子要做的，父母亲一般不加干涉，放手让他们自己去做。

5. 德国挫折教育注意培养责任意识

德国的父母们从来不包办孩子的事情，他们将子女视为独立的个体，给他们足够的空间，让子女学习作为独立的人应该做的事情。简单来说，一岁的时候父母就会鼓励他们自己捧着奶瓶喝牛奶，喝完了，父母还会向孩子道谢并加以赞许。随着孩子年龄和能力的增长，父母再引导他们完成一些更难的事情。这样，当他们走入社会时，在别人的眼里就不会成为低能的"废物"。不仅父母们注重培养孩子的责任感和自信心，法律也有这样的要求。德国法律规定，孩子到了14岁，就要在家里承担一些义务，比如要替全家人擦皮鞋等。德国人常说，自己的首要责任就是让孩子懂得，一个人走向社会，最终要靠自己，靠自立和自强，要对自己负责。

三省吾身

△您是一位具有抗挫折能力的家长吗？请举具体事例说明。

△您的孩子具有抗挫折能力吗？请举一件具体的事例说明。

△您打算为培养孩子的抗挫折能力做些什么？

亲子行动

亲子阅读

请您和自己的孩子一起阅读下面的三个小故事,然后一起讨论从中得到的收获,并请您指导孩子用自己的话讲述这三个故事。

战胜残疾的巴雷尼

巴雷尼小时候因病成了残疾,母亲的心就像刀绞一样,但她还是强忍住自己的悲痛。她想,孩子现在最需要的是鼓励和帮助,而不是妈妈的眼泪。母亲来到巴雷尼的病床前,拉着他的手说:"孩子,妈妈相信你是个有志气的人,希望你能用自己的双腿,在人生的道路上勇敢地走下去!好巴雷尼,你能够答应妈妈吗?"

母亲的话,像铁锤一样撞击着巴雷尼的心扉,他"哇"的一声,扑到母亲怀里大哭起来。

从那以后,妈妈只要一有空,就给巴雷尼练习走路,做体操,常常累得满头大汗。有一次妈妈得了重感冒,她想,做母亲的不仅要言传,还要身教。尽管发着高烧,她还是下床按计划帮助巴雷尼练习走路。黄豆般的汗水从妈妈脸上淌下来,她用干毛巾擦擦,咬紧牙,硬是帮巴雷尼完成了当天的锻炼计划。

体育锻炼弥补了由于残疾给巴雷尼带来的不便。母亲的榜样作用,更是深深教育了巴雷尼,他终于经受住了命运给他的严酷打击。他刻苦学习,学习成绩一直在班上名列前茅。最后,以优异的成绩考进了维也纳大学医学院。大学毕业后,巴雷尼以全部精力,致力于耳科神经学的研究。最后,终于登上了诺贝尔生理学和医学奖的领奖台。

从未沉没过的船

英国劳埃德保险公司曾从拍卖市场买下一艘船,这艘船1894年下水,在大西洋上曾138次遭遇冰山,116次触礁,13次起火,207次被风暴扭断桅杆,然而它从没有沉没过。

劳埃德保险公司基于它不可思议的经历及在保费方面给带来的可观收益,最后决定把它从荷兰买回来捐给国家。2013年时,这艘船停泊在英国萨伦港的国家船舶博物馆里。

不过,使这艘船名扬天下的却是一名来此观光的律师。当时,他刚打输了一场官司,委托人也于不久前自杀了。尽管这不是他的第一次失败辩护,也不是他遇到的第一例自杀事件,然而,每当遇到这样的事情,他总有一种负罪感。他不知该怎样安慰这些在生意场上遭受了不幸的人。

当他在萨伦船舶博物馆看到这艘船时，忽然有一种想法，为什么不让他们来参观参观这艘船呢？于是，他就把这艘船的历史抄下来和这艘船的照片一起挂在他的律师事务所里，每当商界的委托人请他辩护，无论输赢，他都建议他们去看看这艘船。它使我们知道：在大海上航行的船没有不带伤的。

我要扼住命运的咽喉

30岁时，贝多芬爱上了一个伯爵小姐，但她父亲嫌贝多芬出身低贱，硬是把女儿许配给一个伯爵。这给了贝多芬极大的精神刺激，据说他的名曲《致爱丽丝》就是在这段时间内创作的。

失恋固然令他伤心，但更令他伤心的是他的耳朵开始发聋。他在给朋友的一封信中写道："我过着一种悲惨的生活……要是干别的职业，也许还可以；但在我的行当里，这是最可怕的遭遇！"贝多芬曾竭力治疗，却无济于事，他搬到维也纳乡下去疗养了两年。结果病情不但没有好转，反而更加恶化了，就连窗口对面的教堂钟声都听不到了。

绝望中，贝多芬多次想到了死，但他不甘心就这样离开人世，他坚信只有音乐才能拯救他。他在给朋友的一封信中写道："我要扼住命运的咽喉，不容它毁掉我！"贝多芬立志要在余生中从事音乐创作。从此，维也纳的官廷乐会少了一位出色的钢琴弹奏家，但世界乐坛却诞生了一位不朽的作曲家。

贝多芬从32岁起开始音乐创作，在近两年的彷徨与探索后，他终于创作出第一部具有自己鲜明特点的作品——《第三交响曲》（《英雄交响曲》），其最突出的特点是音调跌宕起伏，时而沉静凝思，时而愤慨咆哮，令人情绪激愤。贝多芬一生都经历着坎坷磨难，然而苦难孤寂的生活没有打垮他，他始终坚定地守望着自己的信念，在孤独并失聪的境况下，顽强地遵循着自己艺术的箴言，创造出古典和浪漫主义音乐艺术的巅峰，无人比肩！

趣味测试

测测您的抗挫折能力

请在下列10道题中A、B、C三个答案中，选出最适合自己的一项。

1. 有十分令人担心的事时，你会____

   A. 无法工作

   B. 照常工作

C. 介于二者之间

2. 碰到讨厌的对手时，你会____

A. 无法应付

B. 应付自如

C. 介于两者之间

3. 遇上难题时，你会____

A. 失去信心

B. 动脑筋解决问题

C. 两者之间

4. 当困难落到自己头上时，你会____

A. 嫌弃和厌恶

B. 认为是锻炼自己的好机会

C. 兼而有之

5. 产生自卑感时，你会____

A. 不想再干工作

B. 振奋精神去干工作

C. 介于两者之间

6. 当领导给你很困难的任务时，你会____

A. 顶回去了事

B. 想一切办法完成

C. 顶一会儿再去干好

7. 当工作条件恶劣时，你会____

A. 无法干好工作

B. 克服困难干好工作

C. 介于二者之间

8. 工作中感到疲劳时，你会____

A. 总想着疲劳，脑子不好使

B. 休息一会儿，忘了疲劳

C. 介于两者之间

9. 当你遇上难题时，你会____

A. 失去信心

B. 动脑筋解决问题

C. 介于两者之间

10. 当你面临失败时，你会____

A. 破罐子破摔

B. 将失败变为成功

C. 随机应变

计分标准：选 A 为 0 分，选 B 为 2 分，选 C 为 1 分，将所得分数相加。

温馨提示：

17 分及以上：说明你抗挫折能力很强，能抵抗失败和挫折。

10～16 分：你虽有一定的抗挫折能力，但对某些较大的打击依然难与抗衡，须加强心理素质的锻炼。

9 分及以下：你的抗挫折能力急需提高，甚至一些细小的挫折就能让你消沉半天。

行动建议：

1. 要对挫折有一个正确的认识。在人的一生中，人是处在客观环境中和现实生活中，都会遇到不同程度的挫折，几乎每一个人都无法逃避。面对挫折，要有思想准备，不可担心害怕，一蹶不振。应该认识到，在人生中遭受些挫折反而可以磨砺人的意志，提高克服困难，适应社会的能力，这样才能造就出真正的人才。

2. 要有应对挫折的技巧。有了应对技巧，可以在有挫折时，变通处理，化险为夷，度过困难。例如激励法：一旦遇到挫折，尽量少些想它带来的负面影响，而不断去激励自己，要自己振作起来，去争取最后的成功；满足法：挫折前，要满足已经取得的目标，对一时达不到的目标不强求，不奢望，心想毕竟还有不如自己的人。综上总述，挫折并不可怕，只要有勇气有能力去开拓去战胜它，成功最终会属于你。

成长记录

请您将自己为提高孩子抗挫折能力所开展的各项准备活动或措施及其效果记录在下表中。

时间	开展的具体活动或措施	活动或措施的效果	备注

伊梨的初冬（局部） 布面油画 120cm×200cm 2015 年

情绪如天气
——如何帮助孩子管理自己的情绪

启智故事

钉子

有一个脾气很坏的男孩,他父亲给了他一袋钉子,并且告诉他,每当他发脾气的时候就钉一个钉子在后院的围栏上。第一天,这个男孩钉下了 37 颗钉子。慢慢的,每天钉下的数量减少了,他发现控制自己的脾气要比钉下那些钉子容易。于是有一天,这个男孩再也不会失去耐性,乱发脾气。他告诉父亲这件事情,父亲又说,现在开始每当他能控制自己脾气的时候,就拔除一颗钉子。一天天过去了,最后男孩告诉他的父亲,他终于把所有钉子给拔出来了。

父亲握着他的手,来到后院说:"你做得很好,我的好孩子。但是,看看那些围栏上的洞,这些围栏永远不能回复到从前的样子。你生气时说的话就像这些钉子一样留下疤痕。如果你拿刀子捅别人一刀,不管你说了多少次对不起,那个伤口将永远存在,话语的伤痛就像刀子的伤痛一样令人无法承受。人与人之间常常因为一些无法释怀的坚持,而造成永远的伤害。如果我们都能从自己做起,宽容地看待他人,相信你一定能收到许多意想不到的结果。给别人开启一扇窗,也就是让自己看到更完整的天空。"

爱地巴跑圈

在古老的西藏,有一个叫爱地巴的人,每次生气和人起争执的时候,就以很快的速度跑回家去,绕着自己的房子和土地跑三圈,然后坐在田地边喘气。爱地巴工作非常努力,他的房子越来越大,土地也越来越广,但不管房地有多大,只要与人争论生气,他还是会绕着房子和土地绕三圈,爱地巴为何每次生气都绕着房子和土地绕三圈?所有认识他的人,心理都起疑惑,但是不管怎么问他,爱地巴都不愿意说明。

直到有一天,爱地巴很老,他的房地已经很广大,他生气,拄着拐杖艰难地绕着土地跟房子,等他好不容易走三圈,太阳都下山了,爱地巴独自坐在田边喘气。他的孙子在身边恳求他:"阿公,你已经年纪大,这附近地区的人也没有人的土地比你更大,您不能再像从前,一生气就绕着土地跑啊!您可不可以告诉我这个秘密,为什么您一生气就要绕着土地跑上三圈？"

爱地巴禁不起孙子恳求，终于说出隐藏在心中多年的秘密，他说："年轻时，我若和人吵架、争论、生气，就绕着房地跑三圈，边跑边想，我的房子这么小，土地这么小，我哪有时间，哪有资格去跟人家生气，一想到这里，气就消了，于是就把所有时间用来努力工作。"孙子问到："阿公，你年纪老，又变成最富有的人，为什么还要绕着房地跑？"爱地巴笑着说："我现在还是会生气，生气时绕着房地走三圈，边走边想，我的房子这么大，土地这么多，我又何必跟人计较？一想到这，气就消了。"

劝君遇事莫生气，生气是用别人的过失来惩罚自己！

"老师，我没有胡闹"

"数学王子"高斯七岁那年，上小学了。教师名字叫布特纳，是当地小有名气的"数学家"。这位来自城市的青年教师，总认为乡下的孩子都是笨蛋，自己的才华无法施展。三年级的一次数学课上，布特纳对孩子们又发了一通脾气，然后，在黑板上写下了一个长长的算式：$81297+81495+81693+……+100701+100899=$？"哇！这是多少个数相加呀？怎么算呀？"学生们害怕极了，越是紧张越是想不出怎么计算。布特纳很得意。他知道，像这样后一个数都比前一个数大 198 的 100 个数相加，这些调皮的学生即使整个上午都乖乖地计算，也不会算出结果。不料，不一会儿，小高斯却拿着写有答案的小石板过来了，说："老师，我算完了。"布特纳连头都没抬，生气地说："去去，不要胡闹。谁想胡乱写一个数交差，可得小心！"说完，挥动了一下他那铁锤似的拳头。可是小高斯却坚持不走，说："老师，我没有胡闹。"并把小石板轻轻地放在讲台上。布特纳看了一眼，惊讶得说不出话来，没想到，这个十岁的孩子居然这么快就算出了正确的答案。原来，小高斯不是像其他孩子那样一个数一个数地加，而是细心地观察，动脑筋，找规律。他发现一头一尾两个数依次相加，每次加得的和都是 182196，求 50 个 182196 的和可以用乘法很快算出。小高斯的难以置信的数学天赋，使布特纳既佩服，又内疚。从此，他再也不轻视穷人的孩子了。他给小高斯买来了许多数学书，并让他的年轻助手巴蒂尔帮助小高斯学数学。

林肯的故事

一天，陆军部长斯坦顿来到林肯那里，气呼呼地对他说一位少将用侮辱的话指责他偏袒一些人。林肯建议斯坦顿写一封内容尖刻的信回敬那家伙。

"可以狠狠地骂他一顿。"林肯说。

斯坦顿立刻写了一封措辞强烈的信，然后拿给总统看。

"对了，对了。"林肯高声叫好，"要的就是这个！好好训他一顿，真写绝了，斯坦顿。"

但是当斯坦顿把信叠好装进信封里时，林肯却叫住他，问道："你干什么？"

"寄出去呀。"斯坦顿有些摸不着头脑了。

"不要胡闹。"林肯大声说，"这封信不能发，快把它扔到炉子里去。凡是生气时写的信，我都是这么处理的。这封信写得好，写的时候你已经解了气，现在感觉好多了吧，那么就请你把它烧掉，再写第二封信吧。"

数学新星的陨落

非欧几何的创立者小波利亚在1831年6月，把自己的论文《绝对空间的科学》寄给大数学家高斯，以征求高斯的意见。但不幸的是，论文在途中被遗失了。1832年1月，小波利亚再寄去一份，高斯收到信和附录后非常吃惊。同年2月14日，高斯给老波利亚回信说，小波利亚具有极高的天赋，但他又说："我不能称赞这篇论文，因为称赞他等于称赞我自己，这一研究的所有内容，你的儿子所采用的方法和所达到的一些结果几乎和我在30至35年前已开始的个人沉思相符合。"并表示："对于我自己的著作，虽然才写好一小部分，但是我的目标本来是终生不想发表的，因为大多数人对这方面所讨论的问题抱着不正确的态度，我不想听到某些人的喊声。现在，有了老朋友的儿子能把它发表出来，看到它不会同我一起被湮没，这让我感觉非常高兴。"

许久不见高斯的回应，这令小波利亚感到极其失望。更加悲惨的是，小波利亚始终被蒙在鼓里，他对高斯所做的一切毫不知情。尽管高斯并没有发表关于非欧几何的论文，但他仍然认为，高斯这位"贪心的巨人"已经有意无意地剽窃了他的成果，剥夺了他创立非欧几何的优先权。一位堂堂的数学大师竟然如此的卑劣，小波利亚悲愤交加、痛心疾首、郁郁寡欢。

这无论对他的身体还是他的心理都是极大的打击，使他的身心受到损害，严重地阻碍了他进一步研究的精力与欲望。

1848年，小波利亚看到俄国数学家罗巴切夫斯基于1840年用德文写的、载有非欧几何成果的小册子《关于平行线理论的几何研究》之后，他更加恼怒，怀疑人人都与他作对，决定抛弃所有关于数学方面的研究，发誓不再发表任何数学论文。

在挫折、悲愤、贫困之中，小波利亚于1860年1月27日由于肺炎发作在马洛斯发沙黑利悄然去世了。一颗新星就此过早地陨落了！

智慧导航

情绪与情绪管理

情绪，是对一系列主观认知经验的通称，是多种感觉、思想和行为综合产生的心理和生理状态。情绪的最基本四种表现是快乐、愤怒、恐惧、悲哀。情绪无好坏之分，一般只划分为积极情绪、消极情绪。情绪不可能被完全消灭，但可以进行有效疏导、有效管理、适度控制。由情绪引发的行为则有好坏之分，行为的后果有好坏之分。

情绪管理是对个体和群体的情绪感知、控制、调节的过程，其核心必须将人本原理作为最重要的管理原理，使人性、人的情绪得到充分发展，人的价值得到充分体现；是从尊重人、依靠人、发展人、完善人出发，提高对情绪的自觉意识，控制情绪低潮，保持乐观心态，不断进行自我激励、自我完善。

情绪的管理不是要去除或压制情绪，而是在觉察情绪后，调整情绪的表达方式。有心理学家认为情绪调节是个体管理和改变自己或他人情绪的过程。在这个过程中，通过一定的策略和机制，使情绪在生理活动、主观体验、表情行为等方面发生一定的变化。这样说，情绪固然有正面有负面，但真正的关键不在于情绪本身，而是情绪的表达方式。以适当的方式在适当的情境表达适当的情绪，就是健康的情绪管理之道。如同亚里士多德所言："任何人都会生气，这没什么难的，但要能适时适所，以适当方式对适当的对象恰如其分地生气，可就难上加难。"

情绪管理的主要内容

1. 情绪的自我觉察能力

情绪的自我觉察能力是指了解自己内心的一些想法和心理倾向，以及自己所具有的直觉能力。自我觉察，即当自己某种情绪刚一出现时便能够察觉，它是情绪智力的核心能力。一个人所具备的、能够监控自己的情绪以及对经常变化的情绪状态的直觉，是自我理解和心理领悟力的基础。如果一个人不具有这种对情绪的自我觉察能力，或者说不认识自己的真实的情绪感受的话，就容易听凭自己的情绪任意摆布，以至于做出许多甚遗憾的事情来。伟大的哲学家苏格拉底的一句"认识你自己"，其实道出了情绪智力的核心与实质。但是，在实际生活中，可以发现，人们在处理自己的情绪与行为表现时风格各异，你可以对照一下，看看自己是哪种风格的人。

2. 情绪的自我调控能力

情绪的自我调控能力是指控制自己的情绪活动以及抑制情绪冲动的能力。情绪的调控能力是建立在对情绪状态的自我觉知的基础上的，是指一个人如何有效地摆脱焦虑、沮丧、激动、愤怒或烦恼等因为失败或不顺利而产生的消极情绪的能力。这种能力的高低，会影响一个人的工作、学习与生活。当情绪的自我调控能力低下时，就会使自己总是处于痛苦的情绪旋涡中；反之，则可以从情感的挫折或失败中迅速调整、控制并且摆脱而重整旗鼓。

3. 情绪的自我激励能力

情绪的自我激励能力是指引导或推动自己去达到预定目的的情绪倾向的能力，也就是一种自我指导能力。它是要求一个人为服从自己的某种目标而产生、调动与指挥自己情绪的能力。一个人做任何事情要成功的话，就要集中注意力，就要学会自我激励、自我把握，尽力发挥出自己的创造潜力，这就需要具备对情绪的自我调节与控制，能够对自己的需要延迟满足，能够压抑自己的某种情绪冲动。

4. 对他人情绪的识别能力

这种觉察他人情绪的能力就是所谓同理心，亦即能设身处地站在别人的立场，为别人设想。愈具同理心的人，愈容易进入他人的内心世界，也愈能觉察他人的情感状态。

5. 处理人际关系的能力

处理人际关系的协调能力是指善于调节与控制他人情绪反应，并能够使他人产生自己所期待的反应能力。一般来说，能否处理好人际关系是一个人是否被社会接纳与受欢迎的基础。在处理人际关系过程中，重要的是能否正确地向他人展示自己的情绪情感，因为，一个人的情绪表现会对接受者即刻产生影响。如果你发出的情绪信息能够感染和影响对方的话，那么，人际交往就会顺利进行并且深入发展。当然，在交往过程中，自己要能够很好地调节与控制住情绪，所有这些都需要人际交往的技能。

引导孩子学会识别自己的情绪

家长要让孩子察觉自己的情绪，知道自己的感受是什么。家长要成为一个积极的倾听者，认可孩子的情绪，而不是压制孩子的情绪，尊重孩子的感受，而不是否定孩子的感受。我们还要帮助孩子用语言说出自己的感受，找到一些恰当的与情绪对应的词语，说出自己的感受有利于让孩子更清楚地识别自己的情绪。

1. 帮助孩子积累表达感受的词语。父母是孩子的情感导师，我们可以抓住日常生活中的机会教孩子掌握一些表达感受的词语，让孩子懂得如何描述自己的感受。比如，当孩子被作业难住时，可以对孩子说"你现在很郁闷吧！这道题好像很难"；当孩子被别人欺负时，可以对孩子说"你现在很伤心吧"；当孩子被误解时，可以对孩子说"你是不是很委屈啊"等等。

2. 告诉孩子一些关于感受的身体反应。我们可以教给孩子一些基本常识，让孩子了解当遭遇某种情绪的时候，身体会有什么样的反应。比如，当人们害羞时，脸会变红；当人们愤怒时，会咬牙切齿；当人们沮丧时，会垂头丧气；当人们高兴时，会手舞足蹈等等。

3. 利用可视化材料来帮助孩子描述自己的感受。通过绘本、视频、照片或图片等可视化材料，声情并茂地告诉孩子别人经历的不同感受。比如，"这张图片中的阿姨正在为丢了手机伤心不已，眼泪快要掉下来了"；"电视里的小朋友找不到爸爸妈妈，害怕得大声哭了"；跟孩子一起读绘本的时候，可以讨论故事中的人物的感受，"艾玛奶奶走了，思达是不是很难过啊"等等。

4. 教孩子通过观察别人的面部表情或身体语言来识别他人的感受。我们经常会带孩子出去玩或去超市购物等，在这个过程中可以让孩子多留意一些场景，观察和识别他人的情绪。比如，很多人一起排队时突然看见有人插队，让孩子观察被挤到后面的人的反应，了解他人生气的感受。

5. 利用机会让孩子描述自己的感受。我们既可以利用真实场景，也可以通过玩游戏的方式，来为孩子创造机会描述自己的情绪。比如，"你是不是还在为弟弟搞乱了你的抽屉难过呢？你生气了吗？""如果你的金鱼死了，会很伤心吗？"等等。

家长教孩子学会情绪管理的方法

1. 帮助孩子认知情绪

管理情绪的第一步，就是能识别出自己的各种情绪。我们可以随时指出孩子的各种情绪——激动、失望、自豪、孤独、期待等等，不断丰富孩子的情绪词汇库。

孩子能识别出的情绪越多，他就越是能清晰地表达出来，而准确地表达自己的情绪，这就是处理情绪的开端。能表达，他才能沟通，才能想办法。有时，只需表达出来，情绪就解决了。

2. 认同孩子的情绪

认同跟接纳还是有不一样的地方，认同不仅仅是接纳，还让孩子感觉到情绪有合理性。如果我们理解孩子，往往会平复孩子的情绪，孩子也不会再被同一个问题困扰。

3. 让孩子学习恰当地表达情绪

家长认同和确认孩子的情绪，能让孩子明白一件事：不管你正体验着正面情绪还是负面情绪，父母都能理解，父母认同你的感受。但是，怎么发泄和表达这种情绪呢？情绪没有好坏之分，不过表达情绪的行为却有好坏之分。因此家长应该告诉孩子表达自己的情绪应该做到三个原则：不伤害他人，不伤害自己，不损坏财物。让孩子自己思考怎样表达情绪比较合适。

研究认为，情绪表达是后天学习到的。学习适当地调节和疏导情绪更需要一个长期的过程。对孩子来说，他们需要学习行为的界限，怎么表达情绪是恰当的。如果不能学会恰当地表达情绪，就不能很好地学会管理情绪，更有可能产生各种行为问题。无条件接纳不是什么都接纳，而是无条件接纳孩子的感受，有规则地接受孩子的行为。

孩子往往在生气或者遭受挫折的时候发脾气，推别的小朋友、扔玩具，等等。如果理解这些情绪的同时容忍这些行为，孩子会认为这样表达情绪、宣泄情绪是对的，他就不能学会控制情绪，而且在类似的情况下会继续使用这些不恰当的方式。所以父母必须要让孩子明白：我理解你此刻的感受，可是，你打人、扔玩具是不对的。打人伤害了别人，扔玩具会破坏东西。父母可以让孩子想一想，什么样的发泄方式既不伤害别人，也不伤害自己，也不破坏东西。可以用语言讲出来，可以画画，可以想象自己的头上在冒烟，小朋友会想出很多有创意的办法来。

4. 启发思考，通过解决问题来疏导孩子的情绪

很多时候只要我们对孩子的情绪表示理解和认同，他们就能平静下来。但也有些时候，仅仅认同情绪还不够，我们需要启发孩子思考，解决问题。

孩子心爱的玩具坏了，哭闹不已。有些父母会不耐烦，一个玩具有什么了不起的，别哭了，再去买一个。可是家长也许不理解孩子的心情，他对玩具是有感情的，你买一个新的并不能代替他对旧的那个的感情。这个时候我们要理解他："玩具坏了你很伤心，来，到妈妈这里哭一会儿，我们想想办法接下来怎么办。"孩子的感受得到父母的认同，就会慢慢平静下来。然后我们可以说："这个玩具的这个功能是坏了，但也许不影响玩呢。"也许孩子可能会自己找到办法："对啊，这个功能坏了也没关系，我可以玩其他的功能。"或者，"我可以当别的东西来用。"或者，"让爸爸看下，能不能修好。"当他开始思考的时候，他的情绪就已经得到排解了。

5. 接受孩子的消极情绪

对于孩子的消极情绪，我们不要去否认、压制、贬低、怀疑，不要说"这有什么可怕的""你不应该感到失望""你没有理由生气"等等，而是要帮助孩子去接受、识别，然后再教给处理办法。

教给孩子管理消极情绪的前提是，我们自己要能从容去对待。我们会发现，做到这一点真是有难度啊。家长要认识到，消极情绪对孩子是有益的，是他认识自己、提高情商、学习成长的一个好机会。它是中性的，不是坏事。把它当作一阵风吧，控制好，甚至利用它去发电、放风筝。其次，家长要尽量把孩子的行为和情绪跟自己的分开。自己的劳累、抱怨、委屈，自己去解决。别做不合理的挂钩。

6. 给孩子自己处理消极情绪的机会

孩子发脾气，我们本能地想救火。如果认识到消极情绪的意义，我们就知道，不必急于让情绪消失，而是要尽量给孩子机会，让他感受、识别，同时自己锻炼着平复下来。他每自己平复一次，他的情绪控制能力就得到了一次锻炼。

7. 教给孩子处理消极情绪的办法

宣泄法：比如打沙发打枕头、撕纸。倾诉法：找人聊天、写日记、随意画画。镇静法：数数、深呼吸。转移法：看景色、听歌、运动、做自己的爱好。还有就是那些能引起积极情绪的方法，比如想好事、品味美好等等。

对于消极情绪，要多分析多思考，去想办法，这样有利于化解情绪。但是对于积极情

绪，则尽量少分析，多去感受，把它作为一个整体去感受。好事，有时分析太多，好的感觉反倒没了。

三省吾身

您是一位具有情绪管理能力的家长吗？请举具体事例说明。

您的孩子具有情绪管理能力吗？请举一件具体的事例说明。

您打算为培养孩子的情绪管理能力做些什么？

亲子行动

亲子阅读

请您和自己的孩子一起阅读下面的三个小故事，然后一起讨论从中得到的收获，并请您指导孩子用自己的话讲述这三个故事。

爱生气的小蟹

一只小蟹经常会为一点小事而生气，一天，它的朋友都来劝它，对它讲述生气的危害。

"小蟹！你别常常生气！生气会坏事！"金鱼以朋友的资格忠告小蟹说。

"胡说，我不信！我要生气会怎样？"这时的小蟹不接受金鱼的忠告。

"你别生气！生气会坏事，小蟹！我告诉你！"小鳅对小蟹说。

"胡说，我不信！我要生气会怎样？"小蟹不接受小鳅的警告。

"小蟹，我是你的老长辈，我劝诫你：凡是坏事，都是因为生气的缘故！"这时，乌龟也劝着小蟹。

"胡说，我不信！我要生气会怎样？"同样，小蟹也不接受乌龟的劝告。

"等到你吃了亏，坏事的日子到来了，才知道生气是不该的！"鲈鱼也这么说。

"我劝你不要生气，你还不相信！将来终有一天会证明我这话是对的！"虾也这样说。

"真的！要是吃了亏之后，你才相信我们的话是好话，那就迟了！"鳗鱼接着说。

这时，鲫鱼、鲥鱼、青鱼等都拥上来规劝小蟹不要总是那么爱生气。

"你们都是胡说八道！我不信！我要生气能怎样？"小蟹执意不肯接受大伙儿的规劝。

当小蟹横行爬向河岸时，大家只听见："呀！什么东西触痛了我？"原来，小蟹恰巧被渔翁的竹竿触着了。它马上又生气了，把竹竿紧紧钳住，同时嘴里还气哼哼地说："你是什么东西，怪可恶的！如今被我钳住了！我不放你！我永远不放你！"这时渔翁把竹竿轻轻提起，小蟹也就被扔到竹篓里了。

由这个故事我们可以看出，火气大、爱发脾气实际是一种敌意和愤怒的心态。当人们的主观愿望与客观现实相悖时，就会产生这种消极的情绪反应。为了确保自己的身心健康，必须学会控制自己，克服爱发脾气的坏毛病。同时，因为你的生气，有可能还会招来不利，就像故事中的小蟹一样，由于不听大家的劝告，而最终被渔翁扔到了竹篓里，很可能会成为人们的一顿美餐，这也是由于生气而招来的后果。

成吉思汗的鹰

一次，成吉思汗带着他的一名手下出外打猎。一大早他们便出发了，但是到了中午依然没有任何收获，最后只好意兴阑珊地返回帐篷。为此成吉思汗很不甘心，随后又带着皮袋、弓箭以及心爱的飞鹰，一个人默默地走到山上。

烈日当空，他沿着小道向山上走去，一直走了好长的一段时间，口渴的感觉越来越重，却找不到任何水源。

许久过后，他来到了一个山谷，看到有细水从上面一滴一滴地流下来。这时成吉思汗很高兴，他立即从皮袋里取出一只杯子，耐着性子用杯去接那一滴一滴流下来的水。

当水接到七八分满时，他开心地把杯子拿到嘴边，就在他想把水喝下去的一刹那，一阵风刮过，猛然间把杯子从他手里刮翻了。

眼看就要到口的水弄洒了，这时的成吉思汗又急又怒。他抬头望见他心爱的鹰在头顶上盘旋，这才明白是它捣的鬼。他非常生气，却又无可奈何，只好自己拿起杯子再次接水喝。

当水再次接到七八分满时，又有一阵风把水杯弄翻了。又是他的爱鹰在捣鬼！这时成吉思汗有种报复的心理："好！你这只老鹰既然不知好歹，专门给我找麻烦，那我现在就好好整治你一下！"

于是，成吉思汗一声不响地举起自己的水杯，又重新接着一滴滴的水。当水接到七八分满时，他慢慢地从身上取出尖刀，拿在手中，然后把杯子慢慢地移近嘴边。这时老鹰又向他飞过来，成吉思汗用很快的速度举起尖刀，把鹰杀死了。

由于成吉思汗的注意力过分集中在杀老鹰上面，疏忽了手中拿着的杯子，这时杯子已掉进了山谷里。成吉思汗无法再接水喝了，不过他想：既然有水从山上滴下来，那么上面也许有蓄水的地方，很可能是湖泊或山泉。于是他竭尽全力地向上爬，终于攀上了山顶，发现那里真的有一个蓄水的池塘。成吉思汗高兴极了，立即弯下身子想要喝个饱。忽然，他看见池边有一条大毒蛇的尸体，这时才恍然大悟："原来飞鹰救了我一命！正由于它刚才屡屡打翻我杯子里的水，才使我最终没有喝那被毒蛇污染过的水。"

成吉思汗在盛怒之下杀了心爱的飞鹰，明白了事情的真相后他后悔莫及。假如他能忍住一时的怒气……然而没有如果，事情已经发生了。正由于世上没有卖后悔药的，因此在考虑到后果之前，千万不要在冲动时做出决定。

只有冷静救得了你

一个年仅20岁的青年由于家庭贫困辍学，但他有一个妹妹，成绩优异，不上大学实在可惜，于是他来到工地挖隧道挣钱供妹妹读书，不料第一次走进隧道就岩石塌方了。

当时局面难以控制，有人大放悲声，有人想往岩石上撞，近乎疯狂。他也差点控制不住自己，刹那间他想了很多，首先想到了死——但若自己完了，妹妹也会辍学，父母也会悲痛欲绝。他镇静了一下，决定试着控制局面，他努力使自己的声音变得很沉稳："我是新来的工程师，想活命吗？想活命就听我的！"黑暗中，几个人渐渐安静下来。

他又向被困的四个人发号施令："一、被困的四个人必须听他指挥。二、外面肯定在组织救援，但需要时间。三、休息睡觉，因为累死也搬不动那千斤重的大石头。四、隧道里到处都是水，有水就能活十几天。不过他还是隐瞒了两件事情：第一是他进隧道时带了两个馒头，现在已成无价之宝。第二是他有一个电子表，可以掌握时间。

第三天过去了，隧道里还是没有一丝光亮，他把其中一个馒头分成四份给大家吃。第五天，终于听见隧道隐约传来钻机风镐的轰鸣。他赶紧把最后一个馒头分成四份给大家吃，然后大声命令四个人拿起工具拼全力往巨石上敲击……

几个劫后余生的人躺在病床上怎么也不会相信，那个沉稳威严的"工程师"竟然是一个毛头小伙。当记者采访他时，他只说了我们经常听到一句话："因为冷静，在紧要关头，只有冷静救得了你。"

趣味测试

测测您的情绪管理能力

1. 尽管发生了不快，你仍能毫不在乎地思考其他事情；
2. 不计较小事，经常保持坦率诚恳的态度；
3. 习惯把担心的事情写在纸上，并进行整理；
4. 在做事情的时候，往往具有比规定更有可能实现的目标；
5. 失败的时候会仔细思考，反省其中的原因，但不会愁眉不展，整天闷闷不乐；
6. 具有悠闲自娱乐的爱好；
7. 常常倾听众人的意见，听取别人意见并改正；
8. 做事情有计划积极地进行，遇到挫折也不气馁；
9. 在无路可走的时候，能够改变你的生活方式或节奏，适应新的生活；
10. 在学业上，尽管别人比自己强，但仍旧保持"我走我的路"的信条；
11. 对于自己的进步，哪怕只是一点点，都会有高兴的表示；
12. 乐于一点一滴的累积有益的东西；
13. 很少感情用事；
14. 尽管想做某一件事情，但是自己估量不可能时，也会打消念头；
15. 往往理智缜密地思考和判断，不拘泥于细枝末节；

评分标准：回答一个"是"，可以获得1分。

温馨提示：

0~6分：表明你的情绪不稳定，经常患得患失，所以要小心了，如果你是这样，可能该去找朋友专家谈谈，分担一下。

7~9分：情绪稳定性一般，但缺乏情绪管理的能力，需要借助相关的课程或者书籍来学习。

10~15分：情绪管理能力很好，有较强的自我反省能力，并能很好处理一些事情。

成长记录

请您将自己为培养孩子情绪管理能力所开展的各项准备活动或措施及其效果记录在下表中。

时间	开展的具体活动或措施	活动或措施的效果	备注

冬竹（局部） 布面油画 90cm×118cm 2015年

12

让孩子插上想象的翅膀
——如何培养孩子的想象力

启智故事

想象力的辩护

在美国,曾发生过这样一个故事:1968年,内华达州一位叫伊迪丝的三岁小女孩告诉妈妈,她认识礼品盒上"OPEN"的第一个字母"O"。这位妈妈听后非常吃惊,问她是怎么认识的。伊迪丝说是"薇拉小姐教的"。

令人想不到的是,这位母亲一纸诉状把薇拉小姐所在的幼儿园,告上了法庭,她的理由令人吃惊,竟是说幼儿园剥夺了伊迪丝的想象力,因为她的女儿在认识"O"之前。能把"O"说成苹果、太阳、足球及鸟蛋之类的圆形东西,然而自从幼儿园教她识读了"O"后,伊迪丝便失去了这种能力。诉状递上去之后,幼儿园的老师们都认为这位母亲大概是疯了,一些家长也感到此举有点莫名其妙。

3个月后,此案在内华达州州立法院开庭,最后的结果却出人意料,幼儿园败诉,因为陪审团的23名成员都被这位母亲在辩护时讲的一个故事感动了。

这位母亲说:"我曾到东方某个国家去旅行,在一家公园里见过两只天鹅,一只被剪去了左边的翅膀,一只完好无损。剪去翅膀的被放养在较大的一片水塘里,完好的一只被放养在一片较小的水塘里。当时我非常不解,那里的管理人员说,这样能防止它们逃跑。他们的解释是,剪去一边翅膀的天鹅无法保持身体的平衡,飞起后就会掉下来,因此可以放在大水塘里;而在小水塘里的天鹅,虽然没有被剪去翅膀,但起飞时因没有必需的滑翔路程,也会老实地呆在水塘里。当时我非常震惊,震惊于东方人的聪明和智慧。可是我也感到非常悲哀,今天,我为我女儿的事来打这场官司,是因为我感到伊迪丝变成了幼儿园的一只天鹅,他们剪掉了伊迪丝的一只翅膀,一只幻想的翅膀,他们早早地把她投进了那片小水塘,那片只有26个字母的小水塘。"

这段辩护词后来竟成了内华达州修改《公民教育保护法》的依据,其中规定幼儿在学校必须拥有的两项权利:1.玩的权利;2.问为什么的权利,也就是拥有想象力的权利。

诺贝尔奖获得者的想象力

2010年诺贝尔奖获得者——英国曼彻斯特大学科学家安德烈·海姆和其学生康斯坦丁·诺沃肖洛夫的故事让人津津乐道。不仅因为年仅36岁的诺沃肖洛夫在平均年龄50岁的诺贝尔奖获得者中显得出众，更因为他们用"铅笔"和"胶带"获得超薄材料石墨烯的"突破性"方法，再次向我们展示了想象力在科研中的重要作用。

比最好的钢铁硬100倍、比钻石还坚硬的石墨烯是一种从石墨材料中剥离出的单层碳原子面材料，其超强硬度、韧性和出色的导电性使得制造超级防弹衣、超轻型火箭、超级计算机不再是科学狂想。但最大的困难在于：如果想投入实际生产，就必须找到一种方式，制造出大片、高质量的石墨烯薄膜。

为此，几十年来，科学家们从未停止过各种方法的萃取或合成试验。直到2004年，海姆和诺沃肖洛夫突破性地创造了撕裂法。他们将石墨分离成小的碎片，从碎片中剥离出较薄的石墨薄片，然后用胶带粘住薄片的两侧，撕开胶带，薄片也随之一分为二，不断重复这一过程，最终得到了只有单层碳原子的石墨烯。这听起来简单得不可思议。

科学的想象力来自于何处？看看海姆所做的其他研究就知道了。在2000年，海姆的另一项发名获得了"搞笑诺贝尔奖"，他用磁性克服重力作用让一只青蛙漂浮在半空中。2003年他设计出一种有着极小绒毛的材料，它模仿壁虎脚上的绒毛，将一平方厘米的这种材料放在垂直平面上，就可以支撑起一公斤的重量，实现"壁虎爬墙"。事实上，撕出薄厚为一个原子的东西并不容易，需要在漫长的时间里进行难以计数的重复试验。但是诺贝尔奖评选委员会形容这对师徒"把科学研究当成快乐的游戏"。

纵观历年的诺贝尔奖得主，有关想象力和执着精神的故事并不少见。在问及有关科学的"艰辛"和"寂寞"时，大师们总是很洒脱地谈起兴趣和偏好。诺贝尔奖带给世人的最大财富，不是荣耀，更不是奖金。如果能够在一个个诺贝尔奖得主的成功经历中领略科学的真谛，能够在我们的教育中鼓励这种想象力、创造力，能够为那些与众不同的孩子、特立独行的学生和学者保留一些空间，能够让更多的孩子不再是因为升学而是因为爱好才走进奥数班和兴趣小组，那么我们距离收获和成功也就不远了。

听诊器的发明

敲击木酒桶,到胸腔叩诊和听诊器的发明,又是一个利用联系原理展开思维联想活动而得到的结果。其故事原委如下:三百多年前,一位奥地利医生给一个胸腔有疾的人看病,由于当时还没有发明出听诊器和 X 射线光透视技术,医生无法发现病在哪里,病人不治而亡,后来经尸体解剖,才知道死者的胸腔已经发炎化脓,而且胸腔内积了不少水。结果这位医生非常自责,决心要研究判断胸腔积水的方法,但久思不得其解。恰巧,这位医生的父亲是个精明的卖酒商,父亲不仅能识别酒的好坏,而且不用开桶,只要用手指敲敲酒桶,就能估量出桶里面酒的数量。医生在他父亲敲酒桶举动的启发下想到,人的胸腔不是和酒桶有相似之处吗?父亲既然通过敲酒桶发出的声响可以判断桶里有多少酒,那么,如果人的胸腔内积了水,敲起来的声音也一定和正常人不一样。此后,这个医生再给病人检查胸部时,就用手敲敲听听;他通过对许多病人和正常人的胸部的敲击比较,终于能从几个部位的敲击声中,诊断出胸腔是否有病?这种诊断方法就是现在医学上所称的"叩诊法"。

后来,这种"叩诊法"得到了进一步的发展,1861 年的某一天,法国男医生雷克给一位心脏有病的贵妇人看病时,为难了。正在为难之际,他忽然想起了自己在参与孩子游戏活动中的一件事情,孩子们在一棵圆木的一头用针乱划,另一头用耳朵贴近圆木能听到搔刮声,而且还很清晰。在此事的启发下,他请人拿来一张纸,把纸紧紧卷成一个圆筒,一端放在那妇人的心脏部位,另一端贴在自己的耳朵上,果然听到病人的心率声,甚至于比直接用耳朵贴着病人胸部听的效果更好。后来他就根据这一原理,把卷纸改成小圆木,再改成现在的橡皮管,另一头改进为贴在病患者胸部能产生共鸣的小盒,就成了现在的听诊器。

莱特兄弟的故事

美国的莱特兄弟是人类历史上第一架动力飞机的设计师,他们为开创现代航空事业做出了不巧的贡献。

哥哥威尔伯·莱特出生于 1867 年 4 月,4 年后,弟弟奥维尔·莱特出世。年幼时,这对兄弟俩就已经显出对机械设计、维修的特殊能力。他们善于思考,富于幻想,每当他们闲暇时,兄弟俩要么讨论某一个机械的结构,要么就去看工匠们修理机器。他们手艺精巧，还经常做出好些有创新意义的小玩具，比如会自由转弯的雪撬等等。

一天，出差回来的父亲给莱特兄弟带来一件礼物：一个会飞的蝴蝶。父亲轻轻地给玩具上了上劲，小东西便在空中飞舞起来。小兄弟俩高兴得不得了，但是他们觉得它飞的不够远，于是仿造玩具的样子又做了几个更大一些的。这些仿制品有的能够飞越树梢，有的飞了几十米远，但兄弟俩的一个尺寸很大的仿制品却遭到了失败。但这没有让他们难过，反而激起了兄弟俩制造飞机的念头。

1894年，莱特兄弟在代顿市开了一家自行车辅。由于他们俩工作认真，手艺好，再加上价格公道，店铺的生意兴隆。富于创新精神的莱特兄弟当然不会满足于这些，他们不愿终生与这些自行车零件打交道，于是，他们决定开始去实现童年时的梦想。

莱特兄弟造飞机的想法得到了斯密森学会的赞赏。副会长写了一封热情洋溢的信件，并寄来了好多参考书籍。兄弟俩大受鼓舞，一有时间，他们就钻入书堆内如饥似渴地饱读着航空基本知识。很快，他们有了造飞机的能力。

1900年10月，他们的第一架滑翔机试飞了，但是，试飞的结果不尽人意，飞机只能勉强升空而且很不稳定，问题出在哪儿呢？经过认真的分析才知道，原来他们所沿用的前人数据有理论上的错误。于是，他们制造了一个风洞，以便通过实验修正数据，设计飞机。

这个风洞仅仅是一个6尺长，每边12寸宽的木箱，箱子的一端，鼓风机以一定的速度向里吹气。与现代的高速风洞相比，它真是简陋至极，然而就是这个小小的辅助工具却帮了兄弟俩大忙，他们通过它得出了许多新的结论。根据它，兄弟俩设计出的第三架滑翔机获得了成功，无论是在强风还是微风的情况下，它都可以安全而平稳地飞行。

滑翔机的留空时间毕竟有限，但假如给飞机加装动力并带上足够的燃料，那么它就可以自由地飞翔、起降。于是，兄弟俩又开始了动力飞机的研制。

莱特兄弟废寝忘食地工作着，不久，他们便设计出一种性能优良的发动机和高效率的螺旋桨，然后成功以把各个部件组装成了世界上第一架动力飞机。

想象力促成功

戴尔在少年时期就想象力丰富，奇思妙想迭出。

读高三时，戴尔经常听到同学们谈论想买电脑，但由于售价太高，许多人买不起。戴尔心想："经销商的经营成本并不高，为什么要让他们赚那么丰厚的利润？"一般人想到这儿，大都会停留在诅咒经销商上，而不再深入下去了，但戴尔继续想到："为什么不由制造商把电脑直接卖给用户呢？我如果把制造商的电脑比以商场上便宜的价格直接卖给用户，肯定会受欢迎。"

戴尔知道IBM公司规定，经销商每月必须提取一定数额的个人电脑，而多数经销商都无法把这些货全部卖掉；而如果存货积压太多，经销商会损失很大。于是他找到经销商，他们为了周转资金，当然是求之不得，于是按成本价把积压的电脑卖给了戴尔。戴尔把电脑拉回宿舍，加装配件，改进性能。这些经过改装的电脑，价格便宜，性能先进，很受欢迎。戴尔见到市场需求巨大，于是在当地刊登广告，以市场零售价的八五折推出他那些改装过的电脑。不久，许多商业机构，医生诊所和律师事务所都成了他的顾客。

由于市场需求量大，戴尔每月已能赚5万美元。在学业与创业之间，戴尔陷入了两难境地。戴尔不愿错过这千载难逢的机遇，他决定退学。经过和父母协商，父母同意戴尔在暑假试办一家电脑公司，如果办得不成功，到9月就要继续回学校读书。

得到父亲的应允后，戴尔拿出全部积蓄创办了戴尔电脑公司。戴尔仍然专门直销经他改装的IBM个人电脑，第一个月营业额便达18万美元。高中毕业的时候，戴尔公司每年营业额已达7000万美元。后来，戴尔停止出售改装电脑，转为自行设计、生产和销售自己的电脑。

拥有想象力是所有人的专利！人人都可以成为成功的专家，关键是你有没有一个愿意去想去思考的脑子！不要因为别人都这样做事，我们也一定要这样做事；不要因为过去是这样做，现在就得这样做。换一种思路，甚至用完全相反的方法试一下，你会发现问题同样得到解决，但结果可能完全不同。

毕加索学画

毕加索是世界上最具影响力的绘画艺术大师，一生画法和风格迭变。早期画注重于表现派的主题；后转入原始艺术，简化形象。毕加索是划时代的艺术家，他的作品对现代西方艺术派产生可深远的影响。尤其是对20世纪的艺术史有着浓墨重彩的一笔，被人称为"人类艺术史上罕见的天才"。

毕加索的父亲堂·何塞是西班牙一个小镇上的画家，在毕加索还不会说话的时候，他就发现了儿子能够用画画表达自己的意思了。一天，刚刚学步的毕加索画了一个螺旋状的东西，家人都不知道他画的是什么，父亲却看出小家伙画的是热食摊上卖的油炸馅饼，这令他惊讶不已。

堂·何塞认为儿子身上具有绘画的天赋，他决定把儿子培养成画家。他给儿子专门腾出了一间房子，墙壁周围贴满了他画的儿童画，这些画的内容都是日常用品，线条虽然过于简单，但是他都做了合理的变形，以此来诱发毕加索的想象力和空间变形能力。堂·何塞经常把儿子带到房间里看这些画，告诉儿子这些画是怎样画成的。

到毕加索四岁时，何塞就开始教他剪纸。随着剪刀的一开一合，毕加索完全被迷住了，他把一张张平展展的纸，剪成了无数的公鸡和小狗……在何塞的刻意培养下，毕加索迷上了绘画。他常常能够以自己的理解将周围的事物给表现出来。渐渐的，有一些邻居也称他为"小天才"了。

毕加索虽是绘画天才却不是好学生，在学校里上课对于他来讲简直就是受折磨，听课时他不是漫无边际地幻想，就是全神贯注地观赏窗外的景色。而且他似乎对枯燥无味的算数永远都不感兴趣。

毕加索无奈地对父亲说："我只知道一加一等于二，二加一等于几，我根本就没去想。不是我不用功，我努力地集中自己的注意力，可我还是办不到。"他为此成了同学们戏弄的对象，那些无聊的小伙伴们喜欢跑到毕加索面前，逗他玩："毕加索，二加一等于几呀？"然后看着毕加索呆呆发愣的样子哈哈大笑。

如此一来，毕加索在老师眼里也是一个智力低下，无可救药的孩子，他经常在毕加索父亲面前，有声有色地描绘毕加索的"痴呆"症状。毕加索的母亲听了羞愧交加，觉得毕加索给她丢了脸，让她无脸见人。

左邻右舍也不再夸奖毕加索的绘画天赋了，而私下议论说："瞧那呆头呆脑的样，只会画几幅画还能当饭吃。"当时，几乎所有的人都认为：毕加索是一个傻瓜。面对风言风语的议论和嘲笑，毕加索的父亲仍然坚定不移地相信：儿子虽然读书不行，但是在绘画方面是极有天赋的。

何塞能真正的理解和赏识自己的孩子。他对毕加索说："不会算数并不代表你毫无能力，你是个绘画天才，你可以去绘画。"小毕加索看着父亲坚毅地面孔，找回了一些自信。果然，毕加索总是似乎毫不费力就能画出各种各样的东西。

1890年11月，年仅六岁的毕加索，画出了《手握大棒的赫克勒斯》，画布上大力神赫克勒斯英姿神武，形象非凡。人们非常惊叹，惊叹于毕加索的绘画天赋。

智慧导航

想象力是人类创新的源泉

想象力是人在已有形象的基础上，在头脑中创造出新形象的能力。比如当你说起汽车，我马上就想象出各种各样的汽车形象来就是这个道理。因此，想象一般是在掌握一定的知识面的基础上完成的。想象力是在你头脑中创造一个念头或思想画面的能力。

想象力的魅力在于他可以将你带入一个虚拟世界，实现现实生活中不可能实现的梦想。想象力的作用就是他可以使你享受快乐，享受惊奇，享受自由，享受现实生活中少有的感受。

想象力的伟大是我们人类能比其他物种优秀的根本原因。因为有想象力，我们才能创造发明，发现新的事物定理。如果没有想象力我们人类将不会有任何发展与进步。爱因斯坦之所能发现相对论，就是因为他能经常保持童真的想象力。牛顿能从苹果落地，而想象到万有引力这一个科学的重大发现，这也是因为有了想象力。

根据现代科学推论，人类最早的想象力源于火，我们的祖先曾经过着和动物一样的茹毛饮血的生活，食物都是生吃。一次闪电产生森林大火烧死了很多动物，我们的祖先有跑出来的，也有部分烧死在森林里面。因为肚子实在太饿只有拿那些烧熟的已死亡的动物来吃。发现很好吃，煮熟的食物能让人体更好地吸收营养，另一方面动物体内的寄生虫也因为火的作用而杀死，从而减少人类疾病的发生。食物的吸收产生大脑含量的增加，看着跳动的火苗就开始想象，想怎么样把火保持下来，想怎么样利用火取暖，想怎么利用火。就能开始想象很多东西，渐渐就通过想象力创造文字、语言、科技，发明一些新的事物。火烧过食物使人类体能增加，其他的动物都是很怕火，我们利用火战胜很多的动物。能力的增加就开始对未知事物很感兴趣，就开始探索之路。

想象力是人不可缺少的一种智能，是人的生活中不可缺少的智慧。哲学家狄德罗说，"想象，这是一种特质。没有它，既不能成为一个诗人，也不能成为哲学家、有思想的人、一个有理性的生物、一个真正的人。"

提高想象力的方法

1. 要积累渊博的学识和丰富的经验。想象无非是对已有的知识、表象和经验进行改造、重新组合、创造新形象。因此头脑中储存的表象、经验和知识愈多，就愈容易产生想象。一个孤陋寡闻的人是很难经常产生奇想的。

2. 要善于把不同种类的表象加以重新组合以形成新的形象。《西游记》中的猪八戒这一艺术形象就是用这种组合法想象出来的。

3. 要善于把同类的若干对象中的最具代表性的普遍特征分析出来，然后集中综合成新的对象。"阿Q"的形象，就是鲁迅先生用这种方法想象出来的。阿Q的原型"没有专用过一个人，往往嘴在浙江，脸在北京，衣服在山西，是一个拼凑起来的角色"。

4. 要善于抓住不同事物之间的相似性进行想象。想象可以通过比喻的途径来完成。如人们常常把"爱心"比作滋润心田的雨露，从而这个抽象的概念具体化。比喻的关键在于发现不同事物之间的相似性。

5. 要善于把适合于某一范围的性质扩展到整个等级。想象也可以通过夸张的途径来完成。夸张的关键在于通过用具体的局部去代表未知的整体从而使整体具体化。如当人们只看到月牙时，他们就认为自己看到了整个月亮，这就是通过夸张来想象。

儿童想象力的表现方面

1. 喜欢自己编故事

想象力丰富的孩子喜欢自己编故事。有时，孩子自己抱着个小娃娃，指手划脚地讲给小娃听。有时，三两个小朋友在一起，会绘声绘色地讲给其他小朋友听。有时，还敢于讲给大人听。有的孩子可将故事编得结构完整、逻辑性较强，还能用上比较正确的形容和比喻！

2. 喜欢画想象力丰富的画

想象力丰富的孩子画画，有时喜欢别出心裁，画些他内心所想象的奇形怪状的东西来。比如，有的孩子在画中画出了他想象中的多宝植物；树叶可当菜吃，树枝像甘蔗那样甜，树果像苹果，树根上结着大白薯。啊！这样的植物，可真是处处是宝呀！

英国著名的数学家和物理学家麦克斯韦在幼年时期画了一幅插满金菊花的花瓶写生画，当麦克斯韦认真地画完以后，父亲发现整张纸上画的都是几何图形：花瓶是梯形，菊花是大大小小的一簇簇圆圈,而那些大大小小的三角形表示的是叶子。这张充满了想象力的画,使父亲觉得麦克斯韦可能有发展数学才能的天赋。

3. 喜欢富有创造力的科技小制作

伟大的科学家牛顿,小时候看到镇子上安了一架风车,他仔细地观察工人是怎样安装的?是怎样开动的?然后他自己也动手做了一架,装在药店的房顶上。这架小风车不仅会转,而且把小麦放进漏斗,还能磨出白白的面粉来。有个小朋友给小牛顿出主意:你这个小磨坊倒不错,要是再造个小人儿当"磨坊主",那多带劲!小牛顿一听,对!可是,假人儿不能动呀!他突然想到捕鼠器今天刚好逮住一只大老鼠。于是,他把那只老鼠抓来,给它穿上深灰色的外套、扔进风车,让它当起"磨坊主"来了。那只穿了衣服的大老鼠在里面一爬一跳的,样子十分滑稽可笑。小牛顿对他的小朋友说,这是"老鼠开磨坊"!

4. 特殊地喜欢昆虫、动物

英国姑娘珍妮刚满周岁的时候,正好伦敦动物园里头一回产下一个小猩猩。妈妈就买了一个大的蓬发玩具——黑猩猩,送给珍妮,还给玩具猩猩取了个名字叫朱比里,正好和动物园里的黑猩猩同名。从此,这个玩具成了珍妮最亲爱的朋友,并陪伴她度过了整个童年时代。孩提时代的影响,促使珍妮18岁中学毕业后决定从事黑猩猩的研究,并为此而到非洲原始森林去考察。探险考察工作十分艰苦,有时染上了疫病而高烧不止。有时遇到凶狠的狒狒要来袭击营帐、抢夺食物。有时会突然出现一条剧毒的眼镜蛇,正在用舌头舔她的鞋子。珍妮克服了这些困难,历经十余年艰辛的工作,终于在动物研究史上第一次揭开了野生黑猩猩行为的奥秘。

法国的法布尔是一位很有名望的昆虫学家。小时候每当祖母抓些虫子喂鸡时,他就趴在棚栏外边出神地看着小鸡抢虫子吃的情景,为了让奶奶高兴,他每天抓虫子喂小鸡。由此使小法布尔对各种各样的小昆虫产生了兴趣。他通过观察、接触,掌握了很多虫子的习性。法布尔考上师范学校以后,做了许多昆虫的标本,还在毕业讲演会上讲演了他如何区分害虫和益虫的方法,显露了他对昆虫学研究的独到方法。毕业后,他除了完成中学的教学任务以外,仍致力于昆虫学的研究。他提出的"人工养殖益虫""利用益虫治害虫"等方法,对昆虫学的发展做出了贡献。继后,他又完成了"昆虫记"等多种流传于世的不朽之作。

从上述两个例子可以看出,孩子由特殊地喜欢某一动物(也包括某件物品),就有可能对它产生各种各样的想象。引导得当,也许这一特殊的爱好,会成为他终生加以研究的对象。

5. 喜欢经常有意识地进行想象

想象力较强的孩子能够在结合原有感知材料的基础上，经过新的组合，有目的地、完整地想象出事物的形象来。孩子，既简单又复杂。说他简单，因为他们天真幼稚，纯洁无瑕。说他复杂，因为他们有许多心理活动，大人往往不理解。比如，正如上面所说的想象力，有时就不被大人所注意。关心孩子的成长，就要精心护理孩子的丰富想象力。

扼杀孩子想象力的七种错误行为

想象是一切希望和灵感的源泉，是创造美好卓越人生的原动力。缺乏想象力，人的一生将被桎梏在现实与功利的狭小空间内。尤其孩子，想象力与生俱来，如果父母常在有意无意中向孩子传达成人式思维，用抽象概念和程式化思维扼杀孩子的想象力，那他们将失去很多创造神话的机会。

1. 替孩子做事

想象力不是"想入非非"，而是来源于生活中的创造。有的家长担心孩子做事慢就一味代劳，会让他们失去许多动手动脑的机会。要知道，孩子在做事过程中，会认真观察、积极思考、反复实践，这些经验会为发挥想象力和创意提供不竭的源泉。

2. 阻止孩子探索

孩子的好奇心非常宝贵，可出于各种原因，父母常常不能接受孩子在好奇心驱使下的种种要求：用水果刀自己削苹果，把整卷纸都泡在水盆里，用床单在客厅搭个帐篷……如果孩子要求的每件事都被父母拒绝，久而久之，就会失去那些新奇的想法和对事物的好奇。

3. 纠正孩子的离奇想法

孩子早期的想象具有夸大性，因为他们还不能分清想象的事物与现实之中事物的界限。比如，孩子有可能想买一个比房子还大的汽车，想登着梯子爬到月亮上，面对这些离奇想法，有的父母会纠正甚至喝止。其实这时候，父母不妨跟孩子一起想象，来个"头脑风暴"，拓展孩子的想象空间。

4. 给孩子提供标准答案

孩子到了提问的敏感期，总把"为什么"挂在嘴边。父母为了正确回答孩子的提问，恨不得翻遍所有的百科全书。其实孩子的每一个为什么，都可以有很多种答案，父母可以试着问问孩子的想法，或者跟他一起去找找答案。现成的答案会束缚孩子的头脑，让他失去思考的动力。

5. 制止孩子特立独行

非要戴着小仙子的翅膀去幼儿园，每时每刻甚至睡觉都要戴着超人眼罩……孩子怪异的装饰和举动，常常招来父母的反对。其实，这并不代表孩子沉溺于虚幻的世界无法自拔，只是他们还没玩够。父母以自己的行为准则要求孩子，可能会压抑他们，影响个性的释放和发展。

6. 害怕孩子受挫

当孩子想把想象付诸实践时，还要有自我激励、走出困境的抗挫力。挫败体验对孩子非常有益。孩子有好的想法，就要鼓励他试试，如果因为怕孩子失败而阻止，那纵然他有奇思妙想，也只是纸上谈兵。如此下去，他的想法只会越来越偏离实际。

7. 过早智力开发

丰富的表象是想象发展的基础。父母应尽可能让孩子接受丰富、生动、形象的刺激，并为其创造一个开放和多元的活动和感知空间，让他们尽量多地接触和认识客观事物，形成丰富的表象。而许多早期智力开发活动，如背诗、认字、画简笔画等模仿形式，会扼杀孩子的创造性，严重阻碍他们对事物的感受力和表现力。

培养孩子想象力的准则

1. 不止有美术和音乐才能开发想象力。启发和引导的途径是多种多样的。积极主动地思考像"谁发明了钱包"和"为什么发明车轮"等实际问题，有助于培养他们的观察力。当然，最好是给孩子一个明确可以解决的问题，慢慢加以启发和鼓励。

2. 改变固有思路。想象力最大的敌人是接受现实，一成不变。

3. 从小事入手，脚踏实地。要点点滴滴从小事入手，脚踏实地。

4. 多接触新事物。注意观察是开发智力和想象力的最佳途径。一个没有接触到新鲜事物的人免不了因循守旧，缺乏独特的思维和见解。让想象力在幼小的心田里驰骋，必须有广博的知识作基础；积累的经验越多，解决问题的思路就越广。

5. 别对孩子最初的想象力品头论足。动不动就告诉孩子什么是好主意什么是坏主意，不是一种积极培养他们独立思维的好方式。家长要懂得好事多磨的道理，给孩子们时间，他们的想象有一定的空间和时间。不然有伤他们的自尊。

6. 对孩子的作品多提问题。我们经常看到家里的墙上贴满了孩子们的作品。但除了夸奖外，很少有人对这些作品提出疑问，但提问可以激发想象力，给他们的想象发出必要的挑战。比如，问孩子为什么要那样画树，也许就会暴露出他们从来没有真正观察过树。他们以后就会画出有细小枝条的树。对孩子的作品多提问题。我们经常看到家里的墙上贴满了孩子们的作品。但除了夸奖外，很少有人对这些作品提出疑问，但提问可以激发想象力，给他们的想象发出必要的挑战。比如，问孩子为什么要那样画树，也许就会暴露出他们从来没有真正观察过树。他们以后就会画出有细小枝条的树。

7. 玩新玩具不如创造新玩法。创造新事物固然重要，但有时创造一些已存在的东西，也可以刺激他们的想象力。很多时候，孩子玩玩具盒比玩玩具更起劲。

8. 不要吹捧孩子。避免对孩子的想象夸大其词，把小小的改进说成天才的变革。在鼓励青少年时，最重要的是鼓励他们的进步，而不是对他们吹捧。

9. 始终保持开放的思想。要经常积极主动地寻找鼓励更多更有价值创造的途径。在一个靠固定答案获取高分的时代，保持思想的开放性是异常困难的。知识是你已经知道的东西，而想象力使得知识不断增长。

10. 重要的是过程而不是结果。鼓励孩子们对创造过程的理解，不片面强调最后作品的重要性。一个成熟的作品，只是学生们某一次的探索。在沾沾自喜之时，要考虑能否每次都如意。

家长如何培养孩子的想象力

要想培养孩子丰富的想象力，家长应有意识地从生活中的小事，从小对孩子进行培养。

1. 丰富孩子的生活经验，发展孩子的表象

想象是在孩子大量的生活经验基础上积累起来的。别人说"苹果"，你的头脑中会浮现出一个"苹果"的具体形象，这个形象就是表象。正是依靠表象的积累，孩子的想象才逐渐发展起来。我们要帮助孩子积累的生活经验正是帮助孩子在头脑中建立表象的过程，孩子表象的积累越多，就越容易将相关的表象联系起来，这也就是想象发展的过程。父母经常要带孩子走向大自然，与社会接触，目的就是让孩子有机会丰富生活经验，在头脑中留下更多的表象，为想象的发展打下基础。研究表明，勤于动手的孩子更富创造性和想象力。

2. 给孩子提供适合的环境，激发孩子想象的欲望

除了带孩子外出，在家中也要给孩子一个良好的环境，以帮助孩子想象力的发展。给孩子合适的图书，和孩子一起分享故事描述的情景，和孩子一起想象情节的变化，鼓励孩子想一想结局怎样，都是帮助孩子想象发展的好办法。读故事书时，改变一下读的方法，读一读，停一停，想一想，给孩子一个吸收和连接已有经验的时间。此外，和孩子一起游戏也是鼓励孩子想象的大好时机，家长不只是提供玩具，还要和孩子一起玩，在游戏的过程中和孩子一起想象。

3. 让孩子尽量体验各种感觉

孩子每天更多地生活在视觉的世界里，对其他感觉缺乏体验和锻炼，触觉、视觉、听觉、嗅觉、味觉、灵感对想象力和创造力同等重要。不妨让孩子戴上眼罩，依靠听觉、触觉等感觉世界。闭着眼睛听故事，肯定会和睁着眼睛有不同的感觉。音乐可以激发孩子的想象力，尤其是没有歌词的音乐。你可以和孩子讨论听到了什么，感受到了什么，是鸟语花香，还是狂风暴雨？是宇宙漫步，还是时空穿越？这是对孩子听觉想象力的锻炼。现在的图画书丰富多彩，让人目不暇接。但孩子多是被动地"看"，却很少思考。你可以让孩子想一想，如果让他来画，这幅画会有什么不同？会增加什么形象，变换什么色彩？

4. 经常和孩子一起做想象力拓展的游戏

可由生活中一件具体的物品来展开。比如：喝完饮料的瓶子还能做什么用？能当球踢吗？能做擀面杖吗？透过玻璃瓶看字会缩小还是变大？也可以多让孩子做假设，展开联想和想象。比如：假如我是一粒种子，怎样才能发芽？会怎样发芽？发芽后是什么样的？能用肢体比画出来吗？闲暇时，家长不妨和孩子来个"吹牛"比赛，比如"嘴大——上嘴唇接着天，下嘴唇贴着地"之类；还可以讨论或运用有夸张意味的成语，如"胆大包天"——这个天怎么包？

5. 通过阅读激发孩子的想象力

阅读是由连续的、富有形象性和逻辑性意义的组合，可以促使大脑主动去进行富有想象力的创造性思维，因此阅读是培养想象力的土壤。引导孩子多看一些童话、神话、科学幻想，孩子稍大后可以看科学发明等图书和文章，在阅读中培养想象力。让孩子成为"故事大王"，续编或改编故事。当故事讲完开头或讲到一半的时候，家长不妨停下来，让孩子展开自己的想象，为故事编写不同的情节和结尾，过一把"作家"瘾。

6. 给孩子轻松的氛围，鼓励孩子表达自己的想象

孩子将想的说出来也是一个过程，他不但是将生活经验梳理的过程，也是将经验在头

脑中组织、整理后表达的过程。我们不但鼓励孩子大胆地想，还要鼓励孩子大胆地说，像前面提到的例子中，孩子想的就当成真的说出来时，我们不能简单的一句"瞎说"就将孩子打发掉，而是应该仔细地问问孩子到底是怎么回事，是想的，还是真的，帮助孩子分清哪些是想象，哪些是真实？对孩子提出的问题尽量地鼓励他："你想想为什么？""你想会是什么样呢？"

儿童想象力训练方法

1. 列举法

不仅要求孩子列举出物品的用途和功能，还要引导他列举出和物品原有属性无关的其他用途和功能。

示例：用毛巾给孩子洗脸时，妈妈问："毛巾可以用来洗脸，还可以用来做什么？"孩子答："用来洗澡，擦脚丫。""还有呢？""当抹布擦桌子，当围巾围脖子，当枕巾睡觉，当绳子拉，当玩具扔，当棉被给布娃娃盖……"孩子的生活经验越丰富，他的想象范围就越广阔，越能体现思维的新颖和灵活性。

2. 违反常规法

提出反常规的问题让孩子回答，让他张开想象的翅膀，开动思考的机器。

示例：妈妈说，如果天空下的不是雪，而是白糖，会怎么样？孩子肯定会说，太好了，多美的事啊……妈妈又说，如果这个世界没有白天只有黑夜（或没有黑夜只有白天）会怎么样？如果汽车像鸟儿在天上飞会怎么样？如果车轮子是方的会怎么样……"如果"后面的"怎么样"，就交给孩子的想象力去天马行空地驰骋啦。

3. 物品替代法

在从事一项活动中，当一种东西缺少时，思考有没有别的东西来替代它。找到的替代物越多，越能表明孩子思维的流畅性。

示例：和孩子玩假装游戏——当护士。在准备"演出"道具时，妈妈突然故意说："哎呀，没有针筒怎么办？"孩子自然会去找用来当针筒的东西，如筷子、圆珠笔。又比如，妈妈假装要炒菜，对孩子说，如果锅铲坏了，用什么炒？让孩子为你想出替代的工具。不管孩子找来什么，只要他能想得到，能配合你的提问和工作，都要加以肯定、鼓励和表扬。

4. 故意为难法

妈妈提出一个假设问题,要孩子想办法,等他想出来后,妈妈继续顺着这个答案提下一个"怎么办",故意为难孩子,直到提不出问题为止。

示例,妈妈:"如果你回家时,爸爸妈妈都不在,家里没人,你进不了门。你会有什么办法?"孩子答:"打电话给爸爸妈妈,叫你们回来开门。""万一我们回不来呢?""我到邻居阿姨家等你们回来。""邻居家也锁门了呢?"我在外面继续玩。""你要是不想玩呢?""我就在门口等。""你等得很烦呢?""我就坐在门口睡着了!"不知不觉中,把孩子引入思考的境地,挖掘想象的潜能,养成爱思考、善于解决问题的好习惯。

5.故事接龙法

和孩子编故事。妈妈说一两句,孩子接一两句,妈妈再接下去,如此循环。不管故事编得如何,编到哪儿,都不重要,重要的是能接上,逻辑上说得过去就行。孩子接得越快,说明思维越敏捷。

示例,妈妈说:"有只小鸡出去玩,遇到一只小狗。"孩子接:"小狗嘴里叼着骨头。"妈妈接:"小鸡很想吃骨头,眼巴巴地望着小狗。"孩子接:"小狗想分骨头给小鸡吃。"妈妈接:"可是,小狗想起妈妈的话,骨头要给生病的狗爸爸吃……"开始的时候,接一句就行,不要太长。太长了,孩子把握不住故事情节,反而增加了续接的难度,因为孩子本身要把精力放在续接下一个情节上。

6.形象比喻法

通过观察某种事物,联想到类似这种事物形态的另一种事物。妈妈可以根据事物的多个角度来引导孩子去比喻和联想。

示例,妈妈把书立起来:"书的样子像什么?"孩子答:"像扇门,像窗子。"妈妈把书放平问:"现在又像什么?"孩子答:"像豆腐,像大积木,像一栋楼,一块平地。"妈妈把书打开竖放再问,孩子答:"像扇子,像商场的旋转门。"妈妈把书摊开平放,孩子答:"像张开的两片叶子。"从不同视角来比喻有一定的难度,如果孩子一时答不上,可以不断鼓励和启发他,甚至报出你想象出来的东西:"你再看看,是不是像……"

7.加减改换法

妈妈可通过增加(减去)或改换事物的一部分来引导孩子思考,开启他的想象思维。

示例,妈妈:"如果一张只能睡两个人的床要睡十个人,会怎么样?"孩子答:"会挤下去,会抢被子,会打架。"妈妈问:"如果房子没有一扇窗户会怎么样?"孩子答:"会很热,会很黑,会看不到风景。"妈妈问:"如果狗身上长着鸡头会怎么样?人也长尾巴会怎么样？"孩子听了一定会发笑，很乐意地配合你去思考、想象。妈妈的问题提得越有趣，孩子就越愿意去思考和想象，这对孩子来说，是个快乐的游戏，而不是枯燥的事情。

8. 想象游戏法

家长在与孩子沟通时，要注意少用限制式提问，多用开放式提问，不要提出只有一种答案的问题，要提出答案丰富的问题让孩子去寻找。还可以让孩子自己设计、主持游戏，在设计的过程孩子接触到许多未知领域，对他的知识是个补充。爸爸妈妈在孩子学习的过程中，要真诚地鼓励他，当他出现小错误时不要耻笑，这样会打击孩子的积极性，影响他的自信心。父母可以多和孩子一起做想象游戏，如所有关于鱼的话题，鱼会游泳，鱼有各种颜色，鱼的品种等等。可以模仿家庭生活，让孩子和其他小朋友一起"过家家"；还可以模仿社会活动的"看医生""当警察""扮老师""打电话"等。游戏是发展孩子想象力最好的活动之一。妈妈应为孩子提供各种各样的游戏材料，如小纸片、种子、泥土、小剪刀、积木、水、沙、颜料、空纸盒等，让他们开动脑筋动手去做，千万不要害怕孩子弄脏衣服而约束他们。

9. 涂鸦法

鼓励孩子从小学画，利用画画发展孩子的想象力，是一种极好的手段。除了让孩子模仿现实，或表达幻想，自己画画以外，还可以让他补画，与大人结合画画。家长可以给孩子画好一个几何图形，让他根据想象进行添画，如孩子再添画几个三角形就形成了松树，加一横线就成了跷跷板。如画一个人头，让孩子添上眼睛和嘴；画一个长方形，让孩子添笔，画成黑板、窗户等；画一根树干，让孩子添枝加叶，或者添上一只鸟。此外，鼓励孩子根据自己的意愿画画也可以发挥他的想象力。这些都可以使孩子的思路开阔，丰富想象。

10. 积累法。想象以形象为主，但离不开语言材料，特别是需要用口头语言或书面语言将想象的内容表述出来时，语言材料起着重要作用。因此，要让孩子扩大语言文字的积累。比如，让孩子备一个摘抄本，把阅读中遇到的名句、名段摘抄下来，平时可拿来翻阅。此外，在让孩子独立思考的同时，为提供他们亲历亲为的机会就显得弥足珍贵，让他们勤看、勤听、勤动手、勤动脚也很重要，比如鼓励他们多看课外书，多接触大自然，拆装一些物品、搞点小实验等等，都可以增加表象的积累，有利于增添想象的乐趣。

三省吾身

△ 您如何评价自己的想象力？请举一件具体的事例说明。

△ 您如何评价自己孩子的想象力？请举一件具体的事例说明。

△ 您打算为培养孩子的想象力做些什么？

亲子行动

亲子阅读

请您和自己的孩子一起阅读下面的三个小故事，然后一起讨论从中得到的收获，并请您指导孩子用自己的话讲述这三个故事。

踏花归去马蹄香

北宋皇帝宋徽宗赵佶喜欢绘画，他本身也是一个善于画花鸟的能手。他绘画特别注意构图的立意和意境，所以在朝廷考试画家的时候常常以诗句为题，让应考的画家按题作画择优录用。

一次，朝廷决定考试天下的画家。诏命一下去，各地的画家都纷纷来到京城。到了考试那天，主考官出了一个命题"踏花归去马蹄香"，让画家按这句的内容体现出来。开始，画家们个个都面面相觑一筹莫展。过了一会儿，便先后动起笔来。有的画家绞尽了脑汁，在"踏花"二字上下功夫，有画面上画了许许多多的花瓣儿，一个人骑着马在花瓣儿上行走，表现出游春的意思；有的画家煞费苦心在"马"字上下功夫，画面上的主体是一位跃马扬鞭的少年，在黄昏的疾速归来；有的画家运思独苦，在"蹄"字上下功夫，在画面上画了一只大大的马蹄子，特别醒目。

只有一位画家独具匠心，他不是单纯着眼于诗句中的个别词，而是在全面体会诗句含义的基础上着重表现诗句末尾的"香"字。他的画面是：在一个夏天的落日近黄昏的时刻，一个游玩了一天的官人骑着马回归乡里，马儿疾驰，马蹄高举，几只蝴蝶追逐着马蹄蹁跹飞舞。

考卷交上来以后，主考官一幅一幅地审看。看了一张不满意，放在一边；又看了一张还是不满意，又放在了一边……等到看见蝴蝶追逐马蹄蹁跹起舞这一幅时，他脸上立时现出了喜悦的微笑。他连称赞："好极了！好极了！"于是选中了这一幅。

因为只有这一幅画真正表现了"踏花归去马蹄香"的含义。在这句诗题里，"踏花""归去""马蹄"都是比较具体的事物，容易体现出来；而"香"字则是一个抽象的事物，用鼻子闻得到可用眼睛却看不见，而绘画是用眼睛看的，所以难于表现。没有选中的那些画，恰恰都没有体现出这个"香"字来；而被选中的这一幅，蝴蝶追逐马蹄，使人一下子就想到那是因为马蹄踏花泛起一股香味的缘故，所以是成功的。

想象人生

一个23岁的女孩子，除了有着丰富的想象力之外，与别人相比没有什么不同，平常的父母，平常的相貌，上的也是平常的大学。

大学的宽松环境让她有了更多的时间去想象，她的脑海中常会出现童话中的情景：穿着白衣裙的美丽姑娘、蔚蓝的天空、绿绿的草地，当然，还有巫婆和魔鬼……他们之间有着许多离奇的故事，她常常动手把这些想法写下来，并且乐此不疲。

在大学里，她爱上了一个男孩，他的举止和言谈真的和童话里一样，他是她想象中的"白马王子"，她很爱他。但是，他却受不了她的脑海中那荒唐的不切实际的想法。她会在约会的时候，突然给他讲述一个刚刚想到的童话，他烦透了这样的远离人间烟火的故事。他对她说："你已经23岁了，但你看来永远都长不大。"他弃她而去。

失恋的打击并没有停止她的梦想和写作。25岁那年，她带着一些淡淡的忧伤和改变生活环境的想法，来到了她向往的具有浪漫色彩的葡萄牙。在那里，她很快找到了一份英语教师的工作，业余时间继续写她的童话。

一位青年记者很快走进了她的生活，青年记者幽默、风趣而且才华横溢。她爱上了他，并且很快步入了婚姻的殿堂。

但她的奇思异想还是让他苦不堪言，他开始和其他姑娘来往。不久，他们的婚姻走到了尽头，他留给她一个女儿。

她经受了生命中最沉重的一击。祸不单行的是离婚不久，她又被学校解聘了，无法在葡萄牙立足的她只得回到了自己的故乡,靠领取社会救济金和亲友的资助生活。

但她还是没有停止她的写作,现在她的要求很低,只是把这些童话故事讲给女儿听。

有一次,她在英格兰乘地铁,她坐在冰冷的椅子上等晚点的地铁到来,一个人物造型突然涌上心头。回到家,她铺开稿纸,多年的生活阅历让她的灵感和创作热情一发不可收拾。

她的长篇童话《哈利·波特》问世了,并不看好这本书的出版商出版了这本书,没想到,一上市就畅销全国,达到了数百万之巨,所有人都为此感到吃惊。

她叫乔安娜·凯瑟琳·罗琳,她被评为"英国在职妇女收入榜"之首,被美国著名的《福布斯》杂志列入"100名全球最有权力名人",名列第25位。

每个人都会有想象,但想象最终总被岁月无情地夺去,只留下苍白而又简单的色彩。在这个世俗而又讲求直接的物质社会中,人们总是认为想象与成功之间的距离遥不可及。其实并不是如此,成功与失败的分水岭其实就是能否把自己的想象坚持到底。

靠想象力吃饭

2007年,张巧英还是美术学院一名默默无闻的大四学生。站在大学生活的尾巴上,她想做点事情让别人刮目相看,也给自己的青春留点别样的色彩。唯一的机会就是在毕业生作品展上一鸣惊人,张巧英没有掩饰这点小小的野心。

做什么好呢?大学前三年晃晃悠悠过去了,把积累的那点家底儿全翻出来,她记起了无数个周末和同学逛武林广场时,被女孩子们抢购一空的巫毒娃娃。可见新奇玩具的市场是多么好。张巧英决定从玩具下手。泰迪熊、凯蒂猫、史诺比……一一从脑子里溜过,还有什么动物没被挖掘出来的呢?兔子的形象就是从这个时候跳了出来。

一改以往布偶类玩具的风格,她玩起了泥塑。

用泥捏模型、塑型、倒模,然后彩绘。毕业前的半年,张巧英被手中一堆的兔子迷疯了。它们排在她的床前,像一列士兵等着她的检阅,只是兔子们还没有个性和表情呢。看着桌上刚买来的苹果和橘子,张巧英灵机一动:嘿!在兔子的肚子上画一个水果,不就是水果兔子了吗?

随着第一个苹果兔子的产生,张巧英天马行空的思维匣子打开了,有一次自己的手弄伤了不得不绑上绷带,她立马想到给兔子绑上绷带共勉;买了一张报纸回来,于是又想到了给兔子披上报纸的外衣,是否很有后现代的意味在里面……寒假,整个学校的人差不多走光了,看门的保安索性把钥匙交给了张巧英。

毕业设计展那天,张巧英拿出了30个不同的兔子。其中有小丑系列:人前笑、人后流泪的小丑，被兔子演绎得惟妙惟肖；京剧系列：在兔子上面画上京剧脸谱的元素；城市图文系列：在兔子身上粘上城市里各大报纸名称；伤心系列：流着眼泪，贴着创口贴……

30个兔子摆满一地，光在阵势上就把整个学院的人震撼住了。张巧英顺理成章地捧回了大学期间的第一个奖章。

毕业后，张巧英没有正经地去找过一份工作，她把梦想寄托在自己创造出来的兔子身上。她琢磨着，想它们能不能变成一个不仅仅是自己喜欢，而是所有年轻人都喜欢的玩伴。

"只要你有想法，这世界上就不会出现一模一样的兔子，每一只BABY兔代表着每个人不同的生活梦想。"张巧英觉得，这就是BABY兔最精髓的地方。正是因为这份自信，毕业后身无分文的张巧英把BABY兔设计工作室开了起来。

于是BABY兔材质换成了环保型的糖胶，兔子不着笔墨，等待着喜欢它的人填充个性。

杭州第四届动漫节，爱热闹的孩子们和追求浪漫的情侣来得很多，人山人海，还有媒体闪光灯的聚焦，张巧英带着她的第一批兔子亮相了。

"花25元认领一只净版的BABY兔，您就可以自己动手，把你的生活和梦想，画在它的身上。"张巧英第一次叫卖，还显得比较羞涩，没想到反响空前的好，一大群人马上围了上来。

动漫节上的这次亮相证实了张巧英的判断，25块钱的白模兔子和30多元已经画好的现成兔子，前者更受欢迎。短短的六天时间，张巧英卖出1000只小BABY兔，销售额差不多2万元。

喜欢BABY兔的人越来越多，张巧英渐渐地觉得，杭州的市场还是太小了，于是全方位介绍、订购BABY兔的电子网站开通了。

张巧英给BABY兔添加的形象越来越丰满，越来越有个性。她在网上给大家介绍兔子的千变玩法，BABY兔不仅仅是涂鸦艺术，还可以是女孩主义，穿旗袍，贴贴纸、贴水钻……也可以是爱的信使，爱恋、感谢、道歉……在张巧英的故事引导下，天南海北的网友都参与创作，BABY兔的人气和订单一下子上去了，很多人打来电话要求批量发货，授权在当地开个BABY兔专卖店。

亲子游戏

故事续写

要锻炼孩子的想象力,可以通过故事续写的游戏,既锻炼孩子写作能力,同时也培养孩子的想象力。请家长们带孩子一起来做一做,活动活动脑子吧!

1. 半根火柴

问:有一个人在沙漠中,头朝下死了,身边散落着几个行李箱子,而这个人手里紧抓着半个火柴。推理这个人是怎么死的?

2. 跳火车

问:一个人坐火车去临镇看病,看完之后病全好了。回来的路上火车经过一个隧道,这个人就跳车自杀了。为什么?

上面的想象力训练题,是依据故事新编的方式衍生出来的一种想象题,主要是希望孩子通过合理和大胆的解释,来督促孩子发挥想象力。类似的题目还有很多,家长们也可以自己在家编故事,让孩子来想理由。相信你的孩子一定能成为一个想象力天才!

趣味测试

想象力小测试

下面有15道锻炼孩子想象力的趣味问答,请家长们带孩子一起来做一做。

1. 假如你有一只小球,你能用它做什么?想出用途最多的人为优胜。

2. 要知道一个物体的重量,你能举出多少方法来?

3. 用硬纸板做一个圆盘,像钟面那样分成12个格。在12个数码的位置,写上12个抽象的性质,如1.黄色,2.贵重,3.小巧,4.可动,5.有用,6.沉重,7.移动,8.弹性,9.圆形,10.有价值,11.短小,12.耐久。在圆盘中间装一个能灵活转动的指针。这样,就可以来做游戏了:一个人去转动指针,当指针停下来的时候,指针指着一种性质,转动指针的人就举出具有这种性质的事物,也可以一连转二次,举出同时兼备两种性质的事物来,举出的事物越多越好。

4. 六个苹果,用一根5米长的绳子,每隔1米挂一个,正好。现在吃掉了一个苹果,要求还要用这根绳子,仍然是每1米拴一个苹果,绳子不剩,应该怎样拴?

5.哥哥用绳子做一个直径3米的圆圈,弟弟一下子就跳出去了。哥哥说:"好,我用这条绳再做一个圈,让你永远也跳不出去。"你知道哥哥做的是怎样一个圈吗?

6.20世纪中有这样一年,把这一年的年份写在纸上,把纸倒过来时纸上的数还是这年年份数,请想出这个年份。

7.在8与9之间加个什么记号,就可以得到一个大于8和小于9的数。

8.一个人问阿凡提:"阿凡提,你能把10棵小树苗栽成五行,每行都是四棵吗?"阿凡提有点被难住了。你有什么办法吗?

9.你想一下,你所见到的影子中,什么影子最大?

10.你吃苹果时,果皮按正常宽度中间不断而连续削下来,平放在桌子上,想象一下是什么形状?

11.一位猎人带着一只狗上山打猎去了,你能用三笔画出这种情景吗?

12.有位牧人问阿凡提:"世界上有没有不吃羊的狼?""有,有。"阿凡提肯定地说。"那是什么狼",请问。请你想一想。

13.一个国王想难住一个小神童,问:"王宫前的水共有多少桶?"小神童眨了眨眼睛,说出了令国王满意的答复。你猜一猜,小神童是如何回答的?

14.世界上什么东西最长又最短、最快又最慢,能分割最小又能扩展到无穷大,最不受人重视而又最受人珍惜。没有它,什么事都做不成。那是什么?

15.三头牛和三只虎要渡过河去,只有一条小船,每次能运装两头过河,但不能空船回来,为了防止虎吃牛,在一边岸上的牛数不能少于虎数。应该怎样渡?至少需要渡几次?

成长记录

请您将自己为培养孩子想象力所开展的各项准备活动或措施及其效果记录在下表中。

时间	开展的具体活动或措施	活动或措施的效果	备注

泉(局部) 布面油画 120cm×200cm 2015年

13

打破思维里的墙
——如何培养孩子独立思考的能力

启智故事

小斯宾塞的农田

初春的一天,父亲送给小斯宾塞一件非常有趣的礼物。父亲说,这是一种在白天和夜里都会发生变化的礼物,并且随着时间的推移,这件礼物会变出一些很有趣的东西。小斯宾塞急不可待地打开礼物一看,原来是一些形状和大小不同的植物种子。父亲说别小看这些小颗粒啊,它们会在你的手中变出惊人的东西来,但需要时间和耐心。

第二天下午,父亲和小斯宾塞在后花园里忙开了。他们一起用小铁锹把土翻开,把这些种子分类撒在土里,左边是西红柿,右边是莴苣,中间一个小圆圈是青椒。然后他们又在上面盖上一层薄薄的土,在旁边竖了一块牌子:"小斯宾塞的农田。"

小斯宾塞经常到后花园里看有什么变化,但一天天过去了,什么事也没发生。小斯宾塞有些等不及了。父亲告诉他这需要时间,有时变化是需要很长时间的,但只要你等待、坚持,它们一定会出现。

一天父亲回家,小斯宾塞惊喜地对他大喊:"它们冒出来了,它们冒出来了!"父亲到后花园里一看,果然那些种子冒出了嫩芽。

小斯宾塞的"学习事物"就是从"一把植物种子"开始的。这些种子开启了小斯宾塞的"研究"工作,后来他自己查阅了很多资料,收集了一大本植物标本,还做了好几本自己作图说明的植物学图画笔记。父亲这样做,并不是希望小斯宾塞以后就去做一个种田人,而是因为自然界的许多事物与人世间是相通的,如为什么它们会在春天发芽,为什么需要漫长的时间,为什么需要空气、水和阳光。

学习一件事物比读十本书更管用,这是孩子亲身的体验,知识的得来是经过他自己验证的,这样也有利于培养孩子独立思考的能力。让孩子早一点了解和学习事物,是开启孩子心智的一种重要方法。人的心智开启了,他就会留心去发现周围的世界,探究其中的道理,并思考怎样与世界发生联系。

想当总统的小女孩

有一次,美国电视台的著名主持人比尔问一个七八岁的女孩:"你长大以后想做什么?"女孩很自信地答道:"总统。"全场观众哗然。比尔做了一个滑稽的吃惊状,然后问:"那你说说看,为什么美国至今没有女总统?"女孩想都不用想就回答:"因为男人不投她的票。"全场一片笑声。比尔:"你肯定是因为男人不投她的票吗?"女孩不屑地说:"当然肯定。"比尔意味深长地笑笑,对全场观众说:"请投她票的男人举手。"伴随着笑声,有不少男人举手。比尔得意地说:"你看,有不少男人投你的票呀。"女孩不为所动,淡淡地说:"还不到三分之一。"比尔做出不相信的样子,对观众说道:"请在场的所有男人把手举起来。"言下之意,不举手的就不是男人,哪个男人"敢"不举手。在哄堂大笑中,男人们的手一片林立。女孩露出了一丝轻蔑的笑意:"他们不诚实,他们心里并不愿投我的票。"许多人目瞪口呆。然后是一片掌声,一片惊叹……

这是一个典型独立思考的事例,女孩在没有任何人提示或帮助的情况下,凭借自己的判断和思考,对主持人的提问做出从容的作答。这种独立思考的能力是非常宝贵的财富。

爱因斯坦和邻居小女孩

伟大的科学家爱因斯坦,晚年住在美国普林顿一所简朴的木板房子里。邻居有个十一二岁的小女孩,放学后,时常来看望这位白发苍苍的科学家。爱因斯坦非常疼爱她,经常检查她的功课和作业。有一次,孩子拉着他的手亲昵地问:"爱因斯坦爷爷,这道题怎么做?"爱因斯坦和蔼地说:"孩子,要学会思考,不要一碰到困难就向别人伸手。"有时,爱因斯坦对小女孩稍加启发地说:"我给你指个方向,不过,答案还得用你的头脑去找!"

爱因斯坦正是凭着这种精神成了一位杰出的科学家。当人们赞誉他对人类做出巨大贡献时,他笑着说:"学习知识要善于思考,思考,再思考。我就是靠这个方法成为科学家的。

尘土的"独立思考"

被风卷到半空中的几粒尘土中的一粒,心中总是念念不忘那可恶的卡车。它越想越生气。"卡车那混蛋是多么固执,多么傲慢啊!他为什么会这样呢?"尘土想了很久,忽然一下找到了答案:"这是因为卡车没有自己的思想,不能独立思考的缘故。"为了回答卡车给他的侮辱,他决心以自己的"独立思考"来向一切"不能独立思考的人"和一切"不是独立思考的意见"挑战。

风停了,这粒尘土开始往下降落。它看见一只燕子在愉快地飞行,就问燕子:"你这么高兴,高兴些什么呀?"

燕子回答:"为什么不高兴啊,春天来了!"

尘土哼了一声,说:"胡说!你根本就没有独立思考过。第一,你根本不懂什么叫春天。第二,我就没有看见什么春天。第三,我脑子里也从来没有出现过什么春天。第四,因此,可以断定,春天根本就不存在。因此,第五,你的高兴是盲目的。因此,第六,你就不应该高兴。这是我独立思考以后的判断,最正确的结论。"

尘土继续往下降落。它看见一棵开满了花的桃树在那儿轻轻舞蹈就问桃树:"你这么快乐,乐些什么呀?"

桃树回答:"春天来了,太阳这么好,凡是有生命的东西都在生长、发展,我为什么不快乐呀!"

尘土显出十分鄙视的神气,说:"你只会'人云亦云',根本就没有自己的见解。哪儿有什么太阳,哪儿有什么春天!别老跟着别人胡说八道,还是好好学习一下怎样独立思考吧!"

尘土继续往下降落,它看见一条大道喜气洋洋地伸向前方,就问大道:"你这么得意,得意些什么呀?"

大道回答:"春天来——"

不等大道说完,尘土就愤怒地喊叫起来:"真要命!又是老一套,又是老一套!你们不要老跟着燕子和桃树,应该自己独立思考,独立思考!"

大道没有理会它的喊叫,接着往下说:"新的一年开始了,我们又有了新的成绩。你看,我自己就是刚铺起来的。"

尘土尖声喊叫:"我反对你说的一切!根本就没有什么成绩,你根本就不存在,不存在!"

大道忍不住笑了起来,说:"你说我不存在,那么,现在正跟你辩论的又是谁呢?"

尘土更加激动了,马上冲过去:"你敢嘲笑我!我已经再三独立思考过了,我说你不存在,你就不存在。你硬要说你存在,我马上就可以把你掩埋起来,把你消灭掉!"

于是尘土疯狂地扑到大道上了。这时候,凑巧起了点小风,微风轻轻一吹,尘土不由自主就被吹进路旁的水沟里去了。这位善于"独立思考"的先生没有想到他自己永远就这样从世界上消失了。

费曼的爸爸

理查德·菲利普·费曼是美国著名的物理学家,获得了1965年诺贝尔物理学奖。他能取得这么辉煌的成绩,和他爸爸从小对他的教育是分不开的。

他的爸爸非常善于引导孩子思考。他将自己扮演成外星人,"外星人"遇到费曼,会问很多地球上的问题,比如:"为什么有白天和黑夜的区别啊?""为什么会有气候和天气的变化啊?"在这样的提问情境中,费曼学到了很多知识,也学会了思考。

后来,爸爸带费曼去博物馆,为了引导孩子对博物馆产生兴趣,爸爸还是通过提问的方式。他先让孩子自己阅读某些相关书籍,然后再向他提问,对于孩子没有理解的问题,他用易懂的话为孩子解释。

费曼对于爸爸的教育非但没有感到厌烦,相反,爸爸的提问和讨论激发了他的学习热情,他对百科全书上的科学和数学产生了极大的兴趣。他24岁时获得了博士学位,28岁时担任美国康奈尔大学教授,47岁时获得了诺贝尔奖。

智慧导航

家长应该培养孩子独立思考的能力

独立思考是一种珍贵的习惯,在孩子的成长过程中占据着十分重要的位置,拥有了它会受益终生。爱因斯坦说过:"学会独立思考和独立判断比获得知识更重要。不下决心培养思考习惯的人,便失去了生活的最大乐趣。"人的思考能力是自己唯一能完全控制的东西,没有正确的思考,就不会有正确的行动。那些成大事者都养成了勤于思考的习惯,善于发现问题、解决问题,不让问题成为人生的难题。可以说,任何一个有意义的构想和计划都是出自思考,思考可以支撑起人生。但敏锐的思维不会从天上掉下来,而是需要严格的训练和培养的。所以，培养孩子的独立思考能力是每一位父母必须牢牢把握的家教关键，是诸多教子课题的"重中之重"。

如果孩子们接受固化的结论多了，自然而然也就丧失了独立思考能力。人一旦丧失独立思考能力，就会走向两个极端。一类是彻底性心智退缩闭锁，身体已是青年，心智仍是幼婴，几乎无生活自理能力。另一类就是陷入思考匮乏恐慌，于混沌中徒劳挣扎。一个拥有独立思考能力的孩子会善于发现问题，能够通过思考、分析找到答案，会把所学知识研究得比其他孩子更深更透。长大后，因为独立思考这种习惯和品质，他的视角会比别人更宽广，思维也会更加缜密。当然，这就能发现其他人没发现的机遇，更容易拥有成功的生活和事业。相反，孩子如果没有独立思考和判断的品质，就只会照猫画虎，他的一生只会跟在人后亦步亦趋，也许终其一生都会缺乏独立性，更别说有什么突破和创造了，将来也不会成为有出息的人。因此，父母应该从小就给孩子提供尽量多的独立思考，解决问题的机会，让孩子成长为能够进行独立思考和判断的人才。独立思考可以丰富孩子的想象力，发展孩子的智力。培养孩子独立思考的能力，并不单纯是鼓励他挑战权威。不能把不分场合的发问看作独立思考的表现，那只是缺乏礼貌的表现。独立思考在大部分时候是自省，是坚持。要培养孩子独立思考的能力，在于引导他去想问题，去寻找答案。发问是一方面，更多的思考将建立在学习之上。一个独立思考的人必然有强大的学习能力，换句话说，习惯独立思考是人在一生中始终保持学习动力的一个直接原因。

家长培养孩子独立思考能力的方法

1. 给孩子营造思考的氛围

在家庭中，营造思考的氛围，对孩子形成独特的个性，表现有创新意识的思维、举动非常重要。父母不能因为孩子小或以为孩子不懂事、需要大人照顾等而把他看成是大人的附属品。要知道孩子也是一个完整的、独立的个体，应该允许他们有自己的世界、自己的空间。

2. 不要直接告诉孩子问题的答案

孩子遇到疑难问题时，总是希望得到父母的帮助，想直接得到答案。这时父母一定不要助长孩子的这种习惯，不要当时就给孩子一个直接的或确定的答案。否则时间长了，孩子会对父母产生依赖心理，不会自己动脑思考，也就难以养成独立思考的习惯了，这对提高孩子的智力水平和思考能力都是没有好处的。

聪明的父母面对孩子的问题时，不是告诉孩子答案，而是教给孩子解决问题的方法，让孩子从中学会独立思考。比如，当家里的电视突然没有影像和声音时，爸爸可以让孩子自己去发现问题，看看是电源的问题，还是电视机自身的问题。孩子在寻找答案的过程中，锻炼了自己的思考能力，积累了经验，当找到解决问题的答案时，会充满成就感，思维能力也相应得到提高。如果孩子暂时无法独立解决问题，父母可以示范，通过查阅资料、反复思考等方法，让孩子学习思考的方法，这对培养孩子独立思考问题的能力非常有益。

3. 主动提出问题和孩子一起讨论

问题是思考的起点。孩子的脑子里会有很多问题，当孩子向父母提出问题时，父母要和孩子一起讨论，耐心地向孩子解释，父母积极地帮孩子解决问题，孩子就会提出更多的问题。父母也可以经常给孩子提出一些问题，让孩子的大脑经常处于活跃状态，通过这种方式来锻炼孩子的思维能力。父母要让孩子学会主动思考，就要从为孩子提出问题入手，父母的问题可以激发起孩子的兴趣，孩子会为了找到问题的答案不断思考。孩子思考问题的过程中，父母要善于提出开放性的题目，比如茶杯的不同用途等，还可以用如何解决突发事件，如"你如果在大街上走丢了怎么办"等类似问题来引导孩子思考。父母利用这样的方法，让孩子从全面和新颖的角度思考，让孩子勇于突破常规的想法，提出自己独到的见解。

4. 鼓励孩子发表自己的意见

父母要给孩子创设民主和谐的家庭氛围，孩子在这样的家庭环境中，才会有活跃的思维，敢于发表自己的意见。在压抑的环境中成长的孩子，不容易有自己的意见和看法，思想会受到父母的左右，只会盲从附和父母的意见，这样会影响孩子思考能力的发展。父母应鼓励孩子有自己的见解，在孩子发表意见时，即使是错误的，也要让孩子说完，然后再给予适当的指导。对于孩子的正确意见，父母应该积极肯定和表扬，增加孩子主动表达的自信心。很多孩子不敢大胆说出自己的想法，怕说得不恰当，会受到父母的责备。而青青敢于说出自己的想法，这和青青的爸爸平时鼓励孩子勇于发表意见是分不开的。孩子发表自己的意见，调动自己的思维能力，用合适的方法将自己的想法告诉他人，这是孩子独立思考能力的重要体现，因为孩子会对自己的问题和表达方法进行缜密的思考。

5. 给孩子讲益智故事

益智类的故事和资料很多，真人真事和寓言故事都有涉及。父母通过给孩子讲这些故事，互相讨论感兴趣的话题，对培养孩子的思维能力也是大有裨益的。有这样一个故事：一只小猫咬住了一条小鱼，小鱼妈妈恳求小猫将自己的孩子放了，小猫说："你猜我会吃了你的孩子吗？如果你答对了，我就会放了它。"小鱼的妈妈想了一会儿，说："你想吃掉我的孩子。"小猫兴高采烈地说："我如果将孩子还给你，你就说错了，所以我现在要将小鱼吃掉。"小鱼的妈妈立即说："如果你想吃掉我的孩子，就表示刚才我猜对了。你就该信守承诺将孩子还给我。"小猫被小鱼妈妈的话弄得糊里糊涂，只好松了口，小鱼的妈妈便带着小鱼离开了。父母引导孩子从故事中看出小鱼妈妈的聪明，她利用小猫和小鱼思考前提的不同，抓住小猫逻辑思考上的漏洞，救出了自己的孩子。这类故事可以锻炼孩子的逻辑推理能力。

6. 和孩子玩一些益智类游戏

生活是教育孩子的最好课堂。生活中，孩子一般都喜欢游戏，如果父母在游戏中注入益智因素，就可以促进孩子思维力的发展。父母经常和孩子玩一些益智类的游戏，既能沟通亲子感情，又可促进孩子思考能力的发展。如父母利用节假日的时候，举行一些智力竞赛之类的游戏，可以邀请孩子的一些朋友一起参加。在游戏中，父母要教孩子学会思考，运用推理、比较、概括的方法，去促进思维的发展。要鼓励孩子多动手、多动口，全面促进和训练孩子的思维。

7. 帮助孩子建立思考的程序

培养孩子独立思考能力，就要让孩子在头脑中建立这样的思考程序，在遇到问题的时候，问一问：这是事实吗？这是事实的全部吗？在做出判断之前，我应该先了解什么？事情内在的逻辑关系是什么？什么是因，什么是果？引导孩子独立思考，就是把这种思维方式固化在潜意识里。保持警醒，避免孩子陷入直觉的误区。这里并不是说直觉都是错误的，事实上人大部分的判断依赖直觉。思考的作用在于对直觉进行纠偏。孩子有新奇的想法，父母不要否定孩子，要允许孩子标新立异，因为标新立异是培养思维能力的重要表现。

如果不破除常规，是无论如何也过不了桥的。当遇到难以解决的问题时，父母要引导孩子换种考虑问题的思路和角度，经过合理的分析和整理、归纳，设想新颖的解决问题的方法，这对于提高孩子的思维能力很有帮助。

通过故事培养孩子独立思考能力的方法

心理学家布鲁姆对孩子的思考能力进行了分类，从低阶到高阶一共分为记忆、理解、应用、分析、评估与创作六大类，并提出孩子的思考能力发展都是从底层开始，只有掌握了这个层面的能力后才能上升到新的层面，然后逐步提高一直到最高层。家长朋友可以应用布鲁姆的理论，通过故事培养孩子独立思考的能力。

例如，许多经典童话故事，家长都耳熟能详，而孩子们常常也对童话故事的情节已经是滚瓜烂熟了，那是否就没有必要再读了呢？答案是否定的。因为记忆只是六种思考能力中的第一层，只要家长提问得法，经典的童话故事完全可以翻来覆去、由浅入深地阅读，并在此过程中培养孩子独立思考的能力。

当你讲完《小红帽》这个故事，估计孩子们肯定也依然会特别兴奋，这时父母一定要有意识地去观察孩子，多小的孩子其实都有自己的思考能力。这时如果父母可以掌握一些提问技巧，启发孩子进行更多的思考，而不是仅仅停留在"对错"这个层面的话，就能帮助孩子培养独立思考的能力。

第一层：记忆

在这个层面，孩子通过记忆可以复述出书里提到的的基本信息，可以回答一些关于书里人或者物体的基本问题。

你可以这样提问：

· 小红帽要去见谁？
· 小红帽手里提的篮子里有什么？
· 她穿了什么样子的衣服？

提问关键词是谁、哪里、什么、多少、什么时候、怎样等这些澄清信息内容的问题。

第二层：理解

在这个层面，孩子理解了故事的含义，事情发生的先后顺序，可以用自己的语言非常简单地说一下故事大概。

你可以这样提问：

· 为什么小红帽需要走过森林？
· 大灰狼为什么要穿上奶奶的衣服？
· 这个故事主要说了什么？

提问关键词是复述、主要观点、为什么、有什么区别等不再只是复述出表面意思，而是需要在理解的基础上再回答的问题。

第三层：应用

在这个层面，孩子有能力进行初步的融会贯通了，也就是说可以把其他场合学到的类似知识和把她从书里学到的知识和信息联系起来了。

你可以这样提问：

·如果小红帽是和朋友一起去看外婆的会发生什么？

·森林里很黑，还有什么情况下也会很黑？

·小红帽是走这穿过森林的，除此之外，还有什么其他方式她也可以到外婆家？

提问关键词是：有其他什么情况是一样的；如果……会发生……；还有……方式。这个层面的提问精髓在于，启发孩子把其他场合学到的知识拿来运用到当下这个场景，从而起到举一反三的目的。

第四层：分析

这个层面的提问鼓励孩子开动脑筋，充分收集各方面的证据来支撑自己的观点。

你可以这样提问：

·如果你是小红帽，你做的会和她有什么不同？

·为什么独自走过小树林很危险？

提问关键词是我的观点有什么不同或者一致？我自己可以从中发现什么？这个层面的提问给孩子提供了不同的场景，鼓励孩子跳出故事情节本身，而是对自己掌握的知识重新组合，挑选出重要的信息来得出自己的结论。

孩子在学校参与的辩论就是这个层面思考能力很好的锻炼方式。平时在家，父母也可以有意识地和孩子进行这样的"辩论"游戏，而且可以在游戏中时不时地进行角色交换。

第五层：评估

在这个层面，孩子会对自己得出结论的论点进行评估，或者维护自己得出的观点。

这个层面，你可以开始提问个人观点方面的问题：

·你觉得大灰狼欺骗小红帽这样做对吗？

·你会对小红帽提哪些建议？

提问关键词是你认为是对的/错的？有没有更好的建议？当孩子给了一个答案后，需要追问，为什么她觉得是错的或者对的。对于更大的孩子，可以问，他们觉得作者在描述这个故事时是否有什么错误？在整个故事展开的过程中，作者是否出现前后矛盾的情况？

第六层：创作

在这个层面，我们可以要求孩子根据现有的信息重新创作一个新的结尾，或者完全改编整个故事情节。也可以鼓励孩子根据这个故事创作一首小诗或者一首歌曲。当孩子对你讲的故事有了一定的记忆和理解之后，你和孩子就可以试试创作故事喽！我们需要尽力鼓励孩子发挥创造力，同时也基于现在掌握的故事情节对故事进行"二次创作"。孩子与父母一起互动创作故事，既可以锻炼孩子思维能力，独立思考能力，又可以锻炼孩子口语表达能力。

三省吾身

您是一位具有独立思考能力的家长吗？请举一件具体的事例说明。

您的孩子具有独立思考能力吗？请举一件具体的事例说明。

您打算为培养孩子的独立思考能力做些什么？

亲子行动

亲子阅读

请您和自己的孩子一起阅读下面的三个小故事，然后一起讨论从中得到的收获，并请您指导孩子用自己的话讲述这三个故事。

哥白尼敢于挑战权威

沃德卡尔是哥白尼少年时期最敬重也是最喜爱的一位老师。一天，哥白尼去沃德卡尔家作客，老师不在。他顺手从书架上抽出一本书，打开一看，老师在折了角的地方写了一条批注："圣诞节晚上，火星和土星排成一种特殊的角度，预示着匈牙利的皇上卡尔温有很大的灾难。"

正在这时,沃德卡尔推门走进来。他见哥白尼在家里看书,高兴地说:"孩子,又看什么书了?"

哥白尼毕恭毕敬地把书递过去,老师边接书边关切地问:"能看懂吗?"

哥白尼认真地回答说:"老师,我看不懂。火星也好,土星也好,都是天上的星星,他们与卡尔温毫无关系,怎么能预示他的祸福呢?"

"怎么不能呢?"沃德卡尔反问道,"命星决定一切!"

哥白尼当仁不让,大声反驳说:"如果是这样,那人还有没有意志?如果有,人的意志和天上的星星又有什么关系?"

对于哥白尼尖刻的反驳,沃德卡尔并没有生气,他明白,信不信天命是关系到天文学命运的重大问题。对这个问题,他对传统的偏见有过怀疑,但又说不出道理。他踌躇再三,深情地对哥白尼说:"孩子,天命决定一切,这是几千年以来的一条老规矩,我不过是拾前人的牙慧罢了。至于你提的问题,确实很有意思。但我没有能力回答你,你如有毅力的话,以后研究吧!"

老师的希望,不久就变成了现实。几十年后,哥白尼创立了"太阳中心说"的伟大理论,宣告了"天命论"的彻底灭亡。

好爸爸

吃过晚饭,爸爸在一边看报纸,儿子在另一边写作业。

"爸爸,这道题怎么做?"

听到儿子的发问,爸爸皱起了眉头,这已经不知道是第几次发问了,儿子一遇到问题就向父母求救,一点都不知道自己思考。看着儿子拿来的题目,爸爸的眉头皱得更深了,这样的题目对于儿子来说根本不难,只要稍微动动脑,思考一下,答案就出来了。

"你自己好好看一下题目,然后思考一下,就会知道答案了。"爸爸不想再直接告诉儿子答案,他想让儿子自己试着去思考。

没有得到答案的儿子回到桌子面前,同样皱着眉头看着眼前的题目,他根本不知从何下手。

看着苦苦思索的儿子,爸爸觉得这么做也不是办法,于是,他放下手中的报纸,来到儿子的身边坐下。看到爸爸坐在自己的身边儿子以为爸爸愿意告诉自己答案了,然而爸爸还是没有说出答案,而是拿过一支笔和一张纸,把题目中所列出的条件都写在了纸上。开始儿子并不明白爸爸在做什么，紧紧地盯着那张纸。慢慢的，儿子从纸上看出了答案。于是他按着自己的思路写出了答案。在这其中，爸爸一句话都没有说，只是用眼神鼓励儿子自己去寻找答案。

从此以后，当儿子再遇到难题的时候，他不再在第一时间去问别人，而是试着自己思考，自己从中寻找答案。

费米的解答方法

1938年，费米荣获诺贝尔奖。四年之后，他制造出第一座自续型核链反应堆，宣告了核时代的到来。自费米去世至今，没有哪一位物理学家能像他那样集实验家和杰出的理论家于一身。

1945年一个星期一的早晨，世界上第一颗原子弹在墨西哥州的沙漠里爆炸。在爆炸之前，费米就从笔记本上撕下一张纸，再撕成碎片。当他感到第一阵震波时，便把碎片举过头顶，然后松开手。碎纸片纷纷扬扬地落在他身后大约2.5码（约2.2米）处。费米经过一阵心算后宣布，这颗原子弹的能量大概相当于1万吨TNT炸药。复杂的仪器经过几个星期对震波的速度和压力进行分析后，证实了费米即时的计算准确无误。

费米擅长把困难的问题分解成可以处理的小问题，这种才能我们也可以在日常生活中运用。费米在芝加哥大学的课堂上提出了这样一个古怪的问题：芝加哥市有多少位钢琴调音师？得出答案的一种方法是：芝加哥有300万人口，如果每个家庭平均有4口人，三分之一的家庭有钢琴，那么该市共有25万架钢琴。每架钢琴过5年必须调一次音，每年就有5万架钢琴需要调音。如果每位调音师每天能调4架钢琴，每年工作250天，1年里总共给1000架钢琴调音。那么，芝加哥市应该有50位调音师。这个答案恐怕不一定准确。实际上可能低到只有25位调音师，也可能高到有100位。然而，用电话号码簿加以验证，结果发现：调音师的人数正好是那么多。

费米的意图是想说明，我们可以提出假设，然后估算出相当近似的答案。它的原理是，在任何一组计算里，错误往往会相互抵消。例如，有人会假设不是每3个，而是每6个家庭有1架钢琴，他同样也可能假设每架钢琴每2年半而不是5年必须调一次音。由于错误的估计往往相互补偿，因此其计算结果将与正确的数字相接近。

原子弹和调音师的问题很不普遍，但两个问题的解答方法是相同的，而且可以运用于更现实的问题，不论这问题是关于烹饪、汽车修理还是人际关系。

缺乏独立思考能力的人常常向书籍或其他人求教。有独立意志的人则在人人具备的常识和事实里探究，做出合理的假设，自己得出相近的答案。独立思考不仅能带来乐趣，更是有自信的体现。

请您和自己的孩子一起阅读下面这篇著名作家矛盾先生谈独立思考的文章，然后一起讨论从中得到的收获。

谈独立思考

有人问：如何而能独立思考？

我想：这个答案可以很多，其中之一也许是洋洋万言，引经据典，而效果等于不着一字。

但是，也还有另一方式的答案：

不读书者不一定就不能独立思考；然而，读死书、死读书、只读一面的书而不读反面的和其他多方面的书，却往往会养成思考时的"扶杖而行"，以致最后弄到独立思考能力的萎缩。

眼睛只看上边、不看下边的人，耳朵只喜欢听好话、不喜欢听批评的人，常常只想到自己、不想到别人的人，他们面前的可能的危险是：让"独自"思考顶替了独立思考。

教条主义是独立思考的敌人，它的另一敌人便是个人崇拜。

如果广博的知识是孕育独立思考的，那么，哺养独立思考的便应是民主的精神。

井底之蛙恐怕很难有独立思考的能力。应声虫大概从没有感到有独立思考之必要。而日驰数百里的驿马虽然见多识广，也未必善于独立思考。

人类的头脑，本来是具有独立思考的能力的。如果没有，人类就不能从"蠢如鹿豕"进化到文明。但是人类的这个天赋，是在生活斗争中不断碰到矛盾而又不断解决矛盾的过程中逐渐发达起来的。前人的经验和独立思考的成果，应当是后人所借以进行独立思考的资本，而不是窒息独立思考的偶像。

儿童的知识初开，常常模仿大人。这时的模仿，就是吸收前一代的经验和知识，为后来的独立思考准备条件。做大人的，看见幼儿模仿自己，便赞一声"聪明"，可是到后来看见渐臻成熟的少年不再满足于模仿自己，却又骂他"不肖"。这真是可笑的矛盾。

从前有些"诗礼之家"，有一套教养子女的规矩：自孩提以至成长，必使"非礼勿视，非礼勿听，非礼勿言……"这是把儿童放在抽出了空气的玻璃罩内的办法。这样培养出来的，如果不是书呆子，是犬儒，便是精神上失去平衡的畸形人，是经不起风霜的软体人。当然也不会是具有独立思考能力的人。

"诗礼之家"现在没有了，我盼望这样的教养方法也和它一同地永远消逝。

成长记录

请您将自己为培养孩子独立思考能力所开展的各项准备活动或措施及其效果记录在下表中。

时间	开展的具体活动或措施	活动或措施的效果	备注

干沟（局部） 布面油画 150cm×200cm 2015年

14

孩子要毕业了!
——如何指导孩子轻松迈过"毕业关"

启智故事

写给准备小升初家长的信

亲爱的家长朋友：

我是一名初一学生的家长，孩子一年的初中学习很快就要结束了，作为一名"小升初"的过来人，我想和大家分享一下孩子在初一的学习生活应该注意的事项，对大家或许有些帮助。

1. 不要相信"大家都在一个起跑线上"这句话

这个我体会最深，新初一的摸底考、分班考足以证明大家根本就不在一个起跑线上，很多人已经抢跑，并且跑远了，你就追吧！所以数学、英语的衔接必须进行。

2. 不要等到孩子开窍

有很多家长认为孩子小，没有开窍，慢慢来吧。其实这就是一种放弃，要不得！家长必须帮助孩子查找原因：主要是习惯、态度。良好的学习习惯、起居、饮食等生活习惯是保障；态度方面，任何事情都怕"认真"二字，认真听课、认真做作业（每一次作业都当作一次测试来对待），往往得到事半功倍的效果。即使你没有好的办法改变孩子的成绩，但你可以让他（她）养成良好习惯和建立正确的态度。

3. 绝不要说教孩子

优秀的家长是帮助孩子解决问题，说教就像垃圾泼向孩子，是解决不了问题的。

4. 不要把学习和娱乐彻底分开

以学习为主，不着迷娱乐，家长帮助把握分寸。

5. 绝不给孩子施压，以减压、释放为主

其实在学校学习中，竞争是相当激烈的，大多数孩子的学业量也是饱和的（包括适当的培优），完全没必要再给作业和其他压力。

6. 不要跟风

孩子的学习能力是有差异的，学习天赋不能否认，所以适合孩子的就是最好的，不要让别的同学带快了节奏，扰乱了方阵。我孩子的同班同学学习进度相当快，孩子当初有些着急，我及时给他疏导，讲策略、讲方法，走自己的路。

7. 注意查找薄弱环节，适时调整培优内容。

祝愿各位家长帮助孩子顺利做好小升初的准备！

媛媛妈妈

写给小学毕业生的信

六年级的同学们：

升入六年级意味着将要离开生活了六年的母校，多少欢乐，多少留恋，让你们难以忘怀。在这里，你们从一个不懂事的娃娃，成长为一个有礼貌、有知识的少年；在这里，你们结识了一个个朋友，凝结下深厚的友谊；在这里，你们记住了一位位老师，建立了温馨的师生之情。但一切都将过去，你们沉浸在离别的伤感和不安中。

现在，学习更加紧张，老师要求更加严格，家长还时常会把升中学的话题摆在你的面前。你感到以前从未有过的压力。"中学是什么样子？""上了中学是不是压力更大？""我将升入哪所中学？"这些问题也会不断地跳出来，扰乱你的心绪。

不过，不要忧虑，不要心焦。这是成长中必然的经历，每个人都是一样的，你们每一个人，还有我们——你们的老师和家长。如果你感到心里不舒服，就找朋友聊一聊，也不妨问问周围的大人他们当初是怎样的。相信你一定会快乐起来的。你如果想了解中学是什么样子，不妨和家长一起到中学去看看，还可以与中学的学生聊一聊，问问你想知道的问题。

这个阶段，正是总复习的时候，老师会带领你们把小学的重要知识再巩固一遍。千万不要以为这是简单的重复，而掉以轻心。其实，这是你把小学的知识整体把握综合运用的过程，是积累知识、提高能力的关键环节，也是你能顺利学习初中知识的基础。这个时候，你要做的就是听老师的话，上课认真听讲，课后自觉完成作业，不会的地方一定要找老师问明白，不放过任何一个漏洞。如果你能够充分利用这个环节，就一定会有一个飞跃。

在小学，你们是最高年级的学生，肯定很多人会产生"我的生活，我做主"的念头。一些人还会嫌老师管得严，烦家长管得多。可爱的孩子，我要恭喜你——你要长大了！但是，当你想自己单独行动时，你是否向家长或老师解释了你的计划，使他们真正信任你有自主的能力——你的计划应当是可行的、安全的。要争取成年人的信任，最重要的是把自己该做的事做好，这就是学习，要自觉、主动、有进步。生活上还要学会自理，如按时起床，书包内整洁，用具齐全，每天睡前能根据天气和场合准备好衣物，合理安排学习和玩儿的时间，有自制力。

总之，要想成为一个合格的中学生，就要先做好一个小学毕业生。

您们的朋友高雪梅

普通学校毕业的马云

马云是中国第一家互联网国际贸易网站"阿里巴巴"的创始人，现任阿里巴巴公司董事局主席兼首席执行官，是中国互联网的领军人物。

1964年9月，马云出生在杭州一户普通人家。小脑袋，小身子，即使是40年后，他的"光辉形象"仍然没有什么大的改观。美国《福布斯》记者对马云的描述是这样的："深凹的面颊，扭曲的头发，淘气的露齿笑，一个5英尺高、100磅重的顽童模样。"

马云在中小学时代，确实是个顽童。他是在父亲的拳脚下长大的，经常跟一群孩子打架，但没有一次是为自己，全是为了朋友。最厉害的一次是被打得缝了13针，挨了学校处分，被迫转学。

他的脑袋现在也没长大，"我大愚若智，其实很笨，脑子这么小，只能一个一个想问题，你连提三个问题，我就消化不了。"从小，马云的功课就不好，初中毕业时想考个二流高中，结果连考两次都没考上，原因之一就是数学太差。

马云的数学虽然极差，英语却奇好。上初中时，马云就当上了英语导游，骑着自行车带着老外满杭州跑。

第一次参加高考，数学只得了1分。他觉得自己根本就不是上大学的料，只好去打工。他先去一家宾馆应聘，结果陪他一块去的表弟被录用了，而他却被拒绝，因为表弟长得又高又帅。无奈，他只好去做不要求长相只要求有力气就行的搬运工，每天蹬着三轮车给人运送各种货物。有一次，他给一家文化单位运书时，捡到一本小说《人生》，闲暇时他随手翻阅，竟然被书中的故事情节所吸引，主人公高加林曲折的生活道路和对理想的执着追求深深地打动了他，同时也让他明白了一个道理：在人生的道路上，如果你要想有所成就，不经过一番磨练是无法成功的。也许就在那一刻，马云开始下定决心，准备参加第二次高考。

多年以后，马云才知道，小说《人生》的作者原来竟是全国赫赫有名的陕西作家路遥。小说不仅改变了马云的人生之路，同时也影响了80年代当时整整一代年轻人。

第二次高考，数学考了19分，仍然没有成功。然而，马云却毫不甘心，连续两次高考失利，反而让他越战越勇。由于无法说服父母让他继续复读，他只得一边打工，一边复习。为了找一个好的学习环境，每到星期日，他就早早起床，赶到离家有一个多小时路程的浙江大学图书馆去复习。

马云的第三次高考成绩出来后，数学虽然破天荒地考了 79 分（那时，数学一科满分是 120 分），但他的总分仍然属于专科线，离本科线还差 5 分。

幸运的是，就在马云准备进杭州师范学院读专科时，该校的英语本科专业由于升本时间不长，招生没有满额，于是，歪打正着，英语成绩最好的马云摇摇晃晃地被调配到了本科，算是捡了个大便宜。

马云上了大学后，由于他的英语基础好，学起来很轻松，为了打发空闲的时光，他便进了校学生会，而且后来还当了学生会主席，直至坐到杭州市学联主席的位置。

1988 年，马云大学毕业，被分配到杭州电子工业学院教外语，是他的同届同学中唯一分到大学任教的本科生。大学教师不用坐班，不甘寂寞的他利用工作之余，找了不少兼职：在西湖边成立杭州第一个英语角，为外国游客当导游，创建"海博翻译社"，到义乌批发小商品……闯荡了几年后，钱没赚多少，超强的活动能力却为马云带来了不小的名气，他甚至还戴上了"杭州十大杰出青年教师"的光荣称号。

初中毕业的华罗庚

著名数学家华罗庚1910年出生在江苏省的一个小县城——金坛。他小时候，家中清贫，父亲在小镇上开了个小杂货铺，代人收购蚕丝，一家人过着半饥不饱的生活。华罗庚上初中时，对数学产生了特殊的兴趣，他的老师王维克很器重这个聪明机灵的少年，常常单独辅导他，给他出一些难题做，这使少年华罗庚得益匪浅。华罗庚在金坛中学念完初中后，因家里无力再供他上学，只得辍学到父亲的小杂货店里帮助料理店务。可这位酷爱数学的年青人，人虽然守在柜台前，心里经常琢磨的还是数学。王维克老师借给他几本数学教材：一本大代数，一本解析几何，一本微积分。华罗庚便跟着这几位不会说话的老师步入了高等数学的大门。

华罗庚 18 岁那年，在王维克老师的帮助下，到金坛中学当了一名会计兼管学校事务工作。他曾回忆当时艰难的生活："除了学校里繁重的事务外，早晚还要帮助料理小店的事务。每天晚上大约 8 点钟才能回家。清理好小店的帐目之后，才能钻研数学，常常到深夜。"不久,金坛县流行伤寒,华罗庚不幸染病,卧床半年。后来病慢慢好了,可是左脚却弯曲变形,落了个跛足的终身残疾。华罗庚在贫病之中刻苦自学,不但读了许多书,而且还勤于独立思考,敢于向权威挑战。19岁那年,他发觉一位大学教授的论文写错了。便把自己的看法写成一篇文章,题目叫《苏家驹之代数的五次方程式解不能成立之理由》,于次年发表在上海的《科学》杂志上。随后,华罗庚又连续发表了几篇数学论文,署名"金坛人"。

这个在数学论坛上崭露头角的"金坛人",引起了清华大学数学系主任熊庆来教授的注意。当他打听到这个数学奇才原来是个只读过初中的小青年时,深为震惊,便写信邀华罗庚来当时北平的清华大学数学系当管理员。

到清华后,华罗庚的进步更快了。他自学了英语、德语。24岁时,已能用英文写作数学论文。25岁时,他的论文已引起国外数学界的注意。28岁时,他当上了西南联大教授。后来,他又被熊庆来教授推荐到英国剑桥大学去深造。

在走过坎坷的自学之路后,他成了世界著名的数学大师,国外数学界这样评价他:"华罗庚教授的研究著作范围之广,足可使他堪称为世界上名列前茅的数学家之一。"20世纪40年代后期,华罗庚应美国伊利诺斯大学之聘,在那里当教授。1950年的一天,这位已担任了中国科学院数学研究所所长的著名教授,在填写户口簿时,在"文化程度"一栏里写了"初中毕业"4个字。这虽然使许多人惊讶不已,却是事实:他的的确确只有一张初中毕业证书。这位数学大师的数学知识,几乎都是通过自学获得的!

1983年10月,华罗庚重游美国,接受了美国科学院外籍院士的荣誉称号。这是美国科学院120年历史上第一次把这个荣誉称号授予一位中国科学家。美国科学院院长在向华罗庚致赞词的时候说:"他是一个自学出身的人,但他教育了千百万的人们。"

智慧导航

小学六年级学生的生理发育特点

1.六年级学生一般为11—12岁,属于人体发育的少年时期。总的说来,身体发育处于增长率高峰阶段，发育指标的增长出现第二高峰。身高、坐高、体重、胸围、肩宽、骨盆宽等指标男生 12 岁达到高峰，以后增长率逐年迅速下降；女生均自 8—9 岁开始突增，12 岁达到高峰。因此，六年级学生相对是属于身体发育的最高峰时期。

2. 六年级学生安静时脉搏均值比五年级相对减少。女生血压指标 11—12 岁时仍处于增长阶段。肺活量均值男女生都随年龄的增长而增长，但男女生比较，男生均大于同龄女生，12 岁以后逐年加大。

3. 六年级学生身体素质指标均有提高，立定跳远、50 米和 8 乘 50 米往返跑男生优于女生，差异非常明显，立位体前屈女生优于男生且差异明显。速度、腰腹力量、柔韧、速度耐力素质指标为关键发展时期。13 岁时，静力性耐力和爆发力也开始为敏感期。

4. 六年级是部分女生月经初潮的年龄，恰好是女生素质增长波动起伏或下降的阶段。女生由于月经初潮的到来，引起生理、心理上的一系列变化，给女生素质发展带来一些困难。因此应开始对部分女生注意区别对待。

5. 六年级学生处于敏感素质发展即将交替的阶段，速度、灵敏、柔韧等素质的最佳发展阶段快要过去，力量、耐力等素质的敏感期即将到来。特别是大肌肉群的发展时期，也将向大小肌群同时发展的时期过度。

6. 六年级学生的心脏仍属于小学生的特点，脉搏频率较快，但心脏发育十分显著，已开始进入青春期的特点。因此，适当加大运动量，会使学生的心脏容积和心脏功能得到显著发展。

7. 12 岁的学生脑的重量已接近成年人的水平，大脑活动的机能也有显著提高，大脑兴奋机能也增强了，每天平均睡眠 9 小时即可。

小学六年级学生的心理发展特点

六年级学生正处于由儿童期向青春期过渡的关键时刻，处于心理发展的骤变期，自我意识、独立意识明显增强，成长中面临各种人生课题而产生的烦恼和焦虑，也随年龄的增长而增多：学业压力，同伴关系，亲子关系，师生关系，自我概念都带给小学六年级学生很多烦恼。性生理的趋向成熟，心理的断乳等一系列问题困扰着稚嫩的人生。

1. 六年级学生，由于生理上的变化和抽象思维能力的进一步发展，自我意识随之迅速发展起来，进入了个体自我意识发展的第二个上升时期。他们已经有了独立意识，不仅已经摆脱了对外部评价的依赖，逐步依靠内化了的行为准则来监督、调节和控制自己的行为，而且开始从对自己表面行为的认识、评价转向对自己内心世界更深入的评价，喜欢尝试着从个性品质、人际关系、自我价值等方面的特点来描述自我形象，这种自我评价的独立性和稳定性都随着年级的升高而逐步提高。

2. 六年级学生情绪的强度和持久性迅速增长并出现高峰，各种日常行为很容易受情绪的影响或支配。他们既有强烈的情绪体验，对人对事都极为敏感。小学高年级的学生与小学低、中年级的学生相比较，随着年级的升高控制和调节自己情绪的能力也逐步加强，但仍很缺乏自我分析、自我调节和宽慰的能力。因此，这个时期的学生的性格发展处于一种非常矛盾、变化无常的状态之中。他们对他人各种情绪的感知能力迅速发展，进入了较为稳定的正确辨认阶段，已经能够正确辨认他人的情绪状态，并作出自己相应的反应。

3. 六年级学生的求知欲发展得很快，但自制力显著下降。心理发展中的独立性与幼稚性的矛盾日益突出，表现出容易固执己见、盲目地拒绝他人的劝告和建议。随着年级的升高，他们抵制内外诱因干扰的能力也进一步增强。

4. 六年级学生的集中注意能力有所发展，集中注意、专心致志的时间可达30分钟左右。注意分配能力也有提高，在注意腿的动作同时，还能注意到手或脚的动作，注意上下肢动作的同时，还能注意到重心的变换。

5. 六年级学生有意记忆在不断发展，开始由教师布置任务的记忆过渡到自觉的意义记忆。

6. 六年级学生已从具体形象思维向抽象逻辑思维过渡，但仍然是同直接与感性经验相联系，仍然具有很大成分的具体形象性，仍习惯于模仿实际动作。因此，需加强启发式教学，发展学生比较、分析、综合思维的能力。

7. 男女生均显露其各自的心理特点，出现相互反感的倾向。集体意识又有发展，已不满足无规则要求的游乐性游戏，特别喜爱有一定规则的竞赛，愿做体力和智力相结合的游戏。已开始把体育活动作为抒发感情的途径。

小学六年级学生的学习与社会性发展特点

1. 学习方面

六年级学生随着年级的增高，孩子们的知识学习广泛了，内容增加了，难度加大了，作业量相对多了，学习方法改变了。不再唯老师之命是听，对老师的教育时违时从，对枯燥的说教和单一陈旧的训练方式都不感兴趣，他们的注意力也比较难于集中到学习上来。

这个时期，学生的学习负担加重。学生升到高年级后，学习负担比低年纪年级重，语文、数学的作业相对增多，而对英语学习的要求也比以前高，要求听说读写背。

因为已经有五年的在校时间，他们对学校的管理比较熟悉了，对校纪校规不是那么在意；又面临毕业，学生普遍心浮气躁，叛逆抗拒心理增长，因此不怎么听从教导比较难管。

2. 交往方面

六年级学生的同伴交往进入了一个亲密共享的新阶段。此时，他们已经大大发展了对朋友这一概念的认识，认为朋友之间可以倾诉秘密、相互帮助、相互分享的，认为友谊是随着时间的推移而逐渐形成、发展并得到巩固的，朋友之间应该相互信任和忠诚，做到同甘共苦。这一时期，学生之间的友谊有了一定的稳定性，但也具有强烈的排他性、独占性，择优标准也相对严格起来。同时，学生的同伴团体也大大发展，团体成员的团体意识加强了。在这一时期两性交往就发生了变化，对异性有些朦胧的好感，但是又不清晰。所以很多同学就出现了本能的对异性的排斥现象，出现相互攻击等现象。

在亲子交往方面，由于六年级小学生的独立意识大大增强，他们对父母的要求不再一味顺从，对父母过多的"看管"常常表示抗拒。因此，亲子之间的代沟明显加大，相互理解和沟通明显减少。

而教师的威望在小学高年级阶段已开始逐渐下降，学生对教师不再像过去那样崇拜，甚至有时会产生抵触情绪，跟教师疏远。

3. 生活方面

六年级学生已有一定的生活经验，不像低年级那样充满幻想，他们会有广泛的兴趣。他们的集体生活意识在和同学、老师的相处中逐渐形成与发展起来。许多女生在小学高年级进入青春期，由于生理上的一些变化，她们还不能完全自然地接受一切事物，会引起焦虑、自责、恐惧等反应。

小学六年级学生家长该做什么

孩子刚一升入六年级，许多家长就开始为孩子的升学问题忙碌起来了。纷纷各显神通，希望自己的孩子能升入一所优质学校。这说明家长已经认识到初中对于孩子成长的关键作用，但是无论孩子能否进入重点学校学习，他同样都会面临的小中衔接问题。因此建议家长要充分重视孩子在小中衔接中会出现的问题，对孩子加以科学的指导。

1. 帮助孩子认识到小升初的重要性和小学与初中在学习内容、学习方式上的不同。

2. 带孩子到几所中学去实地考察，形成对中学的感性认识，有条件的话，可以安排孩子与适应较好的中学生进行交流。

3. 督促孩子养成自觉、自主学习的习惯。如按时按量完成作业，做事有计划，能自主维持书包的整洁和使用方便等。

4. 培养孩子良好的生活习惯。如按时起床，早睡早起，能依据天气情况，每晚睡前准备好第二天的衣物等。

5. 听从六年级教师的指导，对孩子进行心理疏导。不要盲目地施加思想压力，家长们万不可将社会上的压力，过早地压在孩子幼小的肩膀上——他们扛不起的！

家长如何指导小学六年级孩子学习

小学六年级，是学生在小学学习生活中最后一个阶段，是学生终生学习的一个中转站，对学生的一生具有重要的意义。同时，小学六年级，也是小学与初中的接轨点，学生素质的高低、成绩的好坏，都会直接影响到其中学的生活。

面对六年级——这个小学至关重要的一个阶段，家长如何指导孩子顺利度过六年级呢？

1. 要教育孩子学会合理安排时间

要珍惜时间，合理利用时间，对孩子来说是比较抽象的。家长若不加以指导，孩子自己是很难做到的。由于精力充沛、好奇心和好胜心强，孩子们常常是想到哪儿就做到哪儿，一边玩一边做作业，许多孩子甚至一边看电视一边做作业，这样肯定难以优质高效地完成作业。家长要从具体的时间安排抓起，比如要求孩子：早睡早起，早晨起来后做操、晨读，下午放学后做游戏、复习功课、做作业，晚饭后看电视、读书等等。都应该给孩子规定一些具体任务，并使这些活动为孩子接受，逐渐成为习惯。

2. 教育孩子养成独立完成作业的习惯

做作业是加深知识理解、巩固已学知识的主要方式。有些孩子不愿下功夫自己做作业，要么抄袭他人做的作业或者照着答案抄，要么在家里缠着家长替他解答、替他检查，因为现在家长素质提高了，能帮助小孩解决作业方面的问题。这样的孩子即使每天做了作业也是很难真正掌握知识的。所以，家长一定要让孩子从小养成独立完成作业的习惯。

3. 要帮助孩子克服学习上的坏习惯

随着年龄的增长，有些孩子已经不知不觉地养成了一些坏习惯，如放学回家后贪玩、作业马虎、不愿自己检查、在作业本上乱撕乱画、不爱惜文具、随意损坏或丢弃文具等。这些毛病如果说在最初还不十分明显的话，那么随着年级的增长，就会显露出对孩子学业的严重影响，家长一定要和教师配合，帮助孩子来克服。克服上述毛病的基本方法是：让孩子养成认真负责的做事态度，该学习时就集中精力学习，该玩的时候就痛痛快快地玩。

另外，针对孩子的情况，及时和老师联系，及时沟通。这样，一方面可以使老师和家长的教育更加具有针对性，另一方面，也是一种督促孩子前进的动力。家长平时要抽出一点时间，辅导好孩子的学习，让他们养成良好的学习习惯。

帮助孩子认识初中与小学的不同

1. 管理方法不同

在小学里，教师把学生当作小孩子，许多事情都是手把手教，"扶"着"走"。在中学里，教师偏重于让孩子自己管理自己。家长要配合学校做好两方面的工作：一是培养孩子自主、自理、自立的能力，二是要教育孩子为集体承担义务和责任。

2. 学校环境不同

中学里，一个班级的同学是从各个地方来的，大多数是陌生的新同学。因此，家长要帮助孩子克服"怯生"的心理，提高交往的能力尽快和新同学打成一片，不论男女同学都要友爱相处，不能总是和小学时的同学在一起。家长要有意识地问问孩子，班级里有多少新同学，你认识了几个，他们有什么特点，班级在搞些什么活动，发生了什么情况等，教育孩子尽快熟悉新环境、新同学、新老师，热爱学校，热爱班级集体，做班级的主人，配合学校尽快形成良好的班级集体。

3. 作息制度不同

中学的学科门类增多，课时数增加，每节课的上课时间增加五分钟，这些，都会引起孩子的不适应，开始时易疲劳，注意力不能集中。因此，家长要十分关心孩子由于作息制度改变而可能产生的上课分心等情况。要教育孩子注意劳逸结合，注意课间休息。另外，初中生课外作业比小学生难度增加，时间延长，家长要教会孩子科学安排和利用时间，提高作业速度，保证睡眠时间。指导孩子制定合理的作息表，有利于孩子适应中学的生活，促进孩子健康成长。制作作息表一定要启发孩子的自觉性，使孩子以认真负责的态度坚持下去，只有这样才有意义。一般说来，应注意这样几点：一是根据用脑规律，科学安排时间。背诵外语和语文最好在起床后半小时或临睡前半小时，早晨安排适当的体育锻炼，防止睡懒觉；作业时间要严格固定，科学合理。二是安排一定的自由活动时间，让孩子做喜欢做的事。看电视应适可而止。三是安排自我服务时间，培养自理能力和一定的家务劳动能力。四是保证9至9.5小时的睡眠时间。五是注意读书写字的姿势，注意用眼卫生，防止近视等。

5. 行为规范要求不同

中学在行为规范训练上比小学要求更高，内容更广，规章制度较多。家长应教育孩子自觉遵守学校的纪律和各项规章制度，重点抓好基本文明行为的训练，如卫生习惯、学习习惯、劳动习惯和礼貌用语等。

6. 班主任工作方式不同

小学的班主任对学生管得严，指导得细，采用教师评价方式指导学生；中学则比较注重学生的自我教育、自我评价、自我控制和自我完善。这样一部分学生往往会产生错觉，认为中学管得松。家长要教育孩子增强自觉性和自我约束能力，以适应中学的教育方式、方法。

7. 教学手段和形式不同

小学各科教学比较重视使用教具、挂图、标本等直观教学手段，教学过程的设计，注重变换形式，创设情景，这是与小学生的思维特点相适应的。初中要逐步发展学生的抽象思维，各门学科随着年级的上升，规律性知识越来越多。教师注重讲清概念，课堂上分析演示较多，刚入初中的孩子对中学教师的教法感到不适应。家长要把这种变化告诉孩子，让孩子在思想上和心理上有所准备；还可以由自己或请学习成绩优异的中学生谈怎样适应初一学习的经验体会，也可以请有经验的教师对孩子进行改进学习方法的指导。

8. 学习方法和习惯不同

小学教学中"扶"得较多，而中学教学中注重于学生的独立思考，"放"得较多。为此，家长要帮助孩子主动安排时间和支配时间，特别要指导孩子学会在课堂上按教学要求组织自己的智力活动，改变学习方式，由"被动"转为"主动"，逐步做到三会：（1）会听讲，能全神贯注，积极思维和记住重点；（2）会预习，能划出重点，提出疑问；（3）会小结，课后能注意小结，整理笔记，自觉完成作业。

一般说来，根据初中生的学习特点，家长应该指导孩子做到"三个事先事后""四个到""六个字"，抓住"八个环节"。"三个事先事后"就是先预习后听课，先复习后作业，先独立思考后请教别人。"四个到"就是心到、口到、眼到、手到。心到，即动脑多想；口到，即读课文要动口，老师提问积极争取回答，眼到，即多看、细看、认真看；手到，即勤于动笔，多写多练。"六个字"即看、听、记、写、问、练。"八个环节"即制订计划，课前自学，专心上课，及时复习，独立作业，解决疑难，系统小结，课外学习。

9. 课堂教学密度不同

中学每堂课的时间比小学虽然只多五分钟，但讲课的内容要超过许多。此外，中学教师讲课的速度，一般比小学教师要快，如果孩子上课注意力不集中，很容易造成知识上的漏缺。因此，家长要督促孩子认真做好课前的预习，以减小衔接上的坡度，要提醒孩子上课时一定要专心听讲，以防知识漏缺。

10. 课时安排上的不同

中学课堂教学中用于复习巩固的时间相应地比小学要少，课内作业练习也略少，巩固知识的方法与小学也不尽相同，中学生要学会自己整理知识，学会知识的归类、分析和综合。因此，家长应充分利用学校安排的新生入学两周内补缺补漏知识的时间，指导孩子做好知识上的衔接工作。同时，要培养孩子学习上的独立性、自觉性和主动性，教会孩子适应中学学习生活和学习方法，帮助孩子提高自学能力。

为孩子理性择校的原则

1. 就近原则

小升初择校，不少家长贪图学校的名气，舍近求远，一味追逐名校。不少家长跨区选择学校，对于孩子来说，小升初的确是进入了名校，可是也意味着初中生活每天要与上课铃声奔跑和紧张着。

因为家长盲目的择校导致孩子每天把很多不必要的时间消耗在赶车上学途中。如果学校非常远的话，每天这样来回折腾，孩子会因为睡眠时间少而影响身体发育；另一方面，因为学习时间有限也会带来一定学习负担。要知道每天多睡一点，对处于身体发育阶段的孩子而言很珍贵。

2. 适应原则

名校虽好，但家长要考虑孩子的接受能力，最好的学校未必适合每个孩子，不同的孩子肯定适合不同风格的学校。

每个孩子的学习风格、个性特点、兴趣爱好都有很大的差异，帮孩子选择最适合的学校，就是帮孩子赢在起跑线，选择得正确与否，直接关系到能不能发挥孩子的优势以及让他们的特长是否能得到充分关注和培养。一个在小学成绩优秀的孩子，如果突然到了一个高手云集的班级，一旦跟不上班级的学习节奏，他就会有种挫败感。家长应该明白，孩子丧失学习信心，远比成绩下滑可怕。家长在择校前，最好能带孩子感受一下校园，尊重孩子的意愿。

家长如何为孩子选择合适的初中

1. 家长要客观地认识自己孩子的学习能力和发展潜力。目前最突出的现象是，一些家长不真正了解孩子在小学的情况，把自己的主观愿望强加在孩子身上，给孩子的成长带来很大的负面影响，甚至造成心理上的伤害。

2. 家长对当前教育以及升学的信息要加强了解。衡量一个学校教育质量的好坏，我们不应该只看它对外公布的升学数是多少，而更应该看学校招生的学生质量或素质与三年后的升学情况。他们之所以有那么高的升学率，只是因为它的生源质量高。要知道是金子在哪都发光。家长可以选择一两所，最多不要超过三所，去考察一下。看看学校开展的一些活动、学生的情况、老师的情况、学校的文化，也可以到学校实地走走。基本的办学条件怎样，活动设施怎样，寝室条件怎样，师资队伍如何，老师的年龄结构如何，教风学风好不好，老师责任心强不强，获得第一手材料。

3. 最适合你的孩子就读的学校才是最好的学校。教育关系着孩子的未来，所有的家长都想让自己的孩子得到最好的教育，但对于不同的孩子、不同的家庭，也应该选择不同的教育资源。唯有适合自己孩子的教育才是最好的教育。

4. 考虑学校路程远近，列出学校优缺点，跟孩子一起选择。每个学校都有优缺点，家长可以和孩子一起画个表，左边列优点，右边列不足。再根据孩子的特点，一起商量、选择。

5. 报名时适当准备材料。这些材料主要包括四、五、六年级的成绩报告单、各种获奖证书等，如果能写封自荐信，把愿望写上也不错。

三省吾身

△ 您希望自己的孩子升入哪所心仪的初中？请列举出全部理由。

△ 您的孩子希望升入哪所心仪的初中？请让孩子列举出全部理由。

△ 您和孩子打算为升入心仪的初中做些什么？请一一列举出来。

亲子行动

亲子阅读

请您和自己的孩子一起阅读下面三个名人自学成才的小故事，然后和孩子一起讨论从中得到的收获，并请您指导孩子用自己的话讲述这三个故事。

莎士比亚的故事

莎士比亚（1564—1616）诞生于英国一个内地城镇艾冯河畔斯特拉福。他父亲原是个富裕的小商人，经营玉米、肉类、皮革等买卖，后来因亏本负债，境况日下，莎士比亚在青少年时代没有受过什么系统的教育。他曾经在镇上的文法学校念过书，学了一点皮毛的拉丁文和希腊文。此后他到了伦敦，先在某家剧团里干些杂活，后来参加演出，颇显才华。最后，他自己拿起笔写剧本。那些所谓"文学才子"们根本看不起这位从演员出身的剧作家，说他是"新抖起来的乌鸦"。而莎士比亚并不气馁，更加发奋，大约在他28岁左右，就已经取得文学创作的成功了。他几乎每年都要出一两本杰作，目前出版的他的全集中，共有38个剧本。作者的这种百科全书般的知识，是怎么得来的呢？这主要是他具有丰富的生活实践和勤于学习马罗等前辈戏剧大师们的技巧以及当时的客观条件，终于使他成为人类文艺史上的一座高峰。

富兰克林的故事

富兰克林（1706—1790）是18世纪美国杰出的科学家，避雷针的发明者。他出生在一个贫寒的商人家里，自小没有正式读过书。他除了在电学方面有突出贡献之外，在热学、光学、气象、地质、海洋、声学和太阳黑子方面也有研究、贡献和发明。他的著作和发明具有一个共同的特色：确信科学应该用以改善人类生活，增进人类对环境的认识和控制。富兰克林著作甚丰，最有名的是他的自传。他是1956年世界和平理事会号召纪念的世界文化名人之一。

恩格斯的故事

恩格斯（1820-1895）是马克思主义的创造人之一，全世界无产阶级的伟大导师。恩格斯的父亲是纺织厂主，1837年，恩格斯中学还没有毕业，就被父亲逼迫去经商。他只读过中学，但善于利用时间，卓有成效地学习，21岁时发表论文，批判同时代著名的哲学家谢林。他系统地攻读和钻研了人类所提供的广博渊深的知识，几乎涉及和研究了所有的科学部门，并在许多领域取得了惊人的成就，甚至解决了自然科学的一些领域里的难题，成为一位伟大的无产阶级哲学家、经济学家、军事家、语言学家、文学家、史学家和自然科学家。

成长记录

请您将自己为孩子的小升初所开展的各项准备活动或措施及其效果记录在下表中。

时间	开展的具体活动或措施	活动或措施的效果	备注